社会でいきる 心理学

増地あゆみ 編著

福野光輝／山中　亮／森本　琢／田村卓哉
浅村亮彦／鈴木修司／佐藤　淳／小島康次 著

ミネルヴァ書房

目　次

序　章　なぜ心理学を学ぶのか――本書の構成……………………………1

第1章　社会行動――他者とのかかわりを理解する ………………9

　はじめに……9

　　第1節　リーダーシップ――効果的なリーダーシップとは……10

　　第2節　集団による意思決定
　　　　　　――話し合いは正しい結論を導くか……18

　　第3節　交　渉――なぜまとまらないのか……26

第2章　性　格――その人らしさを探る ……………………………39

　はじめに……39

　　第1節　性格の認知
　　　　　　――なぜ見る人によって性格が違って見えるのか……40

　　第2節　性格の理解――性格を知るための有効な方法は……47

　　第3節　性格の変容――性格は変えられるのか……57

第3章　感　情――人を動かし，人と人とを結ぶこころの働き‥67

　はじめに……67

　　第1節　感情調整――感情とどのように向き合うか……68

　　第2節　負の感情――ネガティブな感情とつきあうには……76

　　第3節　ポジティブな感情――幸福感や喜びがもたらすものとは……85

i

第4章　知覚と注意——環境を知る働き ………………………………… 97

はじめに……97

第1節　色の知覚——なぜ人によって色の見え方が違うのか……98

第2節　錯　視
　　　　——人はどうして正確に見ることができないのか……107

第3節　注　意
　　　　——人は外界からの情報をどのように取捨選択して利用しているのか……115

第5章　記　憶——情報をどのように憶え，活かすのか ………… 127

はじめに……127

第1節　記憶のしくみ——なぜ正確に記憶できないのか……128

第2節　空間の記憶——なぜ道に迷うのか……138

第3節　記憶とヒューマン・エラー
　　　　——なぜうっかりミス，勘違いが生じるのか……143

第6章　学習と動機づけ——行動を決めるモノは何か ……………… 155

はじめに……155

第1節　好感を抱いてもらえるCMを作るには
　　　　——古典的条件づけ……155

第2節　働きがいのある職場とは——オペラント条件づけ……163

第3節　ヤル気を引き出すには——動機づけ……172

第7章 思　　考——過去の経験から未来を予測する …………… 185

はじめに……185

第1節　経験を一般化する——具体から抽象へ……186

第2節　ルールを適用する——抽象から具体へ……195

第3節　先行経験を問題解決に利用する——具体から具体へ……206

第8章 発　　達——「自己」への旅立ち ………………………… 221

はじめに……221

第1節　乳幼児期
　　　　——「自立」を支える親子関係とはどのようなものか……222

第2節　青　年　期——「自己」を発見する際の問題は何か……230

第3節　成　人　期
　　　　——「自己」はどのように社会へ参入していくのか……237

補　章 心理学の歴史——産業・組織とのかかわりを中心に …… 249

第1節　現代の産業・組織心理学……249

第2節　応用心理学の誕生と展開——産業・組織心理学……250

第3節　心理学の歴史と動機づけ理論……258

索　　引

序章　なぜ心理学を学ぶのか
　——本書の構成

　心理学は，私たち人間の「こころ」を科学的に理解しようとする学問です。心理学の研究対象には，外からは見えない心の働きから，他者から観察できる行動まで，さまざまな心理現象や人間行動が含まれます。具体的には，私たちが目や耳を通して外の世界を知覚するしくみ，知覚された情報に基づいて考えたり行動したりするプロセス，そこで生じる感情の種類や機能，そして一人ひとり異なるように見える性格，他者とのかかわりや集団の中での人間行動，といったことです。このような「こころ」のさまざまな側面を，心理学はできるだけ科学的に解明しようとしてきました。その知見の中には，誰にとっても納得できる説明もあれば，意見が分かれて大論争になっている仮説もあります。また，明確な答えがいまだに出ない問題も多くありますが，これまでに積み重ねられてきた心理学の研究成果の多くは，社会で生きる私たちの心や行動を解き明かすための手がかりとして，多かれ少なかれ活用することができるのではないでしょうか。

　とくに，一見，心理学とは直接関係なさそうな経済や経営といった分野でも，心理学の知見をあてはめることで，より理解が深められるような現象や，心理学的知見を応用することで解決できる現場の問題もあるかもしれません。本書では，このような考え方のもとで，心理学の知見を捉えなおし，社会と心理学のつながりを明確にしたうえで，心理学の知見が社会で活かされる可能性を探っていきます。以下では，これ以降の各章でとりあげるトピックとその概要を紹介します。

第1章　社会行動──他者とのかかわりを理解する

　第1章では，人間関係や集団状況で生じる行動を取り上げます。だれもがたった一人では生きていけないように，他者とのかかわりは私たちの生活に不可欠です。人間関係を築いたり集団をつくることによって，個人はそこから大きな恩恵を受けることができます。では，うまく他者とかかわったり，集団をうまくまとめるためには，どうすればよいのでしょうか。そのためには，まず個々の成員の行動を集団の目標に向けて調和させなければなりません。集団の先頭に立って指揮する人がどうしても必要になります。第1節では，この問題をリーダーシップという観点から取り上げ，効果的なリーダーシップとは何かを考えます。また，集団をまとめるためには，個々の成員の意思疎通をはかり，多様な意見を集約していくことも必要です。話し合いはそのための有効な手段ですが，そこにはどのような特徴があるのでしょうか。第2節では，集団による意思決定がどのように進むのかを検討します。話し合いが集団において重視されるのは，一つには，人々がさまざまな価値観や考えをもっているからですが，それゆえに，人々の利害はしばしば対立します。他者や集団と調和をはかるには，こうした利害対立をうまく調整することが大変重要です。第3節では，利害調整の手段の一つとして交渉を取り上げ，お互いに望ましい解決策に到達するためにはどうしたらよいかを議論します。

第2章　性格──その人らしさを探る

　性格は，普段の生活においてよく話題になるテーマです。とくに人とかかわりが生じるようなときには「相手がどんな性格であるのか」「自分の性格がどのように見られているか」といったことがとても大きな関心事になります。たとえば，大学に入学したばかりの頃は，周囲の同級生たちがいったいどんな性格なのだろうかとあれこれ考えることに相当の時間を費やしているかと思います。またテレビや新聞などの報道でも，事件の加害者と被害者がどんな性格の持ち主だったのかについて，あたかも事件を解明することの大きな手がかりになるかのように報じられています。さらに本屋に行けば，「これで，人の性格

を知ることができる」,「相性がわかる」,「自分の性格がわかる」など性格に関する書籍があふれています。

　このように私たちの生活の中には,性格というテーマは当たり前のように入り込んでいて,またそれがかなり大きな関心を呼ぶものでもあります。しかし,そもそも性格とはいったい何でしょうか？　これまでの心理学では,この性格をさまざまな視点から研究してきました。そこで第2章では,「性格とは何か」ということについて,心理学においておこなわれてきた研究成果に基づいて考えていきたいと思います。

第3章　感情――人を動かし,人と人とを結ぶこころの働き

　私たちは楽しいときには笑い,悲しいときには泣き,さまざまな感情とともに日々過ごしています。このような感情がなぜ人間に備わっているか,それはどのようにして生じるかなどについて,普段の生活で改めて考えることはあまりないかもしれません。むしろ,感情は人間の理性的で合理的な判断を妨害するものと考えられ,重要な判断や決定が必要な場面では,できるだけ感情を排除しようとする傾向にあります。しかし最近では,人間の適応や社会生活において感情が果たす機能に目が向けられるようになっています。現在では,私たちが自分の置かれた環境で適切な行動をとることができるのは,環境の認知にともない感情が合理的に機能しているからであるという考え方が主流になってきています。さまざまな研究の結果,感情が私たちを適切な行動へと動かす原動力となるプロセスが明らかになる一方,自然な感情を抑制することやストレスに伴うネガティブな感情が心身にさまざまな影響をもたらすことについても多くの知見が蓄積されています。また最近では,ポジティブな感情が私たちの思考や行動にもたらす影響に注目が集まり,その効能が少しずつ明らかになってきました。第3章では,これらの感情にかかわる研究成果を紹介しながら,感情の生じるしくみやその働きなどの基礎的な知見について理解を深めていきます。

第4章　知覚と注意——環境を知る働き

　第4章では，知覚と注意を取り上げます。私たちが日常生活を送る上で，目や耳などから入ってくる情報に大きく依存していることは，たとえば，その機能が失われた場合のことなどを考えると，容易に理解できると思います。さらに，「情景が目に浮かぶ」，「耳の痛い話」，「鼻が高い」，「後味が悪い試合」，「交渉でいい感触を得る」　など，私たちは，感覚や知覚に関係する言葉を比喩的に用いて，さまざまな印象や感情を表現します。知覚は，私たちの心の働きの根底をなしているのです。

　しかし，私たちが慣れ親しんでいる「ものの見え方」や「聞こえ方」が，どのような仕組みで成り立っているのかということが全て解明されたわけではありませんし，私たち自身が普段は疑問に思わないありふれた知覚の中にも，不思議な現象がたくさん存在します。第4章では，視覚を中心にして，私たちがものを見る仕組みとその障害，さらにそれらに関する知識を活かしたさまざまな工夫などを紹介します。

第5章　記憶——情報をどのように憶え，活かすのか

　私たちは毎日の生活の中でさまざまなことを理解し，判断し，あるいは考えを巡らせています。そのような日常的活動が可能となるにはつねに記憶が必要といっても過言ではありません。たとえば，新しい英単語を理解するには文法的知識や文字の知識を利用しなければなりませんし，労力をかけずに何かを買う方法を考えるといった場合は，同じような状況が過去にあったかどうか記憶を探し当て，それを使うということになるでしょう。他にも，人の顔と名前を覚えたり，店や交通網を覚えて適切な経路を見つけたり，新しく買った携帯電話の使い方を覚えたり，私たちの日常で記憶を使わない場面がないくらい，記憶は人間らしい生活を送るために必要な能力であるといえるでしょう。

　第5章では，この記憶のしくみや使われ方に焦点を当てます。もちろん，正確な記憶が作られて，思い出したいときにすぐ正確に思い出せることが理想の記憶ですが，残念なことに，私たちの記憶はそこまで正確に情報を記憶するこ

とができないようです。そこで，どうすれば正確な記憶ができるのかという問いに対する答えを探りながら，記憶のしくみを考えていきます。さらに，私たちの日常にかかわる具体的な記憶の例として，空間の記憶とヒューマン・エラーも取り上げます。これらの話題から，さらに詳しく記憶の性質にせまりたいと思います。記憶能力のしくみや性質を理解することで，正確な記憶を作るための法則を発見したり，正確に思い出すための装置を作り出すといったように，日常に役立つ応用を発見できるかもしれませんね。

第6章　学習と動機づけ——行動を決めるモノは何か

　人間の行動は何によって決まるのでしょうか？　何かをしたいという意欲が必要なのはいうまでもありません。そして，意欲だけでなく，周囲の環境も大きな影響を及ぼします。働きたくないという人間に対して，働くことを強制することはできません。一方，どんなに仕事をする意欲があっても，給料も感謝の言葉も何もなければ次第に働かなくなってしまうでしょう。意欲と環境，この2つはともに重要なのです。

　第6章では，人間の行動に影響を与える学習と動機づけを取り上げます。学習では，人間の行動を変化させるための外的な条件に焦点を当てます。現代社会では，「新商品を消費者に気に入ってもらう」ために，「しっかりとした仕事をしてもらう」ために，適切な条件を整える必要があります。そのための環境整備について解説します。

　一方，動機づけでは，行動の内側に潜むモノに焦点を当てます。これまで人間の行動を説明するために，いくつもの動機が提唱され，その動機づけの過程も明らかになってきました。第6章では，働くことの動機づけを中心としています。「しっかりとした仕事をしてもらう」ために，動機づけを効果的に高める方法について解説します。

　学習と動機づけは人間の行動を理解するために用いられる外側と内側からのアプローチといえます。この2つの観点から人間の行動を理解することを学び，より深めたいと思います。

第7章　思考——過去の経験から未来を予測する

　私たちはたいてい何かを考えながら生活しています。それは，お昼に何を食べようかといった気軽な内容から，自分の将来にかかわる重要な内容までさまざまです。しかし，一見きわめて多様であるように感じる人間の思考も，「過去の経験から未来を予測している」と捉えれば，ある一つのプロセスとしてまとめることができます。心理学ではそのプロセスを「推論」と呼んで，思考を扱う研究の中心的な柱としています。第7章では，その推論のしかたを3つにわけて紹介します。一つは，いくつかの経験を抽象的な形にまとめていくプロセスです。過去の経験をまとめておけば，憶えておくことが少なくてすみます。2つめは，学校や本から得た知識を日常場面にあてはめていくプロセスです。示された情報を上手く使えば，知らないことにも的確に対処できます。3つめは，まだよくわからないことをよくわかっていることにたとえて理解するプロセスです。たとえることによって，霞が晴れるように納得できることがあります。これらのプロセスで見られる私たちの推論の特徴を紹介していきながら，よりよく思考するとはどのようなことなのかを考えます。

第8章　発達——自己への旅立ち

　人は生まれたときから死にいたるまで，生涯にわたって変化する存在です。その点では人以外の動物と同じだといえるでしょう。しかし，他の動物がおもに成熟によってその変化を決定されているのに対して，人は生涯にわたって成長し続けるところに特徴があります。人と遺伝的に一番近い動物であるチンパンジーにしても，オトナになり，子どもを産み育てた後は，衰退の一途をたどるのに対して，人は死ぬまで新たな発達の可能性を追求することができるのです。現代の発達心理学はこうした人の特徴を強調して，生涯発達という考え方に基づいて発達を研究するようになりました。

　また，人は他のほ乳類に比べていちじるしく無力な状態で生まれてくる存在でもあります。したがって人の乳児は親の世話を受けなければ生きていけず，生まれたときから他者との関係性の中で育つ存在でもあります。生まれた後，

この関係性をどのように構築するかということが発達の大きな課題となります。この章では，生涯発達という観点を背景に，親子関係に焦点を当てて，愛着の形成とそこから自立することをテーマに人が人間になっていく過程を論じます。

補章　心理学の歴史——産業・組織とのかかわりを中心に

　これまで心理学はおもに個人の心と行動の変化を扱うことをテーマとして発展してきました。19世紀にはじめて心理学という名前の講座を開いたヴント（Wundt, W.）は，元々，生理学を専門とする研究者で，個人の内面に生じる変化を実験的に調べるところから出発したのです。その後，行動主義，ゲシュタルト学派，個人差心理学，さらに20世紀後半に発展した認知心理学なども基本的には個人の内面に焦点を当ててきました。

　しかし，近年，人は他者との関係性の中でしか人間として生きられない存在であることを強調する視点が重要視されるようになってきました。つまり，人を孤立した個人と見るのではなく，社会の中で生きる存在としてとらえるべきだということです。「社会」というのは時間的にいえば「歴史」と深くかかわり，空間的には「文化」と強く結びついたものなので，歴史—文化的アプローチが重要になってきます。

　この章では，現代社会を組織社会として位置づけて，広い意味での経営＝マネジメントという活動が人間の心と行動に及ぼす影響過程を産業・組織心理学の歴史と関連づけてとらえようと試みました。

第1章　社会行動
　　——他者とのかかわりを理解する

はじめに

　普段，あなたは一日をふりかえって，今日だれと話したかということを改めて思い出そうとはしないでしょう。しかし，もしその日だれとも言葉を交わさなかったとしたら，あなたはそのことを強く意識するはずです。私たちの日常生活において，他者とのかかわりは，気にとめないほどあたりまえのことです。他者とのかかわりは，たとえまわりにだれもいないときでさえ意識され，私たちの行動に影響します。

　人間関係や集団状況で生じる，他者に向けた行動を社会行動といいます。「社会」というと，日本社会や国際社会など大規模な人々の集まりを想像するかもしれませんが，心理学では，自分以外に他者が一人でも存在していればその状況を「社会的」と見なします。では，そもそもなぜ私たちは他者とかかわりをもとうとするのでしょうか。一つの考えは，そうすることによって自分一人では得られないような利益を得られるというものです。他者と協力することで，さまざまな情報を手に入れたり，より多くの仕事をこなすことが可能になります。さらに，他者が好意や尊敬の念を示してくれれば，あなたはうれしく思うでしょう。他者からのこうした評価も，あなたにとって好ましいもの，つまり利益といえます。

　なんらかの目標達成のために他者と協力したり集団で活動する典型的な状況の一つは職場です。仕事場面では達成すべき目標が比較的明確であり，人々は目標達成に強く動機づけられるので，そのために他者とどうかかわればよいか

ということに関心がもたれやすいといえます。その意味で，職場は社会行動の理解を実践に活かしやすい場面の一つです。そこで本章では，日常的な場面はもとより仕事場面でも重視される社会行動である，リーダーシップ，集団意思決定，交渉を取り上げ考察します。

第1節　リーダーシップ──効果的なリーダーシップとは

現代社会との関連
なぜリーダーが必要なのか？

　会社を興すことからゼミ対抗のソフトボール大会を開催することまで，世の中には一人ではできないことも，他者と協力すれば実現できることがたくさんあります。他者と協力して何かを実現しようとするとき，私たちはしばしばグループで活動します。効率的な目標達成のためにはグループのメンバーで分業する必要がありますが，かといって各メンバーが仕事を配分されたあとに勝手気ままに行動していては，起業することも大会を開くこともできないでしょう。グループの目標を達成するためには，上手に仕事をふりわけるだけでなく，目標に向かって活動を方向づけ，各自の仕事をまとめあげることが不可欠です。その役割を担うのがリーダーです。

　では理想のリーダーとはどんな人なのでしょうか。2007年に明治安田生命が新社会人836名を対象に行った理想の上司に関するウェブ調査（明治安田生命，2007）によれば，1位が古田敦也氏，2位が星野仙一氏でした。調査結果は当時の社会的事情や候補者のメディア露出の程度に容易に左右されることをふまえても，この2人が上位を占めているのは興味深い結果です。2人とも同じプロ野球界で活躍していますが，そのリーダーとしてのイメージはかならずしも同じではありません。2人のイメージに対する回答結果をみると，どちらも「指導力のある」や「頼もしい」といったイメージが強いですが，それに次いで古田敦也氏は「親しみやすい」，星野仙一氏は「熱血」や「親分肌」という印象をもたれています。このことからも，望ましいリーダー像は一つではなく

多様であることがうかがえます。ではリーダーはどのような特徴をそなえている必要があるのでしょうか。また，それは生まれつきの性格にもとづくものなのでしょうか，それとも行動を学ぶことで身につけることができるものなのでしょうか。本節では，こうした観点から効果的なリーダーシップとは何かを考えます。

研究紹介：応用実践編
部下に仕事をさせる実践的方法

　リーダーにもとめられる第一の役割はグループの生産性を向上させることです。より具体的には，リーダーは部下に働きかけ，彼らの仕事達成を促進させなければなりません。つまり部下をうまく動機づけて仕事に向かわせることが必要です。そのための実践的なやり方にはさまざまなものがありますが，一つには部下の仕事にリーダーができるだけすばやく反応することが挙げられます。リーダーの反応が部下にとって金銭的にせよ心理的にせよ報酬と感じられれば，部下の仕事に対する動機づけは高まると考えられます[1]。

　行動分析学者のフルトンとマロット（Fulton & Malott, 1981/1982）は，部下へのフィードバックの手段としてチェックリストをつかい，自分たちの仕事を手伝う学生アルバイトの行動をうまく管理しました。彼女たちはまず学生アルバイト4人の仕事ぶりを4週間から10週間観察し，指示した課題がどのくらい達成されているかを測定しました。このときは口頭で仕事を指示するだけで，たとえ次回までに約束の仕事をやってこなくてもとくに注意はしません。次いで，彼女たちはアルバイトの学生たちと毎週ミーティングをおこない，仕事内容とそのために必要な行動，しめきり，仕事の完了を確認するためのチェックリストをすべて紙に書いて渡し，成果を提出する前に自分自身で確認するようもとめました。翌週のミーティングでは，実際に仕事が達成されたかどうかを，上司である彼女たちも同じチェックリストをつかって確認するようにしました。

➡ 1　詳しくは第6章第2節のオペラント条件づけを参照してください。またここで紹介した組織行動の管理に関する行動分析学的アプローチについては島宗（1999, 2000）が参考になります。

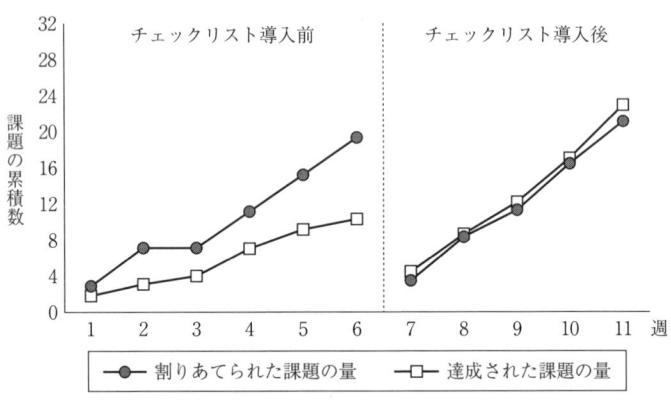

図1-1　ある学生アルバイトの課題達成率の推移
(Fulton & Malott, 1981/1982)

チェックリスト導入前に課された課題が，チェックリスト導入後に達成されたため，「割りあてられた課題の量」より「達成された課題の量」が多くなっている。

その結果，チェックリストの導入前は課題の達成率が50.5%であったのに対し，導入後は指示した仕事が96.5%まで達成されるようになりました（図1-1）。この例では，もとめられている仕事の内容を，アルバイトの学生自身が明確に把握できていなかったことが低い達成率の一因だったといえるかもしれません。チェックリストによる確認は仕事内容を明確化するとともに，部下の仕事に対するフィードバックをあたえます。そして仕事にもれがないことを部下と上司が同時に確認できます。これが部下にとって心理的報酬をもたらしたと考えられます。

研究紹介：基礎編
リーダーシップをとらえる3つの視点

　前項では目の前にいる部下の行動を今すぐ管理するという実践的な観点からリーダー行動のあり方を考えましたが，本項ではこうした具体的で多様なリーダー行動をどのような観点から特徴づけ整理して理解すればよいかを考えます。
　そもそもリーダーシップとは何でしょうか。リーダーシップの定義は多様ですが，ここでは「集団の目標達成に向けて，あるメンバーが他のメンバーに影

響をおよぼす過程」と定義します。

　効果的なリーダーシップに対する考えは，リーダーシップ研究の歴史とともに大きく3つに分けられます。リーダーシップ研究が始まった1900年代のはじめから1940年代頃までは，リーダーの個人特性を明らかにしようとする特性論的アプローチが優勢でした。そこには，リーダーとなる人はそうでない人とは異なる特別な特性をもち，それによってどんな状況に置かれても，そうした「偉人」はリーダーの地位につき指導力を発揮できるという前提がありました。そのため研究者はリーダー行動がどのような個人特性と関連するかを明らかにしようとしました。1950年代から1970年代にかけては，リーダーが実際にとっているさまざまな行動を分類しようとする機能論的アプローチがさかんになりました。研究者はリーダーの行動それ自体とその行動がメンバーにとってどのような役割をはたしているのかに注目するようになりました。1970年代から1980年代にかけては，機能論的な視点に加えてグループの置かれた状況も考慮すべきだとする状況論的アプローチが台頭しました。効果的なリーダー行動とその機能は，グループのおかれた状況によって異なると考えられるようになりました。次にこの3つのアプローチそれぞれについて説明します。

①特性論的アプローチ

　リーダー個人の資質を重視する特性論的アプローチでは，リーダーシップはなかば生来のものであり，たとえ訓練しても誰もがリーダーになれるわけではないと考えます。ストッグディル（Stogdill, 1948）やバス（Bass, 1981）は，リーダー行動と個人特性の関連を報告している研究結果をまとめ，知能や自信，責任感，社交性，集団活動への参加などがリーダー行動と関連することを指摘しました。しかし関連があるとされた特性も，研究によってはその関連の方向が逆になっていたり，関連自体が見いだされなかったりして，研究結果はそれほど一貫したものではありませんでした。また，先にふれた「理想の上司」調

➡ 2　本節では，交流型リーダーシップ研究に関する1980年代までの流れをあつかいます。変革型リーダーシップを含めたそれ以降の研究動向については，淵上（2002）や古川（2006）をごらんください。

査の上位に入った人たちをみてもその性格イメージは多様であり，限られた特性のみがリーダー行動と関連するとは考えにくいでしょう。こうした限界から，研究の焦点はリーダーその人自身からリーダーのとる行動へと移っていきました。

　②機能論的アプローチ

　機能論的アプローチへの関心はホワイトとリピット（White & Lippitt, 1960）の実験をきっかけとして高まりました。彼らは小学生5人からなる4つの小集団にお面づくりの作業をさせたのですが，その際，専制的，民主的，放任的のいずれかのスタイルでふるまう大学生のリーダーがそれぞれの集団を指導しました。その結果，集団内の話し合いを重視する民主的なリーダーが指揮したときに，他の2種類のリーダーにくらべて，お面づくりがもっともはかどりました。この結果はグループの生産性がリーダーの性格ではなく行動スタイルに規定されることを明確に示しました。

　その後，多くの研究者がリーダーシップ・スタイルの分類次元を発表しましたが，これらの提案はつまるところ仕事達成機能と対人関係維持機能の2次元にまとめることができます。このような理論の代表例として三隅（1984）の**PM理論**（PM theory of leadership）があります。PM理論では，メンバーの課題達成を促す行動パターンをP（performance）機能，集団内の人間関係を維持させるような行動パターンをM（maintenance）機能とよびます。図1-2にあるように，P機能とM機能の高低をそれぞれ組み合わせ，4つのリーダーシップ・スタイルを区別しました。三隅（1984）は，リーダーが2つの機能を十分に発揮させるPM型のスタイルをとるときにもっとも効果的となり，逆に2つとも抑制されるpm型のときにリーダーシップの効果はもっとも小さくなると考えました。実験や調査の結果，PM型とpm型に関する予測はほぼ支持されました。ただその間に位置す

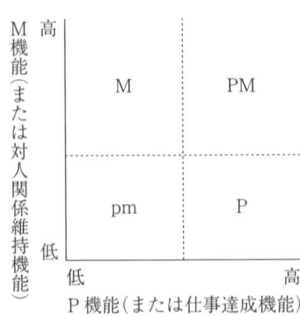

図1-2　PM理論による4類型
　　　　（三隅，1984）

るP型とM型のうち，どちらが有効かは，グループの作業状況が短期的なときにはP型が，長期的なときにはM型がより効果的となりました。白樫（1985）は，仕事に対してうるさ型のP型リーダーのもとでも短期的な状況であればメンバーは多少の不満もがまんして作業水準を維持できるが，長期的な状況では動機づけを維持することがむずかしいのだろうと解釈しました。

③状況論的アプローチ

P型とM型の有効性が作業期間の長短に影響されるとすれば，効果的なリーダーシップ・スタイルはグループのおかれた状況によって変わることを意味します。つまりリーダーの行動パターンを分類するだけでは，効果的なリーダーシップの特徴を把握しきれないということです。もちろんこのことからリーダー行動を2次元でとらえるアプローチが完全に否定されるわけではありません。こうしたアプローチを，グループの状況に応じてとらえなおす必要が生じたのです。

状況論的アプローチにもとづく理論の中で比較的妥当性が確認されているものの一つに，フィードラー（Fiedler, 1964, 1967）の**状況即応モデル**（contingency model）があります。このモデルではリーダーの個人特性とグループの状況の組み合わせによってリーダー行動の有効性を予測します。彼はリーダーの個人特性としてLPC傾向を，グループの状況を知る手がかりとしてリーダーとメンバーの関係のよさ，課題内容の構造化の程度（task structure），リーダーの地位力の3つを取り上げました。

まずLPC傾向は，これまでともに仕事をしてきた人のうち，一緒に仕事をするのがもっともむずかしかった相手（LPC：Least Preferred Co-worker）に対する許容度を表します。具体的にはその人物の性格を18項目で評価してLPC得点を算出します。LPC得点が高いほど仕事面では苦手な人物を人格的には好意的に評価していることを表し，LPC傾向が高いと考えます。一般に，高LPC傾向のリーダーは関係維持志向であり，低LPC傾向のリーダーは課題達成志向だと考えられています。なお，このモデルではリーダーのLPC傾向がたんに高いか低いかだけではどちらが効果的なリーダーかは決まりません。

また，グループ状況を表す３つの要因のうち，リーダーとメンバーの関係の良さはリーダー自身が10項目からなる集団雰囲気測定尺度に回答した結果から判断します。課題内容の構造化の程度は，メンバーに与えられた仕事の目的ややり方が事前にどれだけ明確に決められているかを表し，研究者が評価します。仕事内容の目標が明確で，その方法が限定されており，正解が一つに限られ，達成された結果の検証可能性が高いとき，課題はもっとも構造化されていると考えます。リーダーの地位力は，そのグループにおいてリーダーの権限がどれくらい強いかを表す指標であり，研究者が18項目からなる地位力測定尺度をもちいて評価し判断します。これら３つの要因はいずれもリーダーからみたグループのコントロールしやすさを表します。つまりリーダーとメンバーの関係がよく，課題が構造化されており，リーダーの地位力が高いほど，そのグループはリーダーにとってコントロールしやすい有利な状況となります。

　フィードラーは1951年から1963年にかけて，高校のバスケットボール部，爆撃機搭乗員，戦車乗組員，高射砲部隊員，歩兵分隊，工兵小隊，教会管理者，予備将校訓練隊，大学生など50以上の実在するグループで，リーダーのLPC傾向とグループの生産性の関連についてグループ状況を考慮しながら検討しました。その結果をまとめたものが図１-３に示されています。第一に，グループ状況に関する３つの要因が，いずれもリーダーにとって有利な状況（関係がよく，構造化されており，地位力が高い），あるいはいずれも不利な状況（関係がわるく，構造化されておらず，地位力が低い）のもとでは，低LPCのリーダーがグループの生産性を高めるのに貢献していました。第二に，グループ状況に関する３つの要因に，リーダーにとって有利なものと不利なものが混在して含まれている場合は，低LPCより高LPCのリーダーが有効でした。グループ状況に関する３つの要因がすべてリーダーにとって有利もしくは不利な状況は，ある意味で単純で未分化な状態と考えられます。その場合には，対人認知のスタイルも単純な低LPCのリーダーがより有効でした。一方，グループ状況に関する３つの要因それぞれがリーダーにとって有利であったり不利であったり混在する場合，その状況は複雑で分化した状態となり，対人認知も分化している

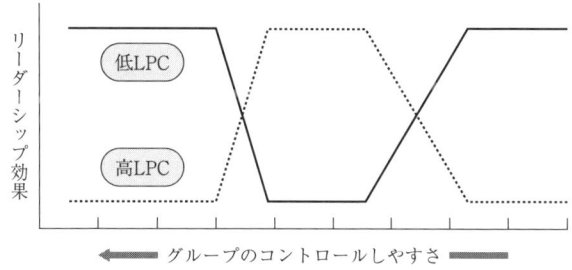

関係のよさ	よ い				わるい			
課題の構造化	構造的		非構造的		構造的		非構造的	
地位力	強	弱	強	弱	強	弱	強	弱

図1-3 状況即応モデルによるリーダーシップ効果
(Fiedler, 1967より作成)

高LPCのリーダーが効果的となります。このように，グループ状況の複雑さとリーダーの対人認知スタイルの複雑さが合致することは分化の釣り合い（differentiation matching）とよばれ，リーダーシップの有効性を高める条件と考えられています。

〈基礎知識の整理〉

PM 理論（PM theory of leadership）

リーダー行動を仕事達成機能と対人関係維持機能の2次元からとらえる理論の一つです。PM理論では，P（performance）機能が仕事達成機能，M（maintenance）機能が対人関係維持機能に対応します。P機能とM機能の高低をそれぞれ組み合わせ，4つのリーダーシップ・スタイルを区別しました（図1-2）。リーダーシップの効果はPM型がもっとも大きく，pm型でもっとも小さくなるとされました。P型とM型は，PM型とpm型の中間に位置すると考えられますが，グループの作業状況が短期的なときにはP型が，長期的なときにはM型がより効果的となります。

状況即応モデル（contingency model）

フィードラー（Fiedler, 1964, 1967）によって提案されたリーダーシップに

関するモデルです。このモデルではリーダーの個人特性とグループの状況の組み合わせによってリーダー行動の有効性が決まると考えます。リーダーの個人特性として LPC 傾向，グループの状況を知る手がかりとしてリーダーとメンバーの関係のよさ，課題内容の構造化の程度，リーダーの地位力の3つをとりあげます。グループ状況に関する3つの要因が，いずれもリーダーにとって有利な状況（関係がよく，構造化されており，地位力が高い），あるいはいずれも不利な状況（関係が悪く，構造化されておらず，地位力が低い）では，低 LPC のリーダーが有効です。一方，グループ状況の3つの要因がリーダーにとって有利であったり不利であったり混在する場合は，高 LPC のリーダーが有効と考えられます。

第2節　集団による意思決定——話し合いは正しい結論を導くか

現代社会との関連
会議がまねいた臨界事故

　1999年9月30日，茨城県にある株式会社 JCO 東海村事業所で臨界事故が起きました（図1-4）[3]。事故当時，作業をしていた2人の職員は，世界中の原子力事故の歴史でこれまでにない放射線に被曝して亡くなるほどの重大な事故でした。沈殿槽とよばれるタンクに基準の7倍量以上のウラン溶液を入れたことが直接の引き金となりましたが，同時にこのとき，さまざまな違法工程がとられていました。JCO は核燃料の製造施設でしたが，納入先からの要求に迅速に応えようとするあまり，1993年1月から徐々に違法な手順変更をくりかえしおこなうようになりました。その数は100を超えていました。
　事故後の調査によると，JCO はこうした手順変更を会議で決定していたとみられています。つまり，会議に出席していた大半の人はこの製造工程を危険と認識していました。しかしこの手順変更が科学技術庁に報告されたことは一

➡ 3　この事故の詳細とその背景については，岡本（2001, 2003）をごらんください。

第1章 社会行動——他者とのかかわりを理解する

図1-4 JCO東海村事業所臨界事故の新聞報道（朝日新聞, 1999年10月1日朝刊）

度もありませんでした。また，あるときには，当時の事業所長が危機管理にかんする問題提起を何度もしていました。にもかかわらず，違法作業が改められることはありませんでした。彼らは，違反を是正することで問題解決を図るより，違法行為を隠蔽することで現状維持のまま操業をつづけることをグループとして決定したのです。

　この事例は，話し合いというものに対する私たちの素朴な期待に，少なくとも2つの疑問を投げかけます。第一に，話し合いというものがかならずしも正しい結論を導かないことです。普段，私たちは，一人よりみんなで考えることで，より正確な決定ができると思っています。たしかにそれは客観的な正解のある問題を解く際には，ある程度あてはまるのですが（Shaw, 1932），JCO内の会議の場で違法な手順変更が承認されていたように，道義的な判断においてはしばしばゆがみが生じます。第三者からみれば，JCOの決定は近視眼的で

19

あきらかに誤っていたとわかりますが，当時の社内では安全管理への取り組みは軽視され，隠蔽を指揮した人物が昇進するとともに，違反を是正しようとする発言は圧迫されていました。良い意味でも悪い意味でも，集団としてのまとまりが非常に高い状況では，同調への圧力が高まり，支配的な意見に対して異論を出すことは困難になりやすいと考えられます。その結果，こうした集団による決定はしばしば現実にそぐわない劣ったものになります。[4]

　第二の期待として，「話せばわかる」というように，集団による話し合いはお互いに異なる意見を歩みよらせ，中庸を得た結論に落ち着かせるという素朴なイメージがあります。JCO の社内会議においても，隠蔽派が多数だったにせよ，改善派も存在していました。しかし実際には，隠蔽派と改善派は歩みよることなく，隠蔽を支持する多数派主導の決定にかたよっていきました。集団意思決定に関するこれまでの研究も，集団による話し合いが平均化した結論を導くというより，極端化することを示唆しています（亀田, 1997；Moscovici & Zavalloni, 1969)。[5] 本節では，個人の意見が集団全体の決定へ集約される過程にかかわる第二の観点から，集団による話し合いがどのような道筋をたどり，どのような結論を導くのかを考察します。

研究紹介：応用実践編

何が集団決定を極端にするのか？

　JCO の臨界事故や1986年のスペースシャトル・チャレンジャー号の爆発事故など，社会的影響の大きな出来事の背景には，しばしば極端化した集団決定があると考えられます。そして，これらの集団決定の多くは危険志向（リスキー）の方向に傾いたといえるでしょう。では，どのような要因が現実場面における危険志向な集団決定をうながすのでしょうか。一つの要因として，集団による決定結果が個々の成員の行動を拘束するかどうかが挙げられます

➡ 4　このような傾向を集団思考（集団浅慮，groupthink）といいます（Janis, 1982）。集団思考に関しては，池田（1993，第 4 章）やブラウン（Brown, 1988 ［黒川・橋口・坂田訳，1993］, pp. 174-179）などを参照してください。

➡ 5　22ページで後述するように，こうした現象を集団極化現象とよびます。

(Baron & Kerr, 2003, pp. 103-104)。つまり集団決定を実行に移す際に、個々の成員がそのための責任を負わなくてもよかったり、コストのかかる行動をとる必要のない場合には、危険志向的な集団決定が促進されやすくなります。

バロンら（Baron et al., 1974）は、99名のアイオワ大学の女子学生に難民救済基金への募金額を個人と集団で決めさせました。参加者は募金額に関して2通りの質問に回答しました。一つは、後ほどその基金の職員から実際に連絡があるという状況下で、個人条件では参加者自身の募金額を、集団条件では話し合いによって個々の参加者の募金額をいくらにするかを決めるというものでした。いずれの条件でも決定を実行するためには参加者自身が実際にコストをかけて募金しなければなりません。この場合、平均募金額は個人条件と集団条件であまり変わりませんでした（1.92ドルと1.72ドル）。つまり集団決定を実行するために個々人がある行動を強制されるような状況では、集団決定は極端化しませんでした。一方、アイオワ大学の学生議会が授業料の一部を募金するとしたらいくらがよいかという仮想的な状況下で決定をおこなわせたときには、個人条件より集団条件において募金額が150ドルほど高くなり、集団決定は極端化しました。[6]

このように、集団決定に対する各成員の責任意識が分散すると極端な集団決定が生じやすくなります。逆にいえば、極端化を避ける一つの方法は、集団の決定結果に対して各成員がどのような責任を負うかを明確にしておくことです。JCOの工程変更にかんする会議において、その違法手順が発覚した場合に責任の一端が自分自身に課されることが明確にされていたなら、稟議書に印をついた人の数は少なくなっていたでしょう。

 研究紹介：基礎編

どのように集団決定は極化するのか？

では、これまでみてきたような極化現象はどのような過程を経て生じるので

➡ 6 実際には、この質問において、個人条件と集団条件で募金額に統計的な有意差はみられませんでした。ただし他の研究では仮説的な状況において集団決定が個人決定より極端になることが示されています（e.g., Muehleman et al., 1976）。

表 1-1 模擬陪審場面での集団意思決定過程 (Kameda, 1991)

グループの初期パターン	グループの決定（%）			
[有罪,無罪]	有罪	無罪	未決	観察頻度
[6, 0]	—	—	—	0
[5, 1]	100	0	0	3
[4, 2]	63	13	25	8
[3, 3]	20	60	20	5
[2, 4]	0	100	0	11
[1, 5]	0	100	0	10
[0, 6]	0	100	0	3

[ ] 内の数字は話し合い前の段階で，被告を有罪もしくは無罪と個人的に考えていた人の数を表す。また未決とは，成員の意見がまとまらずグループとしての決定がくだせなかった場合をさす。

しょうか。亀田（Kameda, 1991）は，意見の異なるメンバーからなる集団に話し合いをさせるとどのような結論に到達しやすいかを観察しました。実験では，イリノイ大学の学生6人からなる集団に，ある訴訟事例について20分間話し合いをさせ評決をおこなわせました。訴訟事例の被告は自動車製造会社であり，原告はその会社の自動車で事故を起こしてけがをした農夫でした。実験参加者たちは話し合いの結果，自動車会社が有罪かどうかを判断しました。

表1-1の左端の「集団の初期パターン」は，6人集団における個人決定の組み合わせパターンを示しています。たとえば，[5, 1] は初期段階で有罪と判断した人が5人，無罪と判断した人が一人含まれた集団であることを示しています。また表中の右端の「観察頻度」は，それぞれの初期パターンを示していた集団が実際に何組あったかを表しています。20分の話し合いの後，最終的に集団決定が有罪となったかどうかは表1-1の左から2列目に示されています。

集団の決定結果は，集団の初期パターンにおいて多数派だった決定内容とほぼ対応しています。つまり，初期段階で多数派だった意見は，集団の話し合いを経ても採用されやすいといえます。このように集団の意思決定は，個人レベルで優勢だった意見の方向に，より極端になってあらわれると考えられ，これを**集団極化現象**（group polarization phenomena）とよびます。

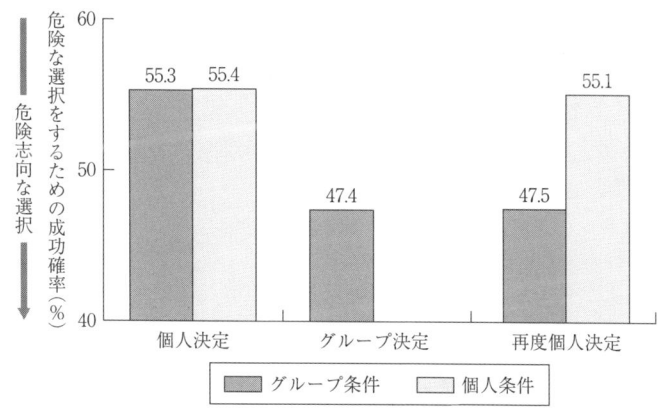

図1-5 危険な選択をするために必要な成功確率の平均値
(Wallach et al., 1962より作成)

　集団極化現象は2種類あり，個人の意見分布の平均より，危険志向（リスキー）な集団決定がおこなわれることを**リスキーシフト**（risky shift），安全志向（コーシャス）な集団決定となることを**コーシャスシフト**（cautious shift）とよびます。個人意見の平均が危険志向側の位置にある場合には集団決定はより危険志向的に，逆に個人意見の平均が安全志向な位置にあるときには集団決定はより安全志向になると考えられています。

　まずリスキーシフトの典型的な実験例を紹介します。ワラックら（Wallach et al., 1962）は，コロラド大学の学生167名に，まずリスキーな選択肢をとるかコーシャスな選択肢をとるか迷うような12の判断課題に個人で回答させました。その後，半数の実験参加者を6人1組にし，再度話し合いによって一つの回答を出すようもとめました（集団条件）。残りの半数の参加者にはこの間1週間とくに意思決定はもとめませんでした（個人条件）。その後，この判断課題をもう一度すべての参加者に個人で回答させました。その結果，図1-5に示されたように，リスキーな選択肢を選ぼうとする傾向は，個人条件より集団条件において強まりました。

　次にコーシャスシフトに関するフィールド実験の例を紹介します。マッコ

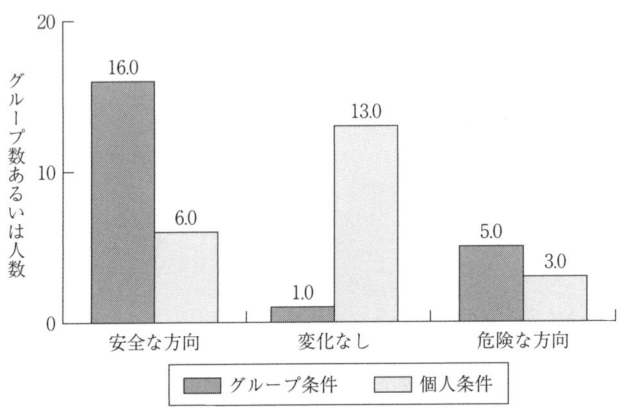

図1-6 個人決定と集団決定における購入馬券の変化
(McCauley et al., 1973より作成)

　リーら (McCauley et al., 1973) は，フィラデルフィアの競馬場で単勝馬券を購入していた男性88名に声をかけ，もう2ドル渡して馬券を購入するよう依頼しました。その際，半数の男性には他の2人の客と3分間話し合って購入馬券を決めるようもとめました（集団条件）。残りの半数の男性には一人で3分間考えてから購入するようもとめました（個人条件）。その結果，図1-6に示したように，個人決定の場合は最初に購入したものと同じ倍率の馬券を買う傾向がありました（22名中13名，59.1％）。しかし集団条件では，22グループ中16グループ（72.7％）が最初に個人で購入したものより低い倍率の馬券を買う傾向がみられました。このことから意思決定課題の内容によっては集団の決定がより安全志向になることもあきらかになりました。

　なぜ集団の意思決定は極化するのでしょうか。それは，話し合いという過程が，個人の意見それ自体を集団極化の方向へ変化させ，それを集約した集団の決定もおのずと極化するからだと考えられます（Brauer et al., 1995；Burnstein & Vinokur, 1977；Geothals & Darley, 1987）。[7]この説明はさらに2つにわかれま

➡ 7　これに対して，個人の意見変化を仮定しない説明もあります。つまり個人の初

す。**情報的影響**（informational influence）と**規範的影響**（normative influence）です。情報的影響は，話し合いの中で多数派の意見を耳にする機会が増えることによって，しだいに自分の意見が極化すると考えます。また，たんに他のメンバーの多数派意見をくりかえし聞いているうちに，その意見の論理的妥当性や，根拠としてもちいられている事実の真実味を確信するようになるとも考えられます。

一方，規範的影響はメンバーが集団内での印象を良くしたいという動機をもつことによって生じます。つまり集団の各メンバーは意見表明によって自分の印象を損なわないように，集団の支配的雰囲気や意見に自分の意見を同調させようとします。そのため，各メンバーは集団の平均的意見を自分なりに見積り，その位置まで自分の意見を移動させようとするのですが，その見積りはしばしば実際の平均より極端な方向に置かれます。そうすることによって意見の調整不足を避けるためです。その結果，メンバーは自分の意見をより極端な方向へ変えることになります。

〈基礎知識の整理〉

集団極化現象（group polarization phenomena）

集団意思決定の結果が，個人レベルで優勢だった意見の方向に，より極端になってあらわれる現象をさします。具体的には，ある意思決定課題についてまず個人で決定をおこない，個人決定の平均をもとめます。これを個人レベルで優勢な意見と考えます。次に，同じ問題に対して集団で決定をおこないます。このとき，集団決定が個人決定の平均より極端な結論になることを集団極化と考えます。

リスキーシフト（risky shift）

集団極化現象の一つで，個人決定の平均が危険志向であるときに，集団決定

期意見を集約するための意思決定手続きそのもののなかに，すでに集団極化をもたらす特性が含まれていると考えます。詳しくは亀田（1997）を参照してください。

がより危険志向になることをさします。

コーシャスシフト（cautious shift）
　集団極化現象の一つで，個人決定の平均が安全志向であるときに，集団決定がより安全志向になることをさします。

情報的影響（informational influence）
　集団極化現象を説明する一つの視点で，話し合いの中で示される議論の内容や量に注目します。各自が自分の支持する意見を主張することによって，結果的に話し合いの場では，個人レベルで多数派であった意見を支持する議論が多くなされることになります。また，くりかえし主張されることにより，その意見のたしからしさも増すと考えられます。これらの効果によって，集団極化現象は部分的に説明されます。

規範的影響（normative influence）
　集団極化現象を説明するもう一つの視点で，他の成員に認められたいという動機が個人の意見を極端な方向に導く原因と見なします。話し合いは集団の各成員がどのような立場をとっているかとともに，どの意見が多くの成員に支持されているかをあきらかにします。このことが多数派の意見への同調をうながす社会的圧力をうみます。多数派と異なる意見をもつ成員は，自分が頑固であるとか大事な情報を見落としているという印象を避けるために意見を変えやすくなります。

第3節　交　　渉——なぜまとまらないのか

現代社会との関連
交渉とは？
　人があつまるところに意見の不一致や利害の対立はつきものです。こうした葛藤は，たしかに人間関係を悪化させたりネガティブな感情を引き起こします。しかし，他方で，「雨降って地固まる」というように，人間関係の結びつきを

強めたり，当事者双方にとって好ましい解決策を生みだしたりします。

多くの人が分業体制のもとで働く企業でも同様です。企業が組織目標を達成するためには，部局内，部局間，企業間での利害を調整しながら，分業を統合していく必要があります。ミンツバーグ（Mintzberg, 1973［奥村・須貝訳，1993］）は，社長や病院長など組織のトップ5人に対する参与観察を5週間おこない，組織全体を管理するために忙しく働いている彼らもまた，仕事時間の69％が会議や打ち合わせに占められていることをあきらかにしました。さらにミンツバーグは経営者の中心的な職務として交渉をあげています。

交渉はビジネスにおいてのみおこなわれるわけではありません。1個のオレンジをどう分けるかといったことから，テレビのチャンネル争い，恋人と観る映画の選択，夫婦での子守りの時間配分など，日常生活で生じる話し合いの多くには利害調整の要素が含まれています。本節では，利害調整の有効な方法の一つとして交渉を取り上げます。交渉とは，利害の不一致を解消するために当事者どうしが話し合うことです。交渉は，一方にとってのみならず双方にとって好ましい結果をもたらすことが可能ですが，実際には，端から見ているほどうまくいかないことが多いようです。なぜなのでしょうか。

研究紹介：応用実践編
なぜうまくいかないのか？

交渉がうまくいかない原因の一つとして，交渉者がその状況を誤って知覚してしまうことがあげられます。交渉当事者は，利害が対立していることからくる競争心やいらだちといった強い感情にかられていることが多いうえに，考慮しなければならない情報も多く，つねに判断をせまられるため，どうしても情報処理がかたよりがちになります。こうした人間の情報処理能力の制約が交渉者の状況認識をゆがめてしまうとともに，私たちが交渉に対してもつ，いわば先入観といったものも大きく影響します。交渉ときくと，ついおたがいの利害が完全に対立している状況をイメージしてしまわないでしょうか。たとえば，一つのオレンジを取り合っている2人の姉妹を思いうかべてください。2人とも実をしぼってジュースを飲みたいと同じことを考えていたならば，たしかに

利害は完全に対立しているといえます。しかし，姉はジュースをしぼりたくて実がほしかったのに対し，妹はマーマレードをつくりたくて皮がほしかったとしたらどうでしょうか。オレンジを取り合っているという意味では利害は対立していることになりますが，完全には対立していません。つまり，姉には実をまるごと，妹には皮をすべてあたえれば，双方にとって好ましい結果をもたらすからです。この結果は，単純にオレンジを半分に切って分けるより，おたがいの利害関心を満たすことができます。このように，交渉は完全に利害が対立した状況でのみおこなわれるわけではありません。しかし私たちは，交渉ときくと利害が真っ向から対立していると思いがちなために，実際にはこうした余地になかなか気づくことができません。

　双方の利害が完全に対立しているという思い込みを**固定和幻想**（mythical fixed-pie [fixed-pie perception]）とよびます（e.g., Bazerman, 1983; Thompson & Hastie, 1990）。固定和幻想をもってしまうと，交渉者はその状況を競争的と知覚するため，主張的な行動がふえたり，個々の争点のみに注目した視野のせまい提案がなされやすいため，交渉を双方にとって好ましいようにまとめることがむずかしくなります。トンプソンとヘイスティ（Thompson & Hastie, 1990）は，固定和幻想が実際の交渉結果を好ましくないものにしていることを実験であきらかにしました。彼女たちは，2人1組の実験参加者に売り手か買い手の役割をあたえ，新車の売買交渉をおこなわせました。その際，参加者は5つの選択肢からなる4つの争点と，ある選択肢で合意したときに自分が獲得できる得点をあたえられました（表1-2）。参加者はこの得点表を参考にしながら，自分の得点をできるだけ大きくすることをめざして話し合いをしました。交渉後，参加者は得点部分が空白になった得点表をわたされ，相手の得点表がどのような得点配置になっているかを推測するようもとめられました。

➡ 8　このような利害対立の状況下で交渉することを**分配的交渉**（distributive negotiation）といいます。

➡ 9　このような利害対立状況での交渉を**統合的交渉**（integrative negotiation）といいます。

第1章　社会行動——他者とのかかわりを理解する

表1-2　新車の売買交渉でもちいられた得点表（Thompson & Hastie, 1990）

分割払いの利子	税　　金	保証期間	納車期日
売り手の得点			
10％（4,000）	Aレベル　　（0）	6ヶ月（1,600）	5週間後（2,400）
8％（3,000）	Bレベル　（-600）	12ヶ月（1,200）	4週間後（1,800）
6％（2,000）	Cレベル（-1,200）	18ヶ月　（800）	3週間後（1,200）
4％（1,000）	Dレベル（-1,800）	24ヶ月　（400）	2週間後　（600）
2％　　（0）	Eレベル（-2,400）	30ヶ月　　（0）	1週間後　　（0）
買い手の得点			
10％　　（0）	Aレベル（-2,400）	6ヶ月　　（0）	5週間後　　（0）
8％　（400）	Bレベル（-1,800）	12ヶ月（1,000）	4週間後　（600）
6％　（800）	Cレベル（-1,200）	18ヶ月（2,000）	3週間後（1,200）
4％（1,200）	Dレベル　（-600）	24ヶ月（3,000）	2週間後（1,800）
2％（1,600）	Eレベル　　（0）	30ヶ月（4,000）	1週間後（2,400）

　たとえば、表1-2をみると、売り手の得点表では「利子10％」という選択肢にもっとも大きな得点（4,000点）があたえられています。そのため売り手にとって「利子」はもっとも重要な争点と考えられます。「利子」について売り手が買い手の得点配置を推測するとき、自分の得点配置の正反対のパターン（0から4,000の順）を答えると、売り手に「自分にとって重要な争点は相手にとっても重要なはずだ」という固定和幻想が生じていると解釈できます。売り手は「利子にかんしては買手と利害が完全に対立している」と思い込んでいることになります。しかし実際には、買い手にとっては「利子」よりも「保証期間」の方が重要であるという設定になっているため、この思い込みは誤りとなります。このような観点から、得られた「推測値」を分析してみると、参加者は相手の得点表に対して、自分の得点表の得点配置と正反対の得点パターンをあてはめて考える傾向があり、固定和幻想に陥っていることが示されました。固定和幻想は交渉直前にもっとも強く、実験参加者の68％に完全な固定和幻想（正反対の得点パターンをあてはめる）が見られましたが、交渉をつうじて次第に弱まり、交渉者の知覚はより正確になっていきました（図1-7）。さらに、固定和幻想に陥っている度合いが低い、つまり相手の得点表を正確に理解している交渉ペアほど、交渉得点の合計も大きく、それだけお互いに望ましい結果

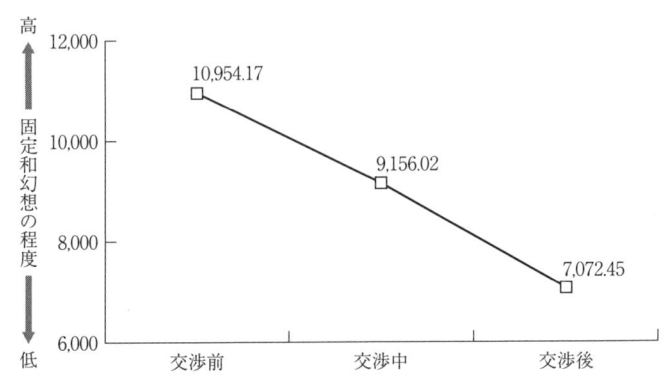

図1-7 交渉時の固定和幻想（Thompson & Hastie, 1990より作成）

数値が大きいほど固定和幻想も強いことをあらわす。この実験では、完全に固定和幻想が生じているときには12,000となる。一方、正確に相手の得点表の得点配置を理解しているときには0となる。

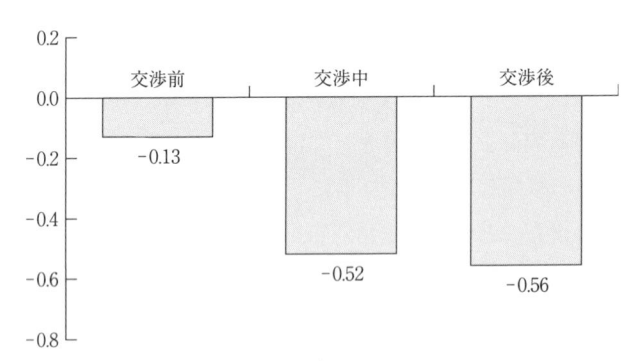

図1-8 固定和幻想と交渉得点との相関係数
（Thompson & Hastie, 1990より作成）

固定和幻想の数値が小さくなるほど、交渉得点が大きくなることを示している。

に到達していました（図1-8）。

研究紹介：基礎編

交渉をまとめるには？

では固定和幻想を低減するにはどうしたらよいのでしょうか。それを考えるためには、固定和幻想がどのように生じるのかといった、より基礎的な心理過

程に目を向ける必要があります。固定和幻想は交渉者が相手の利害関心情報をあやまって処理することに部分的には起因していますが、その場合、情報処理のあやまりとはどのようなことをいうのでしょうか。ピンクリーら（Pinkley et al., 1995, 実験2）は、固定和幻想の原因が「正確な情報を得ながらも情報処理のしかたが誤っている」ことにあるのか、情報処理は正しいにもかかわらず「そもそも誤った情報を得ている」ことにあるのかをあきらかにするために80名の大学生を対象に交渉実験をおこないました。その結果、どちらの仮説も正しいことをみいだしました。つまり実験参加者は相手の利害関心に関する不正確な情報を誤ったやり方で処理していたのです。このことは、たとえ相手の利害関心情報をすべて正確に知らされても、固定和幻想は消滅しないことを示唆します。実際、相手の利害関心が事前にすべて知らされた条件においても、「利害が完全に対立している」という期待をもたされた参加者は、「お互いに望ましい解決策に到達することが可能である」という期待をもたされた参加者より、交渉得点の合計は低いままでした。すでに述べたように、とくに交渉初期においては、ほとんどの交渉者が強い固定和幻想に陥っており（Thompson & Hastie, 1990）、この思い込みをもったまま交渉にのぞんでしまうと、思い込みに沿った誤った情報処理方略がとられやすく、結果的に、相手の利害関心にかんする正確な情報もゆがんで処理されてしまうことになります。

　固定和幻想をみちびく誤った情報処理過程は、一つには、自己利益の獲得といった利己心や競争的な動機づけによって強められます（Pruitt, 1990）。固定和幻想が動機的要因によって助長されるのであれば、その抑制も当事者の動機づけを変えることで可能かもしれません。デ・ドルゥら（De Dreu et al., 2000, 実験1）は、固定和幻想をもたらす誤った情報処理過程を改善する要因の一つとして、交渉状況を正確に理解しようとする動機の効果を検討しています。実験では、102名の大学生の実験参加者が2人1組となり、新車の売買交渉をおこないました。半数の参加者には、みずからのとった行動への説明責任を課すことで状況理解の正確さへの動機づけを高めました。具体的には、後日、交渉中の思考過程について、専門家による面接をおこなうと告げたのです。さ

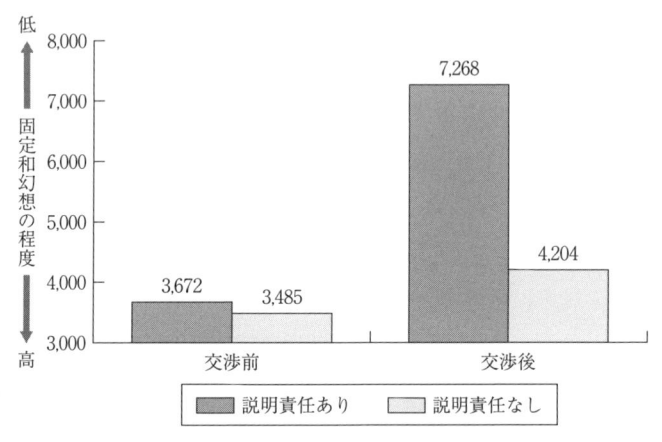

図1-9　正確さへの動機（行動への説明責任）と固定和幻想
(De Dreu et al., 2000, 実験1より作成)
数値が大きいほど固定和幻想が低く，判断が正確であることをあらわす。
この実験における数値の範囲は0～12,000であった。

グラフ数値：
- 交渉前：説明責任あり 3,672／説明責任なし 3,485
- 交渉後：説明責任あり 7,268／説明責任なし 4,204

らに，面接の際の参考にするという名目で話し合いの様子を録音しました。その結果，説明責任を課された参加者は，そうでない参加者より，固定和幻想が低減し，交渉結果も統合的になりました（図1-9）。この知見は，固定和幻想を低減するための一つの方策として，動機的な観点からのアプローチが有効であることを示唆します。また，それと同時に，交渉当事者本人がこのバイアスを意識的に克服可能であることを示しています。

〈基礎知識の整理〉

分配的交渉（distributive negotiation）
　利害が完全に対立している交渉をさします。いいかえれば，一方が利益を獲得すれば他方が同じ分だけ失う状態です。分配的交渉は固定和交渉ともよばれますが，固定和とは分配可能な資源が全体として一定ということであり，両者の獲得利益の和はつねに同一となります。交渉の争点が一つだけの場合，その交渉は必然的に分配的といえます。たとえば，一つのケーキを2人のきょうだ

いで分けるときや，中古車の売買において売り手と買い手が価格のみを争点として交渉するときがそれにあたります。

統合的交渉（integrative negotiation）
　2者の利害は対立しているが，完全に対立しているわけではない交渉をさします。利害が完全に対立しないためには，いいかえれば一方の利益がそのまま他方の損失とならないためには，交渉の争点が2つ以上あり，かつその争点に対する優先順位が双方で異なっていることが不可欠です。1個のオレンジをめぐる2人の姉妹の例でいえば，1個のオレンジをどう切るかではなく，オレンジの果実をどう分けるか，オレンジの皮をどう分けるかというふうに話し合いの話題が設定されるとき，そこには2つの争点が存在します。また姉は果実をとることをより重視し，妹は皮をとることをより重視している場合，それぞれの争点に対する優先順位は異なっているといえます。

固定和幻想（mythical fixed-pie [fixed-pie perception]）
　実際には統合的な交渉であるにもかかわらず，当事者がその状況を分配的であると知覚すること。ただし，実際の交渉状況が分配的である場合，両者の利害が完全に対立しているという状況認知は誤りではありません。

〈図書案内〉

Chemers, M. M. (1997). *An integrative theory of leadership.* New York : Lawrence Erlbaum Associates.（白樫三四郎（訳編）（1999）．リーダーシップの統合理論　北大路書房）
　⇨リーダーシップ研究の初期から現在までていねいに紹介しています。とくに第8章では文化の影響，第9章ではリーダーシップにおける性差の問題があつかわれています。

淵上克義（2002）．リーダーシップの社会心理学　ナカニシヤ出版
　⇨理論編，実験編，調査編，まとめと今後の展望の4部構成となっており，とくに理論編は1990年代以降のリーダーシップ研究の動向を把握するのに適しています。実験編と調査編では著者自身の研究が紹介されています。

亀田達也（1997）．合議の知を求めて―グループの意思決定―　共立出版

⇨集団の意思決定と問題解決に関する重要な問題をとりあげて論じている好著です。

岡本浩一（2003）．リスク・マネジメントの心理学――事故・事件から学ぶ――　新曜社
⇨企業による事故や不祥事が集団意思決定の問題と密接に関連していることを理解できる良書です。

Lewicki, R. J., Barry, B., & Saunders, D. M. (2007). *Essentials of negotiation.* New York : McGraw-Hill.（高杉尚孝（監訳）（2008）．交渉力 最強のバイブル――人間力で成功するベストプラクティス――　マグロウヒル・エデュケーション）
⇨交渉研究の分野では有名な著者たちによる教科書です。2者間のビジネス交渉に焦点をあて，交渉の鍵概念について幅広くていねいに述べられています。実践家向けのつくりですが，交渉における認知や感情など心理学的な問題も取り上げられています。

Malhotra, D., & Bazerman, M. H. (2007). *Negotiation genius : How to overcome obstacles and achieve brilliant results at the bargaining table and beyond.* New York : Bantam Dell.（森下哲朗（監訳）高遠裕子（訳）（2010）．交渉の達人　日本経済新聞社）
⇨日本語で読める比較的新しい交渉に関する教科書です。交渉過程の心理学的研究の成果にもとづき，交渉の基本構造，交渉者が陥りやすい認知的バイアス，実践的な助言が具体的に述べられています。著者の一人，ベイザーマンは認知的アプローチをとる交渉研究の第一人者です。

〈引用文献〉

Baron, R. S., & Kerr, N. L. (2003). Extremity in groups. *Group processes, group decision, group action.* Buckingham, UK : Open University Press. pp. 93-119.

Baron, R. S., Roper, G., & Baron, P. H. (1974). Group discussion and the stingy shift. *Journal of Personality and Social Psychology,* 30, 538-545.

Bass, B. M. (1981). *Stogdill's handbook of leadership : A survey of theory and research.* New York : Free Press.

Bazerman, M. H. (1983). Negotiator judgment : A critical look at the rationality assumption. *American Behavioral Scientist,* 27, 211-228.

Brauer, M., Judd, C. M., & Gliner, M. D. (1995). The effects of repeated expressions on attitude polarization during group discussions. *Journal of Personality and*

Social Psychology, **68**, 1014-1029.

Brown, R. (1988). *Group processes : Dynamics within and between groups.* Oxford : Basil Blackwell.（黒川正流・橋口捷久・坂田桐子（訳）（1993）．グループ・プロセス―集団内行動と集団間行動― 北大路書房）

Burnstein, E., & Vinokur, A. (1977). Persuasive argumentation and social comparison as determinants of attitude polarization. *Journal of Experimental Social Psychology,* **13**, 315-332.

De Dreu, C. K. W., Koole, S. L., & Steinel, W. (2000). Unfixing the fixed pie : A motivated information-processing approach to integrative negotiation. *Journal of Personality and Social Psychology,* **79**, 975-987.

Fiedler, F. E. (1964). A contingency model of leadership effectiveness. In L. Berkowitz (Ed.), *Advances in experimental social psychology* (Vol. 1). New York : Academic Press. pp. 149-190.

Fiedler, F. E. (1967). *A theory of leadership effectiveness.* New York : McGraw-Hill.

淵上克義（2002）．リーダーシップの社会心理学 ナカニシヤ出版

Fulton, B. J., & Malott, R. W. (1981/1982). The structured meeting system : A procedure for improving the completion of nonrecurring tasks. *Journal of Organizational Behavior Management,* **3**, 7-18.

古川久敬（2006）．リーダーシップと組織変革 古川久敬（編） 産業・組織心理学 朝倉書店 pp. 95-117.

Geothals, G. R., & Darley, J. M. (1987). Social comparison theory : Self-evaluation and group life. In B. Mullen & G. R. Geothals (Eds.), *Theory of group behavior.* New York : Springer-Verlag. pp. 21-48.

池田謙一（1993）．社会のイメージの心理学―ぼくらのリアリティはどう形成されるか― サイエンス社

Janis, I. L. (1982). *Groupthink : Psychological studies of policy decisions and fiascoes* (2nd ed.). Boston MA : Houghton Mifflin.

Kameda, K. (1991). Procedural influence in small-group decision making : Deliberation style and assigned decision rule. *Journal of Personality and Social Psychology,* **61**, 245-256.

亀田達也（1997）．合議の知を求めて―グループの意思決定― 共立出版

McCauley, C., Stitt, C. L., Woods, K., & Lipton, D. (1973). Group shift to caution at the race track. *Journal of Experimental Social Psychology, 9*, 80-86.

明治安田生命（2007）．新社会人アンケート調査を実施！　明治安田生命　2007年3月28日〈http://www.meijiyasuda.co.jp/profile/release/2007/pdf/20070328.pdf〉（2007年7月27日）

Mintzberg, H. (1973). *The nature of managerial work*. New York: Harper Collins. （奥村哲史・須貝栄（訳）（1993）．マネジャーの仕事　白桃書房）

三隅二不二（1984）．リーダーシップの行動科学（改訂版）　有斐閣

Moscovici, S., & Zavalloni, M. (1969). The group as a polarizer of attitudes. *Journal of Personality and Social Psychology, 12*, 125-135.

Muehleman, J. T., Bruker, C., & Ingram, C. M. (1976). The generosity shift. *Journal of Personality and Social Psychology, 34*, 344-351.

岡本浩一（2001）．無責任の構造―モラルハザードへの知的戦略―　PHP新書

岡本浩一（2003）．リスク・マネジメントの心理学―事故・事件から学ぶ―　新曜社

Pinkley, R. L., Griffith, T. L., & Northcraft, G. B. (1995). "Fixed pie" a la mode: Information availability, information processing, and the negotiation of suboptimal agreements. *Organizational Behavior and Human Decision Processes, 62*, 101-112.

Pruitt, D. G. (1990). Problem solving and cognitive bias in negotiation: A commentary. In B. Sheppard, M. H. Bazerman, & R. J. Lewicki (Eds.), *Research on negotiation in organizations* (Vol. 2). Greenwich, CT: JAI Press. pp. 117-124.

Shaw, M. E. (1932). Comparison of individuals and small groups in the rational solution of complex problems. *American Journal of Psychology, 44*, 491-504.

島宗理（1999）．組織行動マネジメントの歴史と現状とこれからの課題　行動分析学研究, 14, 2-12.

島宗理（2000）．パフォーマンス・マネジメント―問題解決のための行動分析学―　米田出版

白樫三四郎（1985）．リーダーシップの心理学―効果的な仕事の遂行とは―　有斐閣

Stogdill, R. M. (1948). Personal factors associated with leadership: A survey of the literature. *Journal of Psychology, 25*, 35-71.

Thompson, L. L., & Hastie, R. (1990). Social perception in negotiation. *Organizational*

Behavior and Human Decision Processes, 47, 98-123.
Wallach, M. A., Kogan, N., & Bem, D. J. (1962). Group influence on individual risk taking. *Journal of Abnormal and Social Psychology,* 65, 75-86.
White, R. K., & Lippitt, R. (1960). *Autocracy and democracy : An experimental inquiry.* New York : Harper & Row.

第2章 性　　格
　　──その人らしさを探る

はじめに

　明子さん：「一郎くんって優しいよね」
　エリさん：「えー，そうかな，結構冷たい人だと思うけど」
　明子さん：「でもこの間私が教室で財布をなくして困っていたら，一緒に探してくれたし」
　エリさん：「財布をなくすなんて，明子はやっぱりうっかり者のB型だね」
　明子さん：「どうせ私はエリみたいにA型じゃないから，おっちょこちょいですよ！」
　エリさん：「でも私がしっかりするようになったのは，つい最近なんだけどなあ」

　これはある大学生の性格を話題にした会話です。明子さんとエリさんの会話を詳しく見てみると，当たり前のように見えて，じつは不思議に思うことがいくつかあります。まず，最初の明子さんとエリさんのやりとりをみてください。明子さんとエリさんとでは，一郎君の性格に対してまったく正反対の認識をしているようです。しかし，性格というのが一人ひとりに明確に存在するのであれば，そういったことは起きないはずです。いったいなぜ，見る人によって性格の捉え方が違ってしまうのでしょうか？　また後半の明子さんとエリさんのやり取りでは，血液型をもとにお互いの性格について話しています。こういった「血液型性格判断」や「心理ゲーム」など性格を判断するための方法は現在

巷に数多く広まっており，あまり疑いを持たれずに利用されています。しかしこのような一般に広まっている性格判断は，本当に人の性格を知るための有効な方法なのでしょうか？　最後に，エリさんは最近になって「しっかりとした」性格に変わったと述べています。私たちは通常簡単には性格は変わらないものだと考えていますが，エリさんが言っているように性格が変わることが本当にあるのでしょうか？

　そこで本章では，この例で挙げられているような「なぜ見る人によって性格が違って見えるのか？」（性格の認知），「性格を知るための有効な方法は？」（性格の理解），「性格は変えられるのか？」（性格の変容）という3つの疑問をもとに，そもそも性格とはいったい何だろうかということについて考えます。

　なお，性格と類似した言葉で，人格（パーソナリティ）という言葉があります。性格と人格は異なる側面を示しているという考え方もありますが，本章では性格を人格も含めた広い意味で用いることとして，基本的に性格という言葉で統一します。

第1節　性格の認知——なぜ見る人によって性格が違って見えるのか

現代社会との関連
性格を判断することの難しさ

　私たちの暮らす社会では，さまざまな場面で人とかかわることが必要とされています。そして何らかのかかわりをもつことになった相手について「いったいどのような性格の持ち主であるのか」を知りたいと感じます。そのような気持ちが沸くのは，相手の性格を知ることでその人のとりやすい行動を予測し，今後その人とどのように接していくのがよいか判断できると私たちが考えているからだといえます。しかし他人についていくらかの情報をもとに性格を判断した後，もしかしたらその判断が間違っていたのではないかと感じることがよくあります。たとえば，はじめて会った人について自分は「暗くて接しにくい」人だと思ったのに一緒にいた別の友人が「とても社交的で楽しい」人だと

評価しているのを聞いて不思議に思ったり，また自分の子どものことを「元気で活発な子」とみていた親が，学校の三者面談で「おとなしくて引っ込み思案な生徒だ」という先生の評価を聞いてびっくりしたり，といったことはよく聞かれることです。ある人のもつ性格について誰もが正しく理解できているのであれば，複数の人による性格の評価に不一致が起こるはずがありません。不一致が生じるのは，少なくとも誰かが正しく性格を評価できていないからだとも考えられます。

　もちろんこのように性格の理解がかならずしも一致しないのは，普段の生活ではそれほど深刻な問題にならないかもしれません。ところが現代社会では，他者の性格を適切に理解することが求められる場合があります。たとえば中学校や高校の内申書では，教師が生徒の人物評価を書く場合があります。また多くの大学生が経験する就職採用試験では，面接などで応募者の人物評価をすることがあります。当然教師や面接担当者は性格を評価することに関して専門家であるはずなので，まさか誤った評価などしないだろうと多くの人は考えると思います。果たして教師や面接担当者は不一致もなく適切に性格を評価できているのでしょうか？　本節ではまずその点について検討した研究を紹介します。その上でなぜ性格理解の不一致，さらには不適切な性格理解が生じるのかについて考えてみたいと思います。

研究紹介：応用実践編
教師は生徒の性格を正しく理解しているのか？

　性格を「適切に」判断しなければならない場面で，実際に性格評価の不一致が生じうるのでしょうか？　先にも述べましたが，中学校や高校において受験の際に参考とされうる内申書には，生徒の性格について記載することのできる欄が設けられていることがあります。そのため，受験の合否に多少なりとも教師による性格評価が影響する可能性があります。このような教師による評価が正しく行われるか否かは，生徒の将来にとって非常に重要な問題となります。教師は，全ての生徒の性格を適切に評価することを求められているといえます。それでは，人を見る専門家と思われる教師は生徒の性格を適切に評価すること

ができるのでしょうか？

　坂西（1994）による研究では，ある中学校の担任教師および教科担任教師8名に，担当している各生徒が協調性に乏しい（利己的）性格か，または協調性に富んだ（利他的）性格なのかを評価してもらいました。すると全員一致するということはほとんどなく，教師が4名以上，すなわち半数以上で評価が一致する割合は，利己的と評価された生徒については16.67%，利他的と評価された生徒については6.45%と，非常に低い割合となりました（図2-1）。つまり教師によって生徒の性格の見え方がなかなか一致せず，実際の教育現場ではかならずしも適切に生徒の性格の評価ができていない可能性があると考えられます。いかに生徒を理解するプロフェッショナルと思われている教師であっても，適切に性格を評価することが難しいといえます。

　また，就職の際の採用面接という場面ではどうでしょうか？　これまでの研究では，面接者の裁量で聞く内容をある程度決めることのできるような面接スタイル（**非構造化面接**，unstructured interview）の場合，面接で聞く内容，聞き方，聞く順番などが厳密に決められているような面接スタイル（**構造化面接**，structured interview）よりも，面接対象者の人物評価が不適切になりやすいことが指摘されています（たとえば，Janz, 1982 ; Orpen, 1985）。これは表2-1に示したように，非構造化面接の場合面接者の主観が入り込みやすく，面接の結果の客観性が低くなるという特徴があるからだと考えられます（丹野，2000）。にもかかわらず，面接対象者の性格を尋ねることを目的とした面接では，非構造化面接が用いられることが多いという指摘があり（McDaniel et al., 1994），面接者による性格評価は不適切になりやすい状況があるといえます。

　以上のことから，人は他者の性格を評価する場合に，たとえ人を見るプロフェッショナルと思われている教師や採用面接者であっても性格理解に不一致が生じやすく，歪んだ評価をしてしまっている可能性があるといえます。それでは，なぜこのような歪みが生じてしまうのでしょうか？　そこには，性格評価を歪ませてしまうような，人間に共通したメカニズムがあることが考えられます。

第2章 性　格——その人らしさを探る

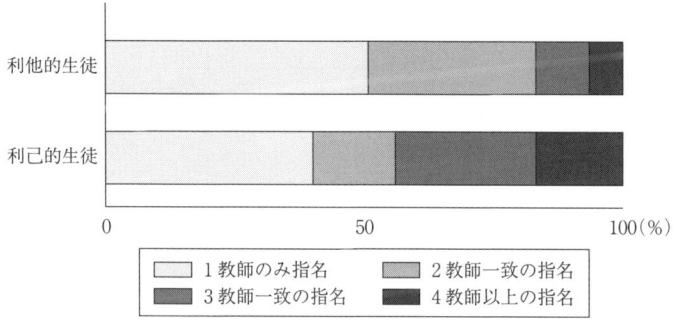

図2-1　教師間の利己的・利他的生徒の指名の一致度
（坂西，1994をもとに作成）

凡例：
- 1 教師のみ指名
- 2 教師一致の指名
- 3 教師一致の指名
- 4 教師以上の指名

表2-1　構造化面接と非構造化面接の特徴の違い
（丹野，2000をもとに作成）

	構造化面接	非構造化面接
面接者	自由度低い	自由度高い
質問の用語・順序	質問票に従う	面接者の自由
被面接者	自由度低い	自由度高い
面接者の主観	入る余地少ない	結果を左右
結果の客観性	高　い	低　い
適合性	仮説検証に向く	仮説形成に向く
特　長	確認的機能	発見的機能

研究紹介：基礎編

性格理解を歪ませるもの

　これまでの心理学の研究成果から，どうも人間は「特殊な眼鏡」を通して他者の性格を推測しているのではないかということが考えられています。クロンバック（Cronbach, 1955）は，人間にはそれまでの生活で体験したことをもとに形作られた性格に関する素朴な考え方が備わっていることを指摘し，そのような性格に関する信念を**暗黙裡の性格観**（implicit personality theory）と呼びました。この暗黙裡の性格観が「特殊な眼鏡」の役割を果たして，ときとして性格の誤った判断を生じさせたりもします。たとえば自分がこれまで出会ってきた「サッカー好きな人」の多くが「社交的な」人だったという自分の経験にも

表2-2 容姿の魅力の程度と性格・幸福の評価との関係
(Dion et al., 1972をもとに作成)

	魅力的でない人物	平均的な人物	魅力的な人物
望ましい性格	56.31	62.42	65.39
職業的地位の高さ	1.70	2.02	2.25
結婚適性度	.37	.71	1.70
親としての適性度	3.91	4.55	3.54
社会・職業上の幸福度	5.28	6.34	6.37
全体的な幸福度	8.83	11.60	11.60
結婚の可能性	1.52	1.82	2.17

とづいて、出会ったばかりのサッカー好きの人の性格も「社交的」だと思っていたところ、後にとても内気な人だということがわかるということがあり得るわけです。これは「サッカー好きな人＝社交的」という暗黙裡の性格観を持っていることから生じる誤解といえるわけです。

　暗黙裡の性格観には個人に特有なものだけでなく、ある程度多くの人に共通した性格観というのも含まれます。そのような性格観は、とくに**ステレオタイプ**（stereotype）に基づいた性格観といえます。ステレオタイプは、あるカテゴリーに属する人が共通して持っていると多くの人が信じている固定化した特徴のことを指します。ディオンら（Dion et al., 1972）は、60名の大学生に「魅力的」、「魅力的ではない」、「平均的」な容姿の男女の写真を見せて、写真の人物に関するいくつかの質問に答えてもらいました。すると、表2-2に示したように容姿が魅力的な人はそうではない人より、「望ましい性格」で、「職業でも成功」して、「すばらしい結婚相手とめぐり合い」、「将来幸福な人生を歩むだろう」というようにその人の性格や人生に対してポジティブな認知をすることが示されました。つまり、「容姿が魅力的な人は性格がよく人生も幸福だ」というステレオタイプが存在するといえます。

　また容姿のような目に見える特徴ではなくても、ステレオタイプによる性格判断が行われることがあります。佐方（1994）はHIV感染の有無で性格の評価にどのように影響があるのかを看護学生150名を対象に調査しました。まず看護学生を2つのグループに分けて、数枚の提示された顔写真の白人男性がど

第2章 性　格——その人らしさを探る

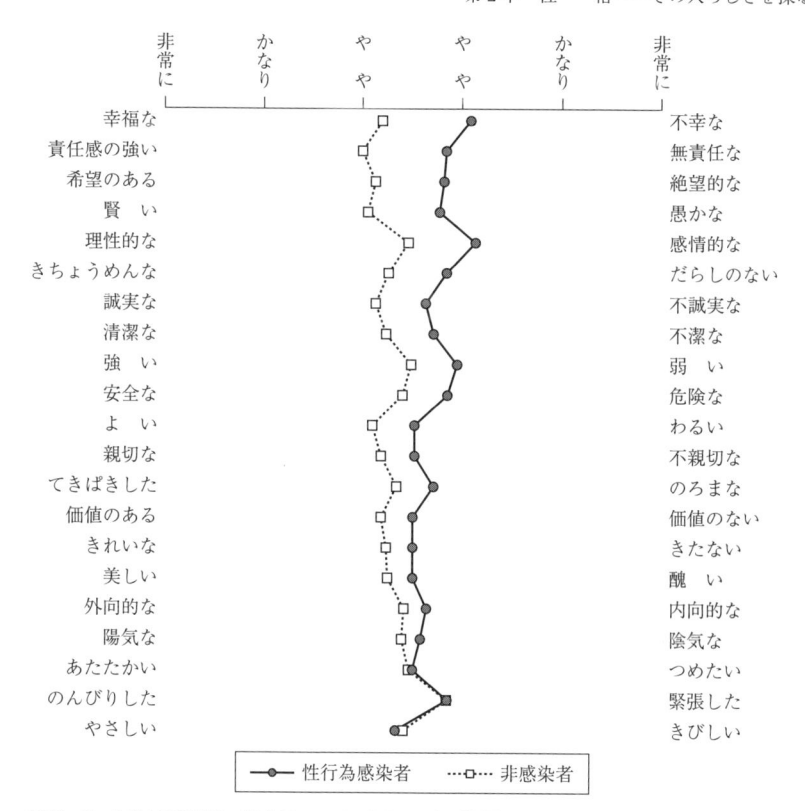

```
              非  か  や    や  か  非
              常  な  や    や  な  常
              に  り        り  に
   幸福な                              不幸な
   責任感の強い                        無責任な
   希望のある                          絶望的な
   賢い                                愚かな
   理性的な                            感情的な
   きちょうめんな                      だらしのない
   誠実な                              不誠実な
   清潔な                              不潔な
   強い                                弱い
   安全な                              危険な
   よい                                わるい
   親切な                              不親切な
   てきぱきした                        のろまな
   価値のある                          価値のない
   きれいな                            きたない
   美しい                              醜い
   外向的な                            内向的な
   陽気な                              陰気な
   あたたかい                          つめたい
   のんびりした                        緊張した
   やさしい                            きびしい

          ──●── 性行為感染者    ┄┄□┄┄ 非感染者
```

図2-2　HIV感染者に対するステレオタイプの特徴（佐方，1994をもとに作成）

のような人物であると思うか評定してもらいました。ただし写真を見せる際に，写真ごとに2つのグループで異なる教示をしました。同一人物の写真について，一方のグループには「異性間の性交渉によるHIV感染者」，もう一方のグループには「非感染者」であると説明しました。またそれ以外の写真についても2つのグループで異なる教示をしました。そしてとくに「異性間の性交渉によるHIV感染者」と教示した場合と「非感染者」と教示した場合で人物評価を比較したところ，図2-2に示した結果になりました。すなわち「外向的な—内向的な」，「陽気な—陰気な」，「あたたかい—つめたい」，「のんびりした—緊張した」，「やさしい—きびしい」という5対以外の全ての形容詞対において，

45

「非感染者」よりも「性行為HIV感染者」の方をより「無責任な」,「感情的な」,「だらしのない」,「不誠実な」,「不親切な」などとネガティブに捉えていました。つまり,外見上はわからないもののある特定の疾患にかかっているという情報があるだけで,その情報にもとづいてその人の性格を根拠もなく評価してしまうことがあるのです。性格にかかわるステレオタイプは,目に見える特徴,目に見えない特徴にかかわらずさまざまなものがあると考えられます。これまでのところ,性,民族,国,地域,職業,学歴なども性格にかかわるステレオタイプのカテゴリーとなり得ることが指摘されています。

　たしかに暗黙裡の性格観があるおかげで,ある人に関するほんの一部の情報から,見えにくいその人の性格を効率的に推測することが可能にはなりますが,ときとして性格を誤って理解する要因ともなり得るのです。そのため他者の性格を評価するような状況では,まず自分自身にもそういった不適切な性格理解をしてしまう傾向があることを意識しておくことが大切だと思います。

〈基礎知識の整理〉

構造化面接（structured interview）
　被面接者に対する質問の内容,順序,形式などがあらかじめ厳密に決められていて,それに基づいて面接者が直接会って質問の回答を収集するという面接方法をさします。面接者の主観が面接評価などに入りにくいという利点がありますが,情報の豊富さが失われるという危険性をもっています。

非構造化面接（unstructured interview）
　あらかじめ質問の内容,順序,形式などが決まっておらず,面接者と被面接者に任され,基本的に被面接者は話したいことを何でも話すことができるという面接方法をさします。豊富な情報を収集することが可能となりますが,一方で面接者の主観が入り込みやすいという危険性を持っています。つまり暗黙裡の性格観にもとづいて性格を評価してしまう危険性が高いといえます。

暗黙裡の性格観（implicit personality theory）
　自らの経験に基づいて形成された性格に関する素朴な信念や考え方をさします。厳密な科学的根拠のない迷信のような信念も多く含まれ、ときとして人の性格を誤って解釈してしまう危険性を孕んでいます。

ステレオタイプ（stereotype）
　カテゴリー化されたある特定の集団に所属する人が共通して持っていると信じられているさまざまな特徴をさします。たとえば「日本人は器用」というように、「日本人」という国別にカテゴリー化された集団に所属すると、「器用」という特徴を備えているはずだと信じてしまうことなどが挙げられます。ステレオタイプは単純化され固定的であり、なかなか修正するのが難しいという特徴があります。

第2節　性格の理解——性格を知るための有効な方法は

現代社会との関連

性格を知るためのアイテム

　第1節で述べたように、自分の"目"を通して性格というあいまいなものを捉えることは、実際にはとても難しいことが明らかになっています。私たちも人の性格はそう簡単にはわからないと感じているためか、できる限り適切に性格を把握するために自分の"目"以外のものも普段からよく活用しています。たとえば、雑誌やテレビなどで紹介されている心理ゲームや性格判断法などはそういったアイテムの一つといえます。代表的なものとして、血液型性格判断が挙げられます。しかし、このような巷で広まっている"性格テスト・判断法"で果たして適切に性格を測ることができるものなのでしょうか。もしそれが適切な性格を測るアイテムであればもちろん問題はありませんが、もしそうではなかったら、かえって他者の性格を誤解してしまう可能性が高くなるわけです。自分がよく人の性格を知るために使っているアイテムについて、もう一

度考えてみる必要があるでしょう。

　現在，多くの企業の採用選考の際には面接だけではなく，いくつかの性格検査などもあわせて実施して総合的に性格を捉えるようになっていますが，そこでは雑誌やテレビなどでよく見かけるような心理ゲームや性格判断法は，まったくといってよいほど利用されていません。またカウンセリングや心理療法といった場面でも，相談に来た人を理解するためにさまざまな性格検査を実施することがありますが，そこでも利用されていることはまずありません。巷で受け入れられているようなアイテムの多くは，どうも専門的な場では受け入れられていないわけです。

　本節では，まず巷で広まっている心理ゲーム・性格判断法が果たして有効なアイテムであるのかどうかについて，とくにもっともよく利用されていると思われる血液型性格判断法をもとに考えてみたいと思います。そして，心理学の分野で検討されてきた性格を捉えるための有効なアイテムについて紹介します。その上で，これまで心理学が提案した性格を捉えるための基本的な考え方を紹介します。

研究紹介：応用実践編

血液型で性格はわかるのか？

　現在日本で性格を知る手立てとして利用されているもっともポピュラーなものの一つが，血液型性格判断法でしょう。「はじめに」の大学生たちのように，皆さんも日常の会話で血液型をよく話題にしていると思います。しかしこの血液型性格判断法は，本当に信用できるものなのでしょうか？

　詫摩・松井（1985）は，従来から血液型性格判断で指摘されている各血液型で特徴的な性格特性を示す質問項目20項目について，どの程度自分にあてはまるのか大学生640名に既存の性格検査の一部とともに回答してもらいました。そしてその20の質問項目について「あてはまる」と回答した人数の比率を血液型別に比較したところ，4つの血液型で比率に差が見られたのは，A型に特徴的とされる"4．ルールや慣習や秩序を重視する"と，B型に特徴的とされる"10．未来に対して楽観的である"という2項目のみでした（表2-3参照）。

第2章 性　格——その人らしさを探る

表2-3　血液型別にみた予想される性格特性の肯定率
（詫摩・松井，1985をもとに作成）

予想された血液型	項目内容	血液型別肯定率（％）			
		A型	B型	AB型	O型
A型	1. ものごとのけじめや白黒をはっきりつける	53.3	47.1	55.9	55.5
	2. 周囲の人に細かく気をつかう	63.1	58.7	61.8	57.1
	3. 感情や欲求はおさえる方である	61.8	57.2	63.2	54.4
	4. ルールや慣習や秩序を重視する	**54.7**	**50.7**	**41.2**	**57.7**
	5. 生きがいを求めている	84.4	84.1	82.4	84.6
B型	6. 周囲の影響はうけにくい	31.6	20.3	29.4	25.3
	7. 人にしばられ，抑制されたりするのはきらいである	86.2	92.0	88.2	86.8
	8. 柔軟な考えや新しいことには理解がある方だ	70.2	67.4	69.1	56.6
	9. 人には心を開く方である	49.3	52.9	47.1	54.4
	10. 未来に対して楽観的である	**52.9**	**52.2**	**67.6**	**46.2**
AB型	11. 考え方がストレートである	45.8	39.9	41.2	44.0
	12. 情緒の安定した面と不安定な面がはっきりわかれている	58.2	63.8	61.8	57.1
	13. 人とのつきあいに距離をおいている	40.4	41.3	45.6	33.5
	14. ものごとに没頭できず，根気がない方だ	22.7	23.2	23.5	28.0
	15. 分析力や批判力がある方だ	44.0	45.7	47.1	42.9
O型	16. 人との応対はニコヤカでソツがない	39.1	45.7	42.6	41.2
	17. ロマンチックな面と現実的面をどちらももっている	80.4	81.2	94.1	80.8
	18. 人間関係を大事にし，とくに人の信頼を重視する	84.9	79.7	80.9	84.6
	19. バイタリティがある	38.2	37.0	52.9	35.2
	20. 目的が決まれば直進して，がんばってやりとげる	66.7	65.9	66.2	66.5

　20の質問項目のうち，4つの血液型で肯定比率に統計的に有意な差が見られたものを太字で示した。

　ところが，この2項目で「あてはまる」と回答した比率がもっとも高かったのは，質問項目4では本来のA型ではなくO型の人，質問項目10ではB型ではなくAB型の人でした。ほとんどの項目で血液型による差はみられず，差が見られたわずか2項目についてもあてはまると回答する比率が高かったのは，まっ

たく異なる血液型の人でした。つまり従来からいわれているような血液型による性格特徴の違いは見出されませんでした。

このように，これまでのところ血液型と性格との関係性を明確に示す一貫した結果は得られていません。つまり現時点では，血液型性格判断法は他者の性格を知るための適切なアイテムとはいえません。残念ながらこの血液型性格判断法だけでなく，テレビや雑誌で取り上げられている心理ゲーム・性格判断法には，十分な根拠がなく，信用できないものが数多く含まれます。このように，科学的根拠のない血液型や星座による性格判断がなぜこれほどまで多くの人に受け入れられているのでしょうか。それは，血液型や生年月日などが他者の個人情報として比較的聞き出しやすいことが理由の一つにあると考えられます。通常まだ親密でない人とやり取りする際には，性格などといった内面の深い話題は避けられる傾向にあります。むしろ関係をもつ最初の段階では，当たり障りのない，出身，生年月日などが話題となりやすく，親密になるにしたがって深い内面の話題が取り上げられるようになっていきます。しかし，私たちは親密でない段階から，できる限り他者の性格を知ってその人との今後の関係をどうとっていくかを考えようとします。そのためできる限り，関係の初期で話題になりやすい情報から性格を知る手段を求めています。そういった私たちの願望に血液型や星座による性格判断は見事にマッチしているわけです。そのために，これほどまでに流布しているのではないかといえます（血液型性格判断が信じられる理由については第7章第1節も参照）。

それでは，性格を理解するために私たちはいったい何を参考にすればよいのでしょうか。心理学では一定の手続きによって，性格を適切に理解するためのさまざまな検査が開発されてきました。このような性格検査が，現在もっとも有効なアイテムといえるでしょう。心理学で開発された性格検査には，大きく作業検査法，投影法，質問紙法の3つがあります。**作業検査法**（performance test）とは，一定の作業を行い，その作業結果の特徴をもとに性格を推測するというものです。代表的なものとしては，内田クレペリン精神作業検査があります。次に**投影法**（projective technique）とは，曖昧な刺激を提示して，それ

第2章 性　格──その人らしさを探る

表2-4　性格検査のおもな長所と短所

作業検査法	長所	・実施方法が比較的容易 ・一度に多くの人に実施可能 ・回答を意図的に操作することが難しい ・言語によるやり取りが比較的少ない
	短所	・被検査者への負担が比較的大きい ・検査に対する意欲の影響が比較的高い
投影法	長所	・深い無意識レベルを推測可能 ・回答形式が比較的自由で，得られる情報が多い ・回答を意図的に操作することが難しい
	短所	・実施時間が比較的長い ・被検査者への負担が比較的大きい ・検査実施・結果の処理・解釈に相当の熟練を要する
質問紙法	長所	・一度に多くの人に実施可能 ・結果の処理・解釈が比較的容易 ・実施時間が比較的短時間 ・被検査者への負担が比較的小さい
	短所	・自己イメージに沿った回答になりやすい ・社会的望ましさに沿った回答になりやすい ・内省できる部分でしか回答がなされない

に対する反応の特徴に基づいて性格を推測するものです。代表的なものとして，ロールシャッハテスト，TAT（絵画統覚検査）などがあります。最後に**質問紙法**（questionnaire method）とは，行動や考え方などに関する質問文に対して決められた形式で回答して，その結果をもとに性格を推測するものです。代表的なものとしては，矢田部─ギルフォード性格検査，16PFなどがあります。これら3つの検査法はそれぞれ，表2-4に示したような長所・短所があります。そのため，使用目的に沿ってこれらの特徴を考慮しながら活用することが必要となります。また同じ検査法であっても，背景理論や開発目的の違いで個々の性格検査に長所・短所があります。そのため性格検査を扱うときには，それら個々の検査の背景にある理論や測定できる側面に十分習熟しておくことが大切です。

　さて，近年もっとも注目を集めている性格検査の一つとして，ビッグファイ

表2-5 **性格の5つの次元** (村上・村上, 2001をもとに作成)

次 元	意 味
外向性	にぎやかで, 元気がよく, 話好き, 勇敢で, 冒険的, 積極的な性格である。逆の場合は, おとなしく, 無口で, 引っ込み思案・臆病で, 不活発な性格である。
協調性	温かく, 誰にでも親切な, 愉快で, 人情のあつい, 気前のよい, 協調性の高い性格である。逆の場合は, 不親切で, 冷たく, 利己的, 疑い深い, 非協力的な, 協調性に欠ける性格である。
勤勉性	責任感があって, 仕事や勉強に良心的, 精力的に取り組む, 勤勉な性格である。逆の場合は, 物事への取り組みが中途半端で, 根気がなく, 気まぐれで, 浪費癖がある, 無責任で, いい加減な性格である。
情緒安定性	気分が安定していて, 不平不満がなく, 気楽で, しっと深くない, 理性的な性格である。逆の場合は, 気分が不安定で, 悩みやすく, 神経質で, しっと深く, 感情的になったり, 怒りっぽい性格である。
知 性	好奇心があって, 知識の範囲が広く, 物事を分析したり, 考えたりする, 思慮深い, 創造的, 知性的な性格である。逆の場合は, 好奇心に乏しく, 物事を分析するのが苦手で, 頭がすぐに混乱しやすい, 知性に乏しい, 素朴で, 洗練されていない性格である。

ブ (Big Five) という理論に基づいた性格検査があります。この検査は人の性格が独立した5次元から成り立っているという統計的結果に基づいて開発された質問紙法です。世界中の多くの研究者が統計的手法を用いて確認したところ, 性格を構成するほぼ同様の5つの次元が見出されています。日本では, たとえば主要5因子性格検査が開発されており, 表2-5に示されているような「外向性」「協調性」「勤勉性」「情緒安定性」「知性」という5次元から性格を検討することができます (村上・村上, 2001)。このような性格検査はそれぞれ独自の理論に基づいて開発されていますが, そもそも心理学では性格という目に見えない存在をどのように捉えているのでしょうか。そこで次に, 心理学における性格の捉え方をいくつか紹介します。

研究紹介:基礎編

性格を理解するための3つの考え方

先述したようにこれまで, さまざまな性格検査が開発されています。しかし性格検査を利用するには, まず心理学が性格をどのように捉えてきたのかを理解しておく必要があります。そこで, 類型論, 特性論, 状況論という3つの代表的な性格の捉え方について紹介します。

①類型論

　歴史的にもっとも古い性格の捉え方として，**類型論**（type theory）があります。類型論とはいくつかの少数のタイプに性格を分類して捉えるというものです。たとえばクレッチマー（Kretschmer, 1921）は体型と精神疾患の関係に注目して多くの精神疾患患者を観察しました。その結果，ある特定の精神疾患と体型に関連性があることを指摘しました。その結果に基づいて，さらに性格傾向と体型との関連性を指摘しました。具体的には，細長型，肥満型，闘士型という3タイプに体型が分けられて，それぞれに関連する特徴的な性格傾向があるという考えに至りました。つまり，クレッチマーによれば人の性格は大きく3タイプに分けられるといえます。ただしこの考え方はその後の研究において否定されることになりました。類型論は，比較的単純に性格を捉えることができるためにさまざまな場面で受け入れられてきましたが，複雑な人間の性格を捉えるには説明力に乏しいということもあり，現在の心理学ではあまり取り入れられなくなっています。

②特性論

　一方，その後主流となってきた捉え方として**特性論**（trait theory）があります。特性論では，たとえば「怒りっぽさ」はどの程度，「明るさ」はどの程度，というように，いくつかの行動傾向の特徴（特性）の程度で性格が構成されると考えています。キャッテル（Cattell, 1965）は，性格の特性を5つの層から捉えるという考えを示しました。とくに，表に現れる観察可能な表面的特性と直接観察できない背景にある根源的特性という2つに特性を分け，質問紙や行動観察などで得られた結果について統計的手法を用いて検討しました。その結果，性格は表2-6に示したように16の根源的特性因子から構成されていると結論づけました。この結論は，その後数多くの研究で批判を受けて洗練されていく中で，近年になってビッグファイブの考えが生み出されることとなりました。

③状況論

　さて類型論と特性論に共通しているのは，性格というのが一貫した行動パ

表2-6 キャッテルによる性格の16の根源的特性（Cattell, 1965をもとに作成）

低得点記述	因子		因子	高得点記述
打ち解けない（Reserved） （分裂気質）	A−	対	A+	開放的な（Outgoing） （感情性気質）
知的に低い（Less intelligent） （低い 'g'）	B−	対	B+	知的に高い（More intelligent） （高い 'g'）
情緒的な（Emotional） （低い自我強度）	C−	対	C+	安定した（Stable） （高い自我強度）
謙虚な（Humble） （服従性）	E−	対	E+	主張的な（Assertive） （支配性）
生まじめな（Sober） （退潮性）	F−	対	F+	気楽な（Happy-go-lucky） （高潮性）
便宜的な（Expedient） （低い超自我）	G−	対	G+	良心的な（Conscientious） （高い超自我）
内気な（Shy） （スレクティア）	H−	対	H+	大胆な（Venturesome） （パルミア）
精神的に強い（Tough-minded） （ハリア）	I−	対	I+	精神的に弱い（Tender-minded） （プレムシア）
信頼する（Trusting） （アラクシア）	L−	対	L+	疑い深い（Suspicious） （プロテンション）
実際的な（Practical） （プラクセルニア）	M−	対	M+	創造的な（Imaginative） （オーティア）
素直な（Forthright） （飾り気のない）	N−	対	N+	如才のない（Shrewd） （如才なさ）
穏やかな（Placid） （自信）	O−	対	O+	気遣いの多い（Apprehensive） （罪悪感傾向）
保守的な（Conservative） （保守主義）	Q_1−	対	Q_1+	革新的な（Experimenting） （急進主義）
集団に結びついた（Group-tied） （集団志向）	Q_2−	対	Q_2+	自己充足的（Self-sufficient） （自己充足性）
行き当たりばったりの（Causual） （低い統合）	Q_3−	対	Q_3+	統制された（Controlled） （高い自己概念）
リラックスした（Relaxed） （低いエルグ緊張）	Q_4−	対	Q_4+	緊張した（Tense） （エルグ緊張）

ターンを引き起こす内的な存在であるということです。たとえば，真面目な性格をもつ人は，どのような状況でもだいたい真面目な行動をするだろうということになります。この点について反論したのが**状況論**（situationism）です。ミッシェル（Mischel, 1968）はこれまでの研究結果をもとに，人の行動は異なる

状況間では一貫性がかなり低く，行動パターンの決定にはその個人を取り巻く状況が大きく影響を及ぼしていると指摘しました。たとえば英語の講義では遅刻欠席もなく真面目だけれども，心理学の講義では欠席がとても多く不真面目だということは当然ありえます。この場合，英語の講義と心理学の講義という状況の違いで，明らかに異なる行動パターンを示しているということになります。内在する「真面目」な性格が強く影響していれば，この人はどちらの講義でも一貫して真面目な行動が見られるはずなのですが，そうではないわけです。このようにその人の行動パターンへの状況の影響を重視したのが状況論です。この状況論の出現により従来の性格の捉え方が根底から揺るがされ，**「人か状況か」論争**（person-situation controversy，佐藤・渡邊，1992）が巻き起こりました。つまり，性格を生み出しているのは個人の内的要因なのか，それともその個人を取り巻く状況であるのかという論争です。この論争を経て近年には，物事の捉え方や考え方といった認知的特徴などの個人の内的要因とその人が置かれている状況要因との相互作用が人間の行動のパターンを規定するという相互作用論（interactionism）が提案されています。

　このように状況の影響を少なからず考慮に入れると，人の性格を知ろうとすること自体が意味をなさないのではないか，と思うかもしれません。しかしかならずしもそうとはいえません。私たちは多くの場合，ある人と出会う場面というのは比較的限られています。その人が自分とは関係のない状況で異なる行動パターンを示していようと自分とその人との関係性においてさほど問題は生じません。そのため，あくまでも私たちは自分たちが出会う場面で観察される行動パターンに基づいて，その人の性格をある程度推測すればよいわけです。たとえば，友人との関係を維持していくためには，その人が一人きりで過ごしているときにどんな行動パターンを示していようと，自分と接している間に見られる比較的一貫した行動パターンをある程度理解できていれば，2人の関係上はとくに問題はありません。つまり，自分がかかわっているときに生じやすい行動を予測することが可能になるような性格を仮定しておけばよいといえます。

　以上のように心理学ではじつは性格についていくつもの考え方があり，まだ

明確な答えは出されていません。「性格の捉え方」は，今後の心理学における重要な研究課題の一つであるといえます。そのため，現在有効だと考えられる性格検査であっても当然ながら万能であるとはいえません。その点を踏まえながら性格検査の結果を参考にしていくことが重要です。

〈基礎知識の整理〉

作業検査法（performance test）
　一定時間内に特定の作業をおこなって，その作業傾向をもとに性格を把握しようとする検査方法をさします。日本では代表的なものとして内田クレペリン精神作業検査があります。この検査では単純な1桁の足し算を一定時間内おこない，時間経過による足し算の作業量の変化などをもとに性格を推定します。

投影法（projective technique）
　曖昧な刺激（図形，絵，文章など）を提示して，それに対してどのような反応をするのかを調べることによって，性格を把握しようとする検査方法をさします。たとえば，ロールシャッハテストでは，インクを紙に落としてできた左右対称のしみをもとに作成された曖昧な図版を提示して，その図版がどのように見えるのか，図版のどの部分からそのように見えたのか，どのような特徴からそのように見えたのか，反応するまでにどの程度時間がかかっているのかなどを総合的に検討して性格を推定します。

質問紙法（questionnaire method）
　たとえば「人と接するのは好きだ」，「友人は多い方だ」など行動や考え方などに関するいくつもの質問文に対して，たとえば「はい」「いいえ」「どちらでもない」というようにある決められた形式で回答して，その回答を一定の手続きで集計した結果をもとに性格を把握しようとする検査方法をさします。

類型論（type theory）
　性格を一定の基準に基づいて，いくつかの少数のタイプに分類することによって性格を捉えようとする考え方をさします。たとえば性格を「Xタイプ」，「Yタイプ」，「Zタイプ」というように分けて，Aさんの性格は「Xタイプ」

だというように記述します。

特性論（trait theory）
　性格がいくつかの特性という行動傾向の特徴から構成されていて，それぞれの特性の程度の組合せによって性格を捉えようとする考え方をさします。たとえばAさんの性格は，「特性H」がどの程度で，「特性I」がどの程度で，「特性J」がどの程度で，というように記述します。

状況論（situationism）
　従来の性格研究が前提としてきた，性格というのは「一貫した行動を引き起こす原因となる内的存在である」という考えに異議を唱え，性格の捉え方に状況を重視することを提唱した考え方をさします。つまり，人間が示す行動パターンには個人の内的特徴よりもその個人を取り巻く状況が強く影響を及ぼすと考える性格の捉え方といえます。

「人か状況か」論争（person-situation controversy）
　状況論の登場によって生じた，性格を生み出す要因に関する論争をさします。具体的には，性格を生み出しているのは個人の内的要因なのか，それとも個人をとりまく状況という外的要因なのかということが議論されました。

第3節　性格の変容──性格は変えられるのか

現代社会との関連
性格は変わるのか，変わらないのか

　誰でも少なくとも一度くらいは自分の性格について不満を感じて，何とか変えたいと考えたことがあるのではないでしょうか？　たとえば「内気なところが嫌なので，何とかもっと社交的になりたい」と思うことは，けっして珍しいことではありません。近年このような「性格を変えたい」という人の気持ちを利用した悪質な自己啓発セミナー団体の存在が社会問題となっています。「絶

対にあなたの性格は変えられる」などと言葉巧みに勧誘されて参加したセミナーで，結果的に法外な料金を請求されるといったトラブルも後を絶ちません。このことは，もちろんそれだけ自分の性格を変えたいと望んでいる人が多いことの現れともいえますが，そもそも本当に性格は変えられるものなのでしょうか？

　前節で述べたように，類型論と特性論では行動パターンの一貫性を前提とし，その行動パターンを形成する重要な要因として内的に存在する性格を仮定しているので，人の性格は通常変わらない安定したものだと捉える傾向があります。たとえ心理学の理論をよく知らなくても，通常性格は変わらないものだと考えている人が多いかと思います。

　しかし一方で，以前とは性格が変わったという経験をすることもあります。たとえば，高校まではとても引っ込み思案で目立たなかったクラスメートと，卒業後に開かれた同窓会で会ったところ，とても明るく積極的になっていてびっくりしたということが挙げられます。また結婚する前はとても優しい彼だったのに，結婚後にすっかり人が変わってしまい乱暴な夫になってしまったなどといった深刻な事例も近年では問題となっています。これらの例を考えると，人の性格は望むにせよ望まないにせよ変わるのではないかとも考えられるわけです。

　それではいったい性格は変えられるのか，変えられないのかどちらなのでしょうか？　このことについて本節ではまず，私たちが「こんな風に自分の性格が変わってとてもよかった」と後で思うことのできるような適応的な性格変化というものが果たして実際に生じるのかどうかを考えてみたいと思います。その上で，性格の変化を引き起こすメカニズムについて考えたいと思います。

研究紹介：応用実践編

カウンセリング・心理療法は性格を変えられるのか？

　適応的な方向に性格を変化させるための方法の一つとして，**心理療法**（psychotherapy）や**カウンセリング**（counseling）が挙げられます。心理療法やカウンセリングにはさまざまな立場がありますが，どの立場であっても基本

的に，ある個人の不適応的な行動パターンあるいは性格を変えることができるという考えに基づいた実践が行われています。しかし本当に心理療法などによって，性格を変えることができるのでしょうか？

アメリカにおける精神科医や心理療法家などの専門家から心理的援助を受けた経験のある人たち約3,000人を対象とした大規模調査では，治療開始時に「かなり悪かった」と答えた人のうち92％の人が調査時点では「とても良くなった」，「良くなった」，「まあまあ」と回答しました。「非常に悪かった」と答えた人でも87％の人が「とても良くなった」，「良くなった」，「まあまあ」と回答しました。そして心理的援助を受けて，どんな点が改善されたのかという問いについては，第一に当初の問題が緩和されたという報告がありました。さらに人とうまく付き合ったり，仕事もうまくやったり，日々のストレスにうまく対処することができるような力が身についたという報告がありました。最後に自信や自尊心がついて自己理解も進み，"人間的成長"が高められたといった報告がありました（Consumer Reports, 1995, November；Seligman, 1995）。またダイモンド（Dymond, 1954［友田編訳，1967］）は，カウンセリングによる適応的な性格の変化について詳細に検討しました。その際，複数のカウンセラーによって選ばれた「私は理性的な人間である」「私は楽観主義者である」などといった適応を示す内容の説明文37個と，「私は内気である」「私はつまらない人間である」などといった不適応を示す説明文37個を用いて，実験をおこないました。適応を示す内容の説明文が「自分に似ている」と評定されれば1点，不適応を示す説明文が「自分に似ていない」と評定されれば1点として，74点を最高得点とする適応得点を算出しました。この適応得点が高ければ高いほど，性格がより適応的であることを示していることになります。そして適応得点がカウンセリングによってどう変化するのかを調べました。具体的には，治療を自ら求めてきた人たち23名を治療群として，また治療を受けない人たち17名を統制群として，治療開始前の適応得点と，治療終了後6ヶ月以上経過したフォローアップ時の適応得点を比較検討しました。その結果，それぞれ治療開始前とフォローアップ時の適応得点は，表2-7に示したような結果になりました。

表2-7 カウンセリング前後での適応得点の変化（Dymond, 1954［友田編訳, 1967］をもとに作成）

	カウンセリング前	フォローアップ時
治療群	28.80	38.36
統制群	44.96	44.52

すなわち，治療をとくに受けなかった統制群では適応得点にとくに違いは見られなかったものの，治療群では，明らかに治療前よりもフォローアップ時に適応得点が高くなりました。このことから，カウンセリングを受けた人の多くが，適応的な方向への性格の変化を認識していることが示されたといえます。ただしカウンセリングなどを受けて，今までとはまったく異なる性格に劇的に変わるということは基本的にはありません。むしろ性格の不適応的な部分をより適応的に変化させたり，自分のあまり認めたくない性格の部分を受け入れたりすることができるよう援助する方法の一つであるといえます。

しかし，もちろんカウンセリングなどの専門的なかかわりが直接なくても，人生において遭遇した危機的状況を克服することで，適応的な方向に性格の変化が生じることも指摘されています（鈴木，2000）。ここではとくに親しい人との死別という危機的状況をもとに考えたいと思います。渡邉・岡本（2005）は，死別経験を通してそれ以前に比べてどのような側面が変化したと思うか死別経験者に尋ねました。そしてその結果を統計的手法により分析したところ，死別経験による人格的成長は表2-8のような3つの因子から構成されていることが示されました。とくに「自己感覚の拡大」因子の質問項目をみるとわかるように，性格の変化がうかがえるものとなっています。このように死別をはじめとしてさまざまな人生上の危機的状況を克服することでも，性格に変化が生じることがあるといえます。

研究紹介：基礎編

性格変容を促進するもの

それでは，いったいどのような働きによって，適応的な性格の変化が促進されるのでしょうか？　この点について心理療法における研究成果をもとに考えたいと思います。ミラーら（Miller et al., 1997［曽我監訳，2000］）は，これまでの数多くの心理療法の効果に関する研究成果をもとに，治療に訪れた人（以後，

表2-8　死別経験による人格的発達を構成する因子
（渡邉・岡本，2005をもとに作成）

因　子	項目内容例
自己感覚の拡大	私は，プラス思考で物事を考えられるようになった。 私は，考え方が柔軟になった。 私は，忍耐強くなった。 私は，自分に対して肯定的になった。 私は，自分中心ではなくなった。 　　　　　　　　　　　　　　　　　　　　　　など20項目
死への恐怖の克服	私は，死について考えることを避けるようになった。 　　　　　　　　　　　　　　　　　　　　など5項目（全て逆転項目）
死への関心・死の意味	私は，死について考えることは人を成長させると思うようになった。 私は，死はその人の人生観が試されるときであると思うようになった。 　　　　　　　　　　　　　　　　　　　　　　など7項目

表2-9　ロジャーズの挙げた治療者の態度　（沢崎，2000をもとに作成）

純粋性（自己一致）	治療者は，治療場面で体験している自分自身のさまざまな感情に気づき，十分に受け止め，必要であればそれを表現できるような状態にあること。
無条件の肯定的配慮	クライエントがどのような態度や感情，たとえ治療者の価値観や好みに反した態度や感情であったとしても，クライエントのあらゆる側面に肯定的で積極的な関心を向けていくこと。
共感的理解	クライエントの体験している私的な世界を，あたかも自分自身のものであるかのように感じ取り，かつクライエントの感情の中に巻き込まれないようにすること。

クライエント）に変化を引き起こすための共通要因を明らかにしました。まず彼らは，心理療法の各学派の違いがそれほど治療上の変化に大きな影響を与えないことを示しました。そしてとくにクライエントの持っている資源や生活環境などの治療外要因とともに治療関係要因の重要性を指摘しました。なかでも**クライエント中心療法**（client-centered therapy）を提唱したロジャーズ（Rogers, 1957）が挙げたカウンセラーの治療的態度がクライエントの変化を促進する重要な治療関係要因となるとしています。ロジャーズのいう治療的態度とは表2-9に示したように，純粋性（自己一致），無条件の肯定的配慮（unconditional positive regard），共感的理解という3つの態度を指します。ただし，

この治療的態度が変化を促進するには、治療者が示す態度をクライエントが感じとっていることが大切であるとされています。またミラーらは、クライエント自身が変化に対する積極的な期待を抱くことが、心理療法がうまくいくための要因の一つとなることも指摘しています。つまり、性格の変化を生じさせるには、まず性格が変化するという期待をもつことが大切であることを示しているといえます。

以上のことから、性格を変化させたいという場合には、カウンセラーのようなその変化を支持する他者との関係が存在することとともに、私たち自身が変化への期待をもつことが重要であると考えられます。

しかし、性格変化の方向は、かならずしも適応的な方向ばかりとは限りません。ハーロー（Harlow, 1868）は、脳に外傷を受けてから性格が変化してしまったフェネアス・ゲージという人物について報告しています。彼は、1848年アメリカのバーモント州で鉄道工事のさなか事故に巻き込まれました。岩に穴を開けて火薬を詰込む作業中、後ろからの声に注意がほんの一瞬とらわれた際に作業を誤ってしまいました。そのため、火薬が爆発して手に持っていた約1メートルの鉄棒が顔を直撃し、下あごから頭蓋骨に貫通してしまいました。このような大事故に見舞われたものの、奇跡的に回復し、とくに言葉や運動などにダメージを受けるということはありませんでした。しかしハーローが指摘しているように「ゲージはもはや昔のゲージではなくなって」しまっていたのでした。それでは何が変わってしまったのでしょうか。以前の彼は、仕事ができ、社交的で、周りから尊敬される性格だったそうですが、事故後にはがらりと変わってしまい、無

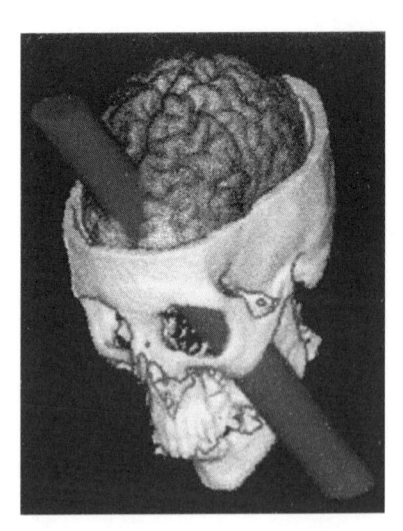

図2-3 コンピュータ・シュミレーションによるゲージの脳損傷部位（Damasio et al., 1994）

礼で仲間に対してもほとんど敬意を払わなくなり、また優柔不断となってしまったのでした。ダマジオら（Damasio et al., 1994）はゲージの頭蓋骨を分析して、図2-3に示したように、コンピュータ・シュミレーションによって損傷を受けた脳の部位をより正確に推定しました。その結果、脳の中でもとくに**前頭連合野**（prefrontal cortex）の前方下側とその内側に損傷を受けていたことをあきらかにしました。このゲージと同じような性格変化と前頭連合野との関係は、精神病の治療法として一時期数多くおこなわれていた、前頭連合野を含んだ前頭葉を他の脳部位から切り離すというロボトミー手術法（lobotomy）を施された患者が示した性格の変化とも共通するものです。このようにかならずしも適応的とはいえない方向に変化する場合もあり得ることが指摘されています。

以上のように、性格の変化を促進すると考えられる要因がいくつか想定されるとともに、ある特定の性格の変化については、脳、とくに前頭連合野との関連が指摘されています。

〈基礎知識の整理〉

心理療法（psychotherapy）

多くの場合、カウンセリングと区別なく使われています。カウンセリングと区別するとすれば、心理療法はとくに人間の無意識の深いレベルで変容する過程を扱ってさまざまな心因性の症状を改善することが目標とされています。

カウンセリング（counseling）

相談・助言・指導などの活動を表す言葉で、心理の分野だけでなく、さまざまな領域で利用されている言葉です。先述したように心理療法とは区別なく使われていることが多い言葉ですが、心理療法と区別するとすれば、カウンセリングはとくに比較的現実的な問題の解決に向けて援助するかかわりをさします。

クライエント中心療法（client-centered therapy）

アメリカのカール・ロジャーズによって創始された療法をさします。治療者が、「人は自己理解に向かう大きな資質を持っている」という考えにもとづい

た治療的態度をもってかかわっていくことで，クライエントに建設的なパーソナリティ変化が生じると想定しています。ロジャーズ自身は，治療上の技法よりも治療上の態度を重視しました。

前頭連合野（prefrontal cortex）
　脳を前頭葉，頭頂葉，側頭葉，後頭葉の4つに分けた場合の前頭葉に属する部位をさします。前頭葉とほぼ同義で利用されることもあります。他の哺乳類に比べて人間の場合，前頭連合野の大脳に占める割合はとても大きいことが知られています。さまざまな情報をまとめて，行動の計画を立てて，実行することに深くかかわる部位であると考えられています。

〈図書案内〉

吉田寿夫（2002）．人についての思い込みⅠ・Ⅱ　北大路書房
　⇨私たちが人の性格を評価する際におこなってしまいがちな決めつけについて，どのような心理的メカニズムが働いているのかについておもに社会心理学の視点からわかりやすく解説されています。また，そういった状況から脱するにはどうしたらよいのかについても，述べられています。

岡堂哲雄（1994）．心理テスト―人間性の謎への挑戦―　講談社現代新書
　⇨性格テストだけではなく，知能テストや家族関係に関するテストなど，さまざまな心理テストについて，それらの歴史的経緯も踏まえてわかりやすく紹介しています。また性格テストの中でもとくに，質問紙法の作り方について詳しい説明があります。

サトウタツヤ・渡邊芳之（2005）．心理学のかしこい使い方「モード性格論」　紀伊国屋書店
　⇨近年の新しい性格心理学の流れを取り上げながらも，比較的やさしい文体で書かれています。性格に関する「常識」を科学的に疑ってみることをさまざまな研究例を挙げながらわかりやすく説明しています。また性格の変化についても，モード性格論という新たな視点から捉えています。

〈引用文献〉

Cattell, R. B. (1965). *The scientific analysis of personality*. London : Penguin Books Ltd.（斉藤耕二・安塚俊行・米田弘枝（訳）(1975). パーソナリティの心理学——パーソナリティの理論と科学的研究——　金子書房）

Consumer Reports. (1995, November). Mental health : Does therapy help? pp. 734-739.

Cronbach, L. J. (1955). Process affecting scores on "understanding others" and "assumed similarity". *Psychological Bulletin*, 52, 177-193.

Damasio, H., Grabowski, T., Frank, R., Galaburda, A. M., & Damasio, A. R. (1994). The return of Phineas Gage : Clues about the brain from the skull of a famous patient. *Science*, 264, 1102-1105.

Dion, K., Berscheid, E., & Walster, E. (1972). What is beautiful is good. *Journal of Personality and Social Psychology*, 24, 285-290.

Dymond, R. F. (1954). Adjustment changes over therapy from self-sorts. In C. R. Rogers & R. F. Dymond (Eds.), *Psychotherapy and personality change*. Chicago : University of Chicago Press. pp. 76-84.（友田不二男（編訳）(1967). 自己分類によって検討したセラピィによる適応の変化　ロージァズ全集第13巻　パーソナリティの変化　岩崎学術出版社　pp. 99-110.）

Harlow, J. M. (1868). Recovery from the passage of an iron bar through the head. *Publications of the Massachusetts Medical Society*, 2, 327-347.

Janz, T. (1982). Initial comparisons of patterned behavior description interviews versus unstructured interviews. *Journal of Applied Psychology*, 67, 577-580.

Kretschmer, E. (1921). *Körperbau und charakter*. Berlin : Springer-Verlag.（相場均（訳）(1964). 体格と性格　文光堂）

McDaniel, M. A., Whetzel, D. L., Schmidt, F. L., & Maurer, S. D. (1994). The validity of employment interviews : A comprehensive review and meta-analysis. *Journal of Applied Psychology*, 79, 599-616.

Miller, S. D., Duncan, B. C., & Hubble, M. A. (1997). *Escape from Babel : Toward a unifying language of psychotherapy practice*. New York : W. W. Norton.（曽我昌祺（監訳）(2000). 心理療法・その基礎なるもの——混迷から抜け出すための有効要因——　金剛出版）

Mischel, W. (1968). *Personality and assessment*. New York : Wiley.（詫摩武俊（監訳）（1992）．パーソナリティの理論―状況主義的アプローチ―　誠信書房）

村上宣寛・村上千恵子（2001）．主要5因子性格検査ハンドブック―性格測定の基礎から主要5因子の世界へ―　学芸図書

Orpen, C. (1985). Patterned behavior description interviews versus unstructured interviews : A comparative validity study. *Journal of Applied Psychology*, 70, 774-776.

Rogers, C. R. (1957). The necessary and sufficient conditions of therapeutic personality change. *Journal of Consulting Psychology*, 21, 95-103.

坂西友秀（1994）．教師の利己的生徒，利他的生徒についての認知と生徒の自己認知　教育心理学研究, 42, 403-414.

佐方哲彦（1994）．看護学生のHIV感染者に対するステレオタイプについて　和歌山県立医科大学進学課程紀要, 24, 23-34.

佐藤達哉・渡邊芳之（1992）．「人か状況か論争」とその後のパーソナリティ心理学　人文学報（東京都立大学），231, 91-114.

沢崎達夫（2000）．来談者中心療法　坂野雄二（編）　臨床心理学キーワード　有斐閣　pp. 66-67.

Seligman, M. (1995). The effectiveness of psychotherapy : The consumer reports study. *American psychologist*, 50, 965-974.

鈴木乙史（2000）．人格変容の理論　詫摩武俊・鈴木乙史・清水弘司・松井豊（編）シリーズ・人間と性格　第4巻　性格の変容と文化　ブレーン出版　pp. 305-321.

詫摩武俊・松井豊（1985）．血液型ステレオタイプについて　人文学報（東京都立大学），172, 15-30.

丹野義彦（2000）．面接法　下山晴彦（編）　シリーズ・心理学の技法　臨床心理学研究の技法　福村出版　pp. 42-47.

渡邉照美・岡本祐子（2005）．死別経験による人格的発達とケア体験との関連　発達心理学研究, 16, 247-256.

第3章 感　　情
　　　——人を動かし，人と人とを結ぶこころの働き

はじめに

　私たちは日々のさまざまな場面で，喜び，怒り，悲しみ，驚きといった心の動きを経験します。このような主観的な経験は**感情**（emotion(s)）と呼ばれ，私たちの行動や社会生活と大きなかかわりを持っています。かつて感情は，私たちの理性的で合理的な精神を混乱させるものと見なされてきました。しかし近年，感情に対する見方は大きく変化し，むしろ私たちが環境に適応するプロセスにおいて，不可欠な働きをしていると見なされるようになってきました。たとえば，自らの生命を脅かすものには恐怖を感じて，そこから離れようとします。また，嬉しいとき笑顔で他者にそれを伝え，それを目にした他者も喜びを感じてともに笑顔になるかもしれません。感情は私たちが必要な行動を実行するプロセス，他者との関係を構築し維持するプロセスにおいて重要な**機能**（adaptive functions）を果たしていると考えられます。しかし，環境が激しく変化する現代社会においては，感情がときにうまく機能しなかったり，私たちに思わぬ負荷をもたらしたりする可能性があることも事実です。

　本章では，日常生活で私たちが直面しているさまざまな感情の問題を通して，感情はどのようなしくみで生じ，どのような働きをしているかについて考えていきます。第1節では，おもに対人サービス業に携わる人々の抱える感情コントロールの問題を取り上げ，自然な感情を意図的に操作することが私たちにどのような影響をもたらすかを考えていきます。第2節では，働く人々が感じる否定的な感情，つまりストレスにかかわる実際的な問題とその対処の考え方を

紹介します。そして第3節では，ポジティブな感情が私たちの思考や行動にもたらす効能を紹介し，そのことが私たちの社会生活にどのような意味を持つかを考えます。

第1節　感情調整——感情とどのように向き合うか

|現代社会との関連|
感情のマネジメントが求められる時代

　現代社会で働く人々の多くが，その職務の遂行や職場の人間関係の中で，自らの感情をコントロールする必要に迫られています。とくに，介護や医療，接客などの対人サービス業に従事する人々は，顧客の感情に配慮し，自らの否定的な感情を抑制することが求められます。たとえば，航空機の客室乗務員は，理不尽な乗客に接しても不愉快な感情を顔に出さず，つねに笑顔でサービスができるようにトレーニングされます。従業員の笑顔や快い接客態度は企業の提供するサービスの一部であり，これに顧客が満足できるかどうかが，企業の売り上げや利益と大きくかかわっているためです。サービス業での顧客との関係に限らず，職場での上司と部下，あるいは同僚同士の関係においても，職務を円滑に進めるために，とくに否定的な感情の表出は抑制されることが求められます。

　また近年，情動知性（Emotional Intelligence；EI）あるいは"EQ"という概念が広く知られ，社会的成功に不可欠な能力と見なされるようになっています。情動知性は「自己や他者の感情を正確に読み取り，状況に応じて感情表出を調整する能力」（Goleman, 1995［土屋訳，1996］）を意味します。この能力は，衝動的な行動の自制や自己動機づけ，他者への共感性などと深くかかわると考えられ，「仕事のできる人」や「優れたリーダー」の必要条件の一つとされることもあります。

　このように高度な感情のコントロールが要求される社会で，私たちは自己や他者の感情とどのように向き合い，どのように対応していけばよいのでしょう

第3章 感　　情──人を動かし，人と人とを結ぶこころの働き

か。この問いに答えるためには，まず感情の成り立ちやその働きを理解する必要があります。そして，自然な感情を制御しようとするさまざまな働きかけが，私たちの心身にどのような影響を及ぼし得るかを知ることも大切です。本節では，まず現代社会で働く人々が直面する感情の問題を捉えた調査研究を紹介します。そして，感情が生じるしくみについての基礎的な考え方や知見を整理したうえで，感情の調整や制御が心身にもたらす影響について考えていきます。

研究紹介：応用実践編

「本当の感情」と「偽りの感情」

働く人々が直面する感情の問題は，これまで心理学的な研究テーマとして扱われることは多くありませんでした。しかし近年，職場のストレスに対する関心が高まっていることや，サービス業に携わる人々の数が増加していることから，働く人々が抱える感情の問題への注目が高まっています（小口，2003）。

職務ストレスについては，そのメカニズムや対策についての研究がさかんに行われ，ある程度の成果が積み重ねられています（第2節で紹介します）。最近では，職務ストレスとも密接にかかわる問題として，職場の対人場面での感情管理（emotional management）がクローズアップされるようになってきました。この問題を最初に指摘したのは社会学者のホックシールド（Hochschild, 1979 ［石川・室伏訳，2000］）です。彼女は，その著書『*The managed heart*（和訳書：管理される心）』の中で，米国の航空会社の客室乗務員に対する聞き取りや訓練の様子を観察した調査に基づき，個人の感情が企業の営利目的のために組織的に管理される実態を報告しました。客室乗務員には，理想的な客室乗務員として振る舞い，笑顔を絶やさず，乗客の無理難題にもけっして怒りを表さずに対応することが求められます。このような感情の抑制や操作が業務の一部として不可欠な仕事は，身体労働との対比で感情労働（emotional labor）と呼ばれています。この著書では，自己の感情と「商品」としての感情の間に生じるずれの問題を抱え，「本当の感情」のコントロールに苦しむ客室乗務員の様子が報告されています。理不尽な乗客に向けられない怒りは抑圧されるか，同僚たちに向けられることもあります。同僚もまた，その客室乗務員の怒りを受け

とめ理解しようとすることで、感情労働を強いられることになります。ホックシールドは、感情労働の必要な職業として、客室乗務員の他に、看護師、教員、秘書、販売員などを挙げ、1970年時点の米国で約3,000万人がこれに該当するとし、その後増加すると予測していました。

　日本でも、対人サービスの仕事に携わる人が増加するのに伴い、このような感情労働が求められる職場が増えていることが指摘されています（森、2000；小口、2003）。武井（2001）は、看護師の立場から感情労働としての看護職の実情を克明に報告しています。看護師は患者との関係の中で、職業上の規範としてのさまざまな感情規則（「患者には優しく親切に」、「泣いたり取り乱してはいけない」など）に従い、「本当の自分」と「偽りの自分」の使い分けを少しずつ習得していくといいます。押し込められた「本当の感情」は私生活に持ち込まれ、飲酒やギャンブルへの依存、うつやバーンアウト（燃え尽き症候群）の危険性を高めていると指摘されています。

　このような感情の抑圧がもたらす問題は、対人サービス業に携わる人々に多かれ少なかれ共通して生じるものと考えられます。多くの消費者は、飛行機内やファストフード店で受ける心地よい接客や笑顔は当然のサービスと考え、そのことがサービスを提供する人にどのような影響を及ぼすか考えることはあまりないかもしれません。感情労働に携わる人々も、その恩恵を受ける人々も、感情の操作が人間にもたらす影響について理解しておく必要があるのではないでしょうか。

研究紹介：基礎編

感情が生まれるしくみ：感情を構成する6つの要素

　さまざまな感情を経験するとき、私たちの心と身体には何が起きているのでしょうか。現在の心理学では、図3-1に示すように、感情は少なくとも6つの要素から構成されると考えられています（Lazarus, 1991）。この一連のプロセスは、まず本人が置かれた状況に対する**認知的評価**（cognitive appraisal）から始まります。ここで、その状況がその人にとって持つ意味が評価され、その評価と結びついた感情反応が引き起こされることになります。たとえば、大き

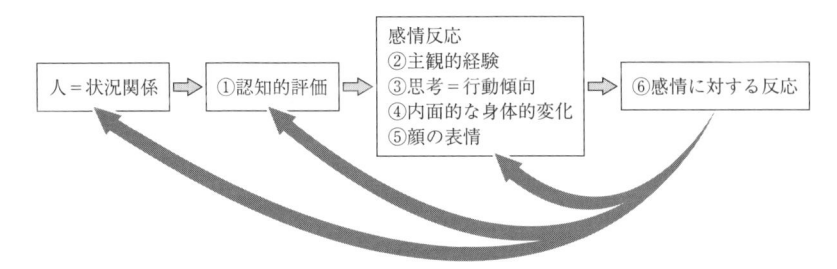

```
[人＝状況関係] ⇒ [①認知的評価] ⇒ [感情反応
                                    ②主観的経験
                                    ③思考＝行動傾向    ⇒ [⑥感情に対する反応]
                                    ④内面的な身体的変化
                                    ⑤顔の表情]
```

図3-1　感情の成立プロセス（Lazarus, 1991（Smith et al., 2003［内田監訳，2005］より転載））

感情の6つの構成要素は，特定の人＝状況関係によって記述される事態によって引き起こされる。

なハチが音をたてて飛んできたとき，それは多くの人にとって身の危険をもたらすものと評価され，恐怖という反応が生じます。この反応は第二の要素である主観的経験として認識され，私たちをある思考や行動（第三の要素）へと駆り立てます。先のハチに対して，「怖い」と感じ，走って逃げようと行動を起こすことが第二，第三の要素にあたります。

そして第四の要素として，自律神経系への影響を中心とする身体的な変化が起こります。この変化は否定的な感情に顕著なもので，強い怒りや恐怖を感じると，心拍数の増加，発汗，手の震え，喉の渇きなどが生じます。これらの変化は，緊急の行動に適した準備状態をつくるために，交感神経が活性化することによってもたらされます。たとえば，ハチから逃げようと走り出すためには多くの身体的エネルギーが必要となるので，心拍数を上げ呼吸を速めることでその準備をするのです。

第五の要素は顔の表情です。ハチから逃れることができて安堵したとき，頬はゆるみ口元には笑みがみられるかもしれません。最後に，第六の要素は感情に対する反応です。自分自身の感情，そしてその感情を引き起こした状況に，どのように対処するかということです。

これらの要素が全て揃うことで，特定の感情が成立すると考えられています。感情と似た言葉に気分（mood）がありますが，感情とは次の点で区別されま

す。気分は明確な理由もなく漠然と感じられる状態で，明確な原因によって引き起こされる感情とは異なります。また気分は数時間から数日間続くこともありますが，感情は数秒から数分しか持続しない短時間のものです。そして感情は図3-1に示すように複数の要素が絡み合う現象ですが，気分は主観的な経験だけが際立つものです（Rosenberg, 1998）。

図3-1に示した6要素の中で，感情の成立に大きな影響をもつのが認知的評価です。自分が置かれている状況をどのように解釈するかによって，感情の種類とその強さが決まると考えられます（Lazarus, 1991）。たとえば，他者の笑いを自分への侮蔑と解釈すれば，怒りを感じるかもしれませんが，他に笑いの理由があるとみなせば，何も感じないかもしれません。侮蔑と解釈して怒りを感じるのは，それが自分の名誉を傷つけるからで，そのような個人的な意味の評価によって感情の性質が決定されているのです。この評価の内容と感情の対応関係は表3-1に示されています。

感情における認知的評価の重要性にはじめて注目したのは，シャクターの**二要因論**（two-factor theory）でした（Schachter & Singer, 1962）。この理論では，ある刺激に対する身体的変化に，認知的解釈が加わることで多様な感情が生起するとされました。現在の考え方では，認知的解釈は身体的変化よりも先行するとされ，順序は逆ですが，この理論が与えた影響は大きなものでした。

この認知的評価には，意識的な部分もあれば，無意識的な部分もあると考えられています。たとえば，クモやヘビの恐怖症患者は，クモやヘビの写真を意識できないほど短い時間（30ミリ秒）しか提示されなくても，はっきりと見せられたときと同等の生理的反応を示しました（Öhman, 2000）。この結果は，脅威の評価は無意識的なレベルでなされていることを示唆しています。この無意識的な評価の存在は，脳神経学的にも裏付けられています。感情の生起には脳の扁桃体がかかわっていることが知られていますが，ある実験では，被験者に，恐怖を感じるような写真を意識的に認知できないほどの短時間しか提示しなくても，被験者の扁桃体は活動することが確認されました（Whalen et al., 1998）。このような無意識レベルでの感情は，とくに脅威となるものに対して顕著に示

表3-1 認知的評価と感情の対応関係（Lazarus, 1991（Smith et al., 2003［内田監訳, 2005］より転載））

感情	中心的関係主題
怒り	自分を傷つけようとする攻撃。
不安	不確実であるが実在する脅威に直面すること。
恐怖	直接的で具体的かつ抗しがたい身体的な危険に直面すること。
罪悪感	道徳的原則から逸脱すること。
恥	理想自我にふさわしい生活をし損なうこと。
悲しみ	取り返しのつかない喪失を経験すること。
ねたみ	だれかほかの人が持っているものを欲すること。
嫉妬	ほかの人の愛情を喪失することや脅威に対して第三者を恨むこと。
嫌悪	我慢ならない対象や考え（比喩的な言い方）を受け入れることやそれらに非常に近づくこと。
幸福	目標の実現に向かって適度に進歩すること。
誇り	価値ある対象あるいは達成に関して功績を認められることにより、自分自身の自我同一性を高めること、あるいは自分が同一視している人物や集団の自我同一性を高めること。
安堵	目標と合わない心を痛める条件が良い方向に変化すること、または、なくなること。
希望	最も悪いことを恐れ、より良いことを願うこと。
愛	愛情を望んだり共有すること、通常相互的であるが、必ずしもそうでないこともある。
同情	ほかの人の苦しみに心を動かされ、助けたいと思うこと。

されることから、恐怖や不安は、危険から身を守るために重要な機能を果たしていることが理解できます。

さて、図3-1に示したように、自らの感情への反応や対処も、感情を構成する要素の一つです。喜びなどの望ましい感情を維持しようとする努力や、悲しみや怒りなどの否定的な感情を最小限にとどめようとする働きかけは、**感情調整**（emotion regulation）と呼ばれます。たとえば、悲しい出来事の直後に友人の結婚式に出席し、悲しい表情の代わりに笑顔を浮かべようとする場合です。このような働きかけは、自らの衝動的な反応や行動を抑え、他者との関係を良好に保つために不可欠のもので、幼児期からの発達の過程で社会的なスキルの一つとして習得されていると考えられています。

これまでの研究で、人々が感情調整のために用いる方略には、感情の「抑制」や「再評価」、「気晴らし（ディストラクション；distraction）」などいくつか

の種類があることがあきらかになっています（Parkinson & Totterdell, 1999）。これらの方略は，心身にどのような影響をもたらすのでしょうか。ある実験では，被験者に悲しい映画や楽しい映画を見せ，その間は感情を表出させないように教示すると，逆に生理的覚醒が高まる結果となりました（Gross & Levenson, 1997）。別の実験では，痛みを抑制すると，かえって主観的な痛みが増し，生理的な反応も増幅したという結果が報告されています（Gross & Levenson, 1993）。また，感情の抑制は認知的な活動にも影響を及ぼすこともわかっています。リチャードとグロス（Richard & Gross, 2000）によれば，ひどいケガを負った男性の映像を見ている間，感情を表出しないように教示された被験者では，単に見ていた被験者に比べ，その内容についての記憶が劣っていました。このような短期的な影響の他にも，感情の抑制は長期的な健康や寿命に望ましくない影響を及ぼすことがあきらかになっています（木村，2003）。

　一方，再評価とは，ネガティブな状況に何らかの意味を見いだしたりポジティブに再解釈したりする方略で，抑制のように生理的な変化は伴わないこともあきらかになっています。先のリチャードとグロスの実験で，ケガをした男性の映像を見る際，「医療の専門家として関心をもって」見るよう教示された被験者では，記憶の質は下がりませんでした（Richard & Gross, 2000）。

　また，気晴らしというのは，ネガティブな出来事を考えないようにしたり，読書をしたり映画に行ったりするなどして感情から注意をそらす方略です。一時的にネガティブな出来事から離れることで，平静さと活力を取り戻し，より良い状態で再び問題に向き合うことができると考えられます（木村，2003）。この他，問題を解決しようと「熟慮する」方略も有効な場合があります（杉浦，1999）。

　これらの知見から，どのような方略で感情を調整するかによって，心身への影響はかなり異なることがわかります。感情を抑え込むことはさまざまな悪影響をもたらす一方，気分転換や状況の再解釈には悪影響は少なく，むしろ効果的な感情の調整が期待できると言えるでしょう。このことは，次節で紹介するストレスへの対処（ストレス・コーピング）の考え方ともかかわっています。

〈基礎知識の整理〉

感情（emotion(s)）

　喜び，怒り，悲しみ，驚き，恐れなどの主観的に感じられる心の動きのこと。顔の表情や生理的な変化を伴い，明確な原因によって一時的に引き起こされます。この点で，永続的で漠然とした状態である気分（moods）と感情は区別されます。

感情の「機能」（adaptive functions of emotions）

　感情の機能の一つは，身の危険にかかわるような状況を切り抜けるのに必要な行動を起こしたり準備状態をつくったりすることにあります。また，過去の危険な状況で経験した感情の記憶が，現在の行動計画に役立てられることもあります。もう一つは，顔の表情や声の調子を通して他者へ伝えられることで，他者との関係を確立し維持する機能です。

（感情における）認知的評価（cognitive appraisal of emotions）

　人が自分の置かれた状況や事態をどのように解釈し，そこにどのような個人的意味を見いだすかということ。そこで見いだした意味や解釈は特定の感情と結びついており，感情の種類や質を決定すると考えられています。

（感情の）二要因論（two-factor theory of emotions）

　感情の生起に関する理論。この理論では，ある刺激に対する身体的変化に，認知的解釈が加えられることで多様な感情が生起すると考えられました。

感情調整（emotion regulation）

　喜びや幸福などの望ましい感情を維持しようとする努力や，悲しみや怒りなどの否定的な感情を最小限にとどめようと，自ら感情に働きかけること。

第2節　負の感情――ネガティブな感情とつきあうには

> 現代社会との関連

働く人々が抱えるストレスの問題

　厚生労働省が5年おきに行っている労働者健康状況調査によると，6割を超える労働者が何らかのストレスを感じていることがあきらかになっています（厚生労働省，2002）。ストレスの原因として挙げられているものはさまざまで，中でも職場の人間関係や仕事の量や質に関するものが多く見られます。最近では，労働者の精神疾患や自殺者の数も増加傾向にあることから，職場のストレス対策は企業や社会にとって重要な課題となっています。このようなストレスも人間の感情的反応の一つです。職場に限らず，日常生活においても，私たちはさまざまなストレスを経験します。面接試験や人前でのスピーチなどの出来事に直面すると，不安になったりイライラしたり，汗をかいたり鼓動が速くなったり，前節で紹介したように，人間の心と身体にはさまざまな反応が生じます。これらの反応が長く続くと，心身への負担が大きくなり，心身症と呼ばれる疾患やうつ病などの精神疾患へとつながることもあります。

　このような人間の反応を最初に「**ストレス**（stress）」として報告したのは生理学者のセリエ（Selye, H.）です。セリエは動物実験で，有害な刺激に対して動物の身体にはつねに一定の全身反応（副腎皮質肥大，胸腺・リンパ腺の萎縮，胃と十二指腸の潰瘍や出血）が生じることを発見しました。セリエは熱，振動，騒音や異臭などの物理的な刺激に対して同様の反応が起きることを確認し，これらの有害刺激を「**ストレッサ**（stressor）」と名づけました。有害刺激に対する反応は汎適応症候群と呼ばれ，セリエの学説では警告期（ストレッサに反応し，抵抗するための準備がなされる），抵抗期（ストレッサに対する抵抗が増加し維持される），疲弊期（ストレッサが長引き，耐えられなくなり適応障害が生じる）の3相を経て進行するとされています。その後，心理学者のラザルスたち（Lazarus & Folkman, 1984）が心理学的ストレスモデルを提案し，人間関係の

トラブルや失業などの出来事がストレスを引き起こすメカニズムが説明されるようになりました。さらにラザルスたちは,「コーピング（coping）」という概念をモデルに取り入れることで,私たちがストレスに対処するプロセスも説明しています（詳細は〈研究紹介・基礎編〉を参照）。

最近では,ストレスの発生メカニズムや対処法を理解したうえで,ストレスをできるだけコントロールし,ストレスと上手につきあっていくストレスマネジメントの重要性が指摘されるようになっています。一般にストレスにはネガティブなイメージが伴いますが,ストレスをゼロにすることはできません。むしろ,適度なストレスは人間の活動エネルギーを高め,成長させてくれます。この適度なストレスを,セリエは人間にとって必要なストレスであるユーストレスと呼び,人間にとって有害なストレス（ディストレス）と区別しました。人間の成長には適度なストレスが必要なのですから,ストレスをゼロにしようとするのではなく,上手にコントロールするという発想が重要です。ストレスマネジメントを個人の問題としてだけではなく,職場全体で取り組む課題として捉え,労働環境を改善することで,そこで働く人々のストレスをコントロールすることが重要であると考えられています。

本節では,職場あるいは個人のストレスマネジメントの考え方,そしてストレスマネジメントの基礎知識として,ストレスの発生メカニズムや「コントロール」,「コーピング」などの重要な概念について解説します。

なお,一般的な用語としてのストレスは多義的です。本節では,ストレスを引き起こす刺激（原因）を**ストレッサ**,それに対する不安や抑うつなどの反応を**ストレス反応**（stress responses）として両者を区別することにします。

研究紹介：応用実践編

職場環境を変えてストレスを減らす

職場における**ストレスマネジメント**（stress management）の考え方は,職業性ストレスについての多くの研究成果に基づいています。職業性ストレスには,仕事の量の多さや難しさ,役割の曖昧さなどの職場環境におけるストレッサによって引き起こされる面と,そこで働く個人の性格や生活習慣に起因する面が

```
心の健康づくり計画

  ┌─────────────────────┐
  │      セルフケア      │
  │ ⇨ 労働者による       │
  │   ストレスへの気づき │
  │   ストレスへの対処   │
  └─────────────────────┘

  ┌─────────────────────┐
  │    ラインによるケア  │
  │ ⇨ 管理監督者による   │
  │   職場環境等の改善   │
  │   個別の指導・相談等 │
  └─────────────────────┘

  ┌─────────────────────────────┐
  │ 事業場内産業保健スタッフ等によるケア │
  │ ⇨ 産業医,衛生管理者による    │
  │   職場の実態の把握           │
  │   個別の指導・相談等         │
  │   ラインによるケアへの支援   │
  └─────────────────────────────┘

  ┌─────────────────────┐
  │  事業場外資源によるケア │
  │ ⇨ 事業場外資源による │
  │   直接サービスの提供 │
  │   支援サービスの提供 │
  │   ネットワークへの参加│
  └─────────────────────┘
```

図3-2　事業場における労働者の心の健康づくりのための指針（厚生労働省の2000年の通達）（下光・小田切,2006を改変）

あります。個人としてのストレス対策はもちろん重要ですが，職場のストレッサは個人の力で除去するのが難しいため，職場全体の取り組みによって軽減を図ることが必要です。

職場のストレス対策の指針として，2000年に労働省（現厚生労働省）は「事業場における労働者の心の健康づくりのための指針」を発表しました。この指針では，心の健康づくりのための具体的方法として，「セルフケア」,「ラインによるケア」,「事業場内産業保健スタッフ等によるケア」,「事業場外資源によるケア」の4つのケアを推奨しています（図3-2）。これら4つのケアを実践する方法の一つとして，下光・小田切（2006）は職業性ストレス簡易調査票とストレス判定図を用いた方法を紹介しています。この調査票では，職場のストレッサとそれに対するストレス反応を心身の両面から測定し，この結果に基づいてストレス判定図を作成します（図3-3 (a)）。この調査票で定期的にセルフチェックができ（セルフケア），この判定図をもとに職場ではストレス軽減対策を立てられる（ラインによるケア）というものです。また，調査結果から高ストレス状態にある労働者を早期発見し，早期の対応をとることができます（事業場内スタッフによるケア）。外部によるケアの際にも多くの情報が提供されます。

このようなストレス対策が大企業で実践されている事例がいくつか報告されています（島津ら，2004；長見，2004）。島津ら（2004）は，ある大手の電機製造

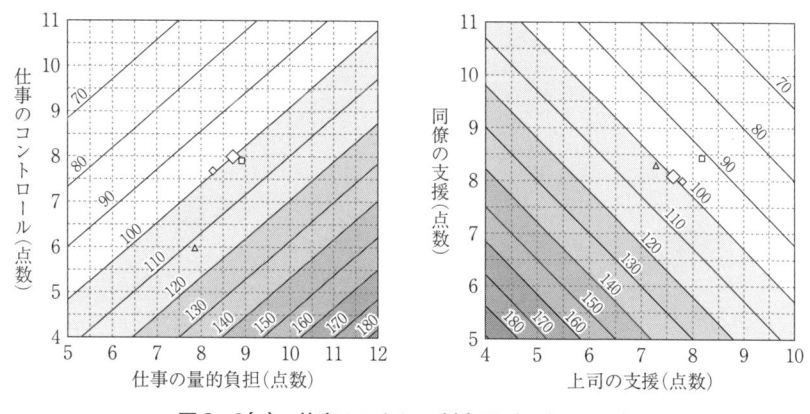

第3章 感　情——人を動かし，人と人とを結ぶこころの働き

図3-3(a)　仕事のストレス判定図（下光，2005）

業の事業所での取り組みを紹介しています。この事業所では，2000年度から全従業員約4,600人に対し，労働時間や職場の人間関係などの職場環境を改善することを目的に，ストレス調査を用いたストレス対策が行われています。最初に実施されたストレス調査では，部署によって「仕事の量的負荷」，「仕事のコントロール（自由度，裁量権）」，「上司の支援」，「同僚の支援」の度合いが異なることがあきらかになりました。たとえば，専門性の高い研究開発のA部署では「仕事の量的負荷」がとくに高いこと，また商品企画のB部署では，「上司の支援」が低いことなどがわかっています（図3-3(b)，図3-3(c)）。この結果をもとに，それぞれの部署で問題点を話し合い，職場環境の改善が進められました。A部署では毎朝の定例会議の実施や残業の制限設定などにより，特定の人に仕事が片寄らないように配慮がなされました。B部署では，上司が仕事を抱えすぎているために部下とのコミュニケーションがとりにくくなっている現状が指摘され，上司の役割と組織の体制を見なおすことで，上司による支援が強化されました。その結果，1年後の2001年の調査では，どちらの部署でもストレッサは大きく低減されていることがあきらかになりました（図3-3(b)，図3-3(c)参照）。

また，長見（2004）は，全国チェーンのスーパーマーケットで実施されてい

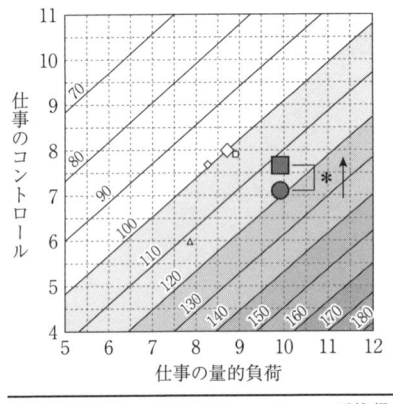

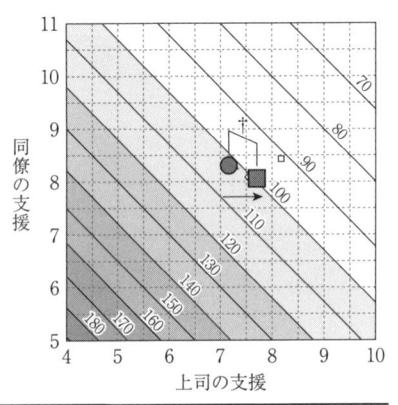

		平均得点				健康リスク		
実施年度	人数	量的負荷	コントロール	上司の支援	同僚の支援	量-コントロール	職場の支援	総合
● 2000年度	143	9.86 (1.81)	7.12 (1.98)	7.23 (2.24)	8.30 (2.02)	118	101	119
■ 2001年度	144	9.92 (1.84)	7.63 (1.85)	7.70 (2.24)	8.08 (1.99)	113	99	112
(t値)		−0.25	−2.26*	−1.77†	0.90			

＊p<.05, †p<.10
◇は全国平均

図3-3(b) 「仕事のストレス判定図」に基づく調査結果（A部署）（島津ら，2004）

　年度間の平均得点をt検定により比較した。なお，検定に際しては，対象者個人の特定ができないことから，対応のないt検定を行った。

るストレス対策の事例を報告しています。ここでは，ストレス調査の結果をもとに，店舗ごとにストレス判定図を作成し，ストレスが高くなっている店舗を洗い出し，重点的に職場環境の改善を図る取り組みがなされています。実際にストレスが高いと判定された店舗では，業務形態や人員配置の変更による業務環境の悪化が背景にあったことがわかり，これを受けて産業保健スタッフの指導のもとで管理者や従業員が話し合い，職場環境の改善が図られているという報告です。このように，まだ数は多くはないものの，企業がストレス対策に取り組む事例が少しずつ増えています。

　一般に，ストレス対策は働く個人の問題と考えられがちですが，職場環境の改善によるストレス低減には，個人のストレス対策に比べ，永続的かつ根本的

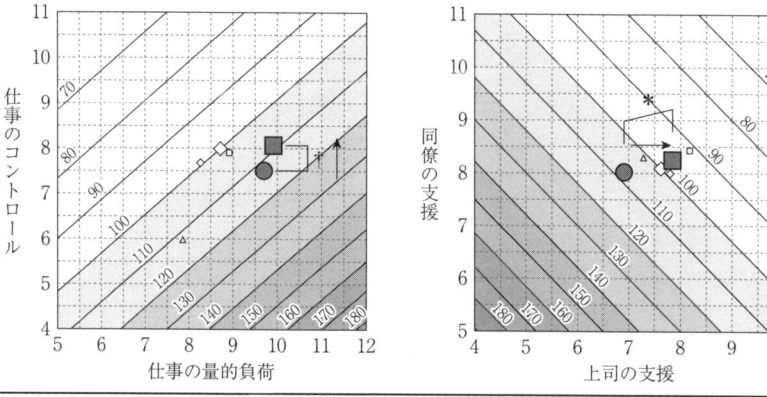

第3章 感　情——人を動かし，人と人とを結ぶこころの働き

実施年度	人数	平均得点				健康リスク		
		量的負荷	コントロール	上司の支援	同僚の支援	量-コントロール	職場の支援	総合
● 2000年度	48	9.66 (2.11)	7.56 (2.20)	7.00 (1.87)	8.00 (1.75)	113	111	125
■ 2001年度	44	9.77 (2.00)	8.15 (1.77)	7.83 (1.91)	8.10 (1.61)	107	94	104
（t 値）		-0.33	-1.65†	-2.61*	-0.37			

＊p<.05，†p<.10
◇は全国平均

図3-3(c)　「仕事のストレス判定図」に基づく調査結果（B部署）（島津ら，2004）
年度間の平均得点を t 検定により比較した。なお，検定に際しては，対象者個人の特定ができないことから，対応のない t 検定を行った。

な効果が期待できると考えられています。しかし残念ながら，企業の職場ストレス対策への意識はまだそれほど高くないようです。下光ら（2004）が全国の事業所を対象に行ったアンケート調査によると，425事業所のうち，「管理監督者と産業保健スタッフなどが相談し，職場環境におけるストレス要因の改善を進めている事例がある」と答えたのは，9.5％に過ぎませんでした。今後は，企業主体のストレス対策が効果的であることの科学的根拠をもっと積み上げていく必要があります。

　一方で，職場でのストレス対策と合わせ，個人としてのストレスマネジメントを実践することも不可欠です。まず，自分がどのようなストレスにさらされているか気づくこと，そして日常的に実行できるリラクセーションの方法を習

得すること，ストレスにつながりやすい生活習慣（過度の飲酒や運動不足）を改めることが重要です。リラクセーションの方法としては，自律訓練法（筋弛緩訓練）や呼吸調整などがあります。自律訓練法は，自己暗示により身体的，精神的な緊張をほぐしてリラックス状態を得るための方法です。この他，ヨーガや気功などの東洋的な健康法もリラクセーションの方法として有効であると考えられています。

|研究紹介：基礎編|

ストレスの生じるメカニズム

ここでは，ストレスマネジメントの基礎となる理論を紹介します。冒頭で紹介した，ストレス研究の発端となったセリエの一連の実験は，ストレスの生理的側面に注目したもので，心理的な側面はあまり考慮されていませんでした。しかしその後，心理的要因に注目した実験が多く報告されるようになりました。ウェイス（Weiss, 1972）は，ラットを使った実験で，電気ショックを自分で避けられるラットと避けられないラットを比較し，後者のラットに重篤な胃潰瘍が生じたことを報告しました。つまり，コントロール不可能なストレッサを受けたラットには，コントロール可能なストレッサを受けたラットよりも，重いストレス反応が生じたのです。この結果から，ストレスに対する認知という心理的な側面が重要であることがわかります。

このような「コントロール」の概念をはじめとする心理的要因を考慮に入れたのがラザルスたちのモデルです（図3-4）。このモデルでは，ある出来事に対し，一次的評価と二次的評価を経て情動反応が生じる過程が説明されています。一次的評価では，その出来事がどの程度自分にとって脅威であるか，あるいは重要であるかが評価されます。そして二次的評価では，その出来事がどの程度コントロール可能であるか（**コントロールの可能性**, controllability）が評価されます。自分にとって重要で，かつ自分の力ではコントロールできないと認知的に評価されたとき，不安やイライラなどの情動反応が生じることになります。同じ出来事を経験しても，人によってこの認知的評価が異なるために，ストレスには個人差が生じると説明することができます。また，認知的評価を経

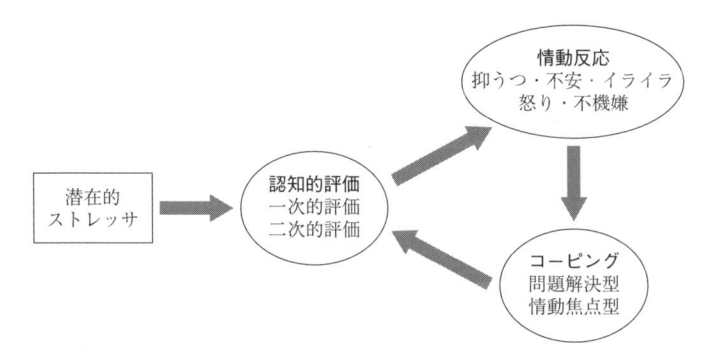

図 3-4 心理学的ストレスモデルの概念図（Lazarus & Folkman, 1984）

てはじめて情動反応が生じることから,全てのストレッサは潜在的なものであるといえます。

そして,このモデルでは**コーピング**（coping）によってストレスに対処する過程も説明されています。コーピングとは,ストレスによる不安やイライラなどの情動反応を静めようとするとき,用いられる認知的・行動的努力のことです。コーピングには大きく分けて2種類あります。一つは問題解決型コーピングと呼ばれ,問題となっていることに直接働きかけ,根本から解決しようとするものです。もう一つは情動焦点型コーピングと呼ばれ,人に話して気を紛らせるなど情動をおさえようと努力することです。コーピングが成功すれば,ストレッサとなった出来事に対する認知的評価が変化し,それに応じて情動反応も軽減していくと考えられます。ラザルスたちは,このように認知的評価と情動反応との関係を理論化しました。

コーピングの有効性は,その人が使える資源（resource）によって左右されると考えられています。たとえば,人間関係のトラブルに対処するには,人と上手につきあう技術や人脈が役に立ちます。このようなコーピングの資源として考えられるのは,身体的健康（問題解決には身体的エネルギーが必要なことが多い）,問題解決のスキル,社会的スキル（人と上手くつきあう技術）,社会的サポート（他者からの情報提供や援助など）です。この観点から職場におけるストレスマネジメントのあり方を考えると,職務上の問題解決に必要なスキルを向

上させる訓練を定期的に行う，職場の上司や同僚からのサポートを得やすい体制をつくる，などによって個人のコーピングの資源を増やすことが，ストレス対策につながると考えることができます。

　最後に，ストレスによる情動反応が生じていることを客観的に把握する方法を紹介します。ストレス反応の測定方法には，心理測定的な方法と生理的な指標を用いた方法があります。心理測定的な方法では，心理尺度を用います。ストレスの調査で用いられることが多いのは，GHQ精神健康調査票（General Health Questionnaire：GHQ），自己評定抑うつ尺度（Self Rating Depression Scale：SDS）などです。生理的な指標としては，唾液中のコルチゾール濃度や分泌型免疫グロブリンA（secretory immunoglobulin A：s-IgA）の分泌量が用いられます。唾液中のコルチゾール濃度は，強いストレスにさらされた後に上昇し，s-IgAの分泌量は，慢性的なストレス状況におかれたとき，減少することが知られています（大平，2002）。いずれの方法も，調査対象者を侵襲する（傷つける）ことなくストレス反応を測定でき，ストレッサとの関係を検証したり，ストレス状態を早期発見したりするのに役立てられています。

〈基礎知識の整理〉

ストレス（stress）
　セリエによって提唱された「外界のあらゆる要求によってもたらされる身体の非特異的反応（刺激に依存しない反応）」をあらわす概念です。

ストレッサ（stressor）
　ストレスを引き起こす原因となる刺激のことで，結果として引き起こされるストレス反応と明確に区別する必要があるときに用いられる用語です。

ストレス反応（stress responses）
　ストレスによって引き起こされる不安や抑うつなどの情動反応や身体反応のことで，原因となる刺激（ストレッサ）と区別して用いられる用語です。

ストレスマネジメント（stress management）
　ストレスの状態を把握し，それを軽減するようにコントロールすることです。

コーピング（coping）
　ストレッサによって精神的・身体的苦痛が生じたとき，それを軽減しようとして，ストレッサに対して行われる対処のことです。

コントロールの可能性（controllability）
　ストレッサとなりうる出来事を自分でコントロールできるかどうかのことで，自分でコントロールできない場合，あるいはコントロールできないと認知された場合，その出来事はストレッサとしてより強く認知されます。

第3節　ポジティブな感情——幸福感や喜びがもたらすものとは

現代社会との関連

「幸せ」の効果を利用する

　前節までに紹介したように，さまざまな感情の中でも，怒りや恐怖，不安などのネガティブな感情がもたらす影響については長年にわたり数多くの研究が行われてきましたが，喜びや幸福などのポジティブな感情についてはあまり多くの知見はありませんでした。しかし最近の心理学では，喜びや幸福などのポジティブな感情が私たちの思考や行動，そして心身の健康に及ぼす影響についての研究が盛んになっています（島井，2006を参照）。

　日常生活においても，日本では十数年前から「癒し」という言葉が定着し始め，インテリアや音楽によって気分を落ち着かせたり，自然に安らぎを求めたりと，意識的に心地良さを実現しようとする人が増えています。

　職場においても，オフィスの快適さと仕事の能率や生産性との関係に注目されるようになっています。たとえば，オフィスに観葉植物を置くことで心理的効果がもたらされる（越河，1992），香りのついた空調を使うことでコンピュータの入力ミスが減る（橋本，1991）あるいは疲労感が減少する（屋入・越河，

1992)など,職場環境に工夫を加えてポジティブな感情状態を促すことで,仕事への良い影響が期待できることが示唆されます。

このような行為は第1節で紹介した感情調整の一形態とも考えられます。では,感情をポジティブに維持したり変えたりすることで,どのような効果が期待できるのでしょうか。

最近,アメリカで,カトリック教会の修道女180人が提供した日記の内容と,彼女たちの寿命との関係をあきらかにした調査の結果が公表されました。この調査では,日記に書かれた内容をネガティブな記述（悲しみ,恐れ,興味の欠如など）とポジティブな記述（幸せ,興味,愛,希望など）に分類して得点化し,寿命との関係が調べられました。その結果,ネガティブな内容は寿命と関係ありませんでしたが,ポジティブな内容が多いほど寿命が長いことがわかりました。ポジティブな内容がもっとも多かったグループは,もっとも少ないグループに比べて10年近くも寿命が長かったのです（Danner et al., 2001）。なぜこのような差が生じたのかについてはまだ十分に説明されておらず,今後の研究が待たれるところですが,ポジティブな感情がもたらす効能とそのしくみについては少しずつあきらかになっており,理論として提案されているものもあります（Fredrickson, 1998, 2002）。

本節では,ポジティブな感情が社会的な場面や産業場面で私たちの思考や行動へ及ぼす影響（**感情と社会的行動**（emotion and social behavior）の関係）を調べた研究を紹介します。そして,そのような影響は心理学的にどのように説明されるかをさまざまな理論にもとづいて考えていきます。

研究紹介：応用実践編
気分が良いと人に優しくなる？

これまでの研究で,ポジティブな感情にあるとき,他者に対して協力的な行動をとりやすい傾向があることがあきらかになっています（Isen, 1987）。この傾向は対人交渉場面において,よりよい合意形成につながることがわかっています。カーネバルとアイセン（Carnevale & Isen, 1986）は,売り手と買い手に分かれてテレビや掃除機などの電気製品の卸売価格を交渉する場面で,ポジテ

表3-2 対人交渉実験の結果(Carnevale & Isen, 1986)

尺度	普通の感情状態		ポジティブな感情状態	
	対面	非対面(声のみ)	対面	非対面(声のみ)
2人が得た金額の合計[a]	8360 (486)	9950 (453)	9830 (740)	9650 (972)
敵対的発言[b]	0.52 (0.30)	-0.15 (0.07)	-0.18 (0.21)	-0.24 (0.05)
試行錯誤[b]	-0.42 (0.49)	0.21 (0.15)	0.29 (0.18)	0.00 (0.25)
思いやり[a]	5.70 (6.02)	11.00 (2.63)	10.30 (4.60)	11.60 (3.69)

a　カッコ内は標準偏差
b　カッコ内は分散

ィブな感情を引き起こされた被験者同士と,普通の状態の被験者同士の交渉結果を比較しました。ポジティブな感情を引き起こすために,前者の被験者たちは交渉の前にプレゼントをもらったうえ,滑稽な風刺漫画を読んでいます。この実験はお互いに顔が見える対面状況と,2人の間にパーティションが置かれ声だけで交渉する非対面状況でおこなわれました。それぞれの条件で,どのような交渉がおこなわれたのでしょうか。表3-2に,交渉によって2人が得た金額の合計が示されています。この金額が大きいことは,双方の利益が高められた,より良い交渉結果であることを示しています。ポジティブな感情の効果が見られたのは,対面状況においてです。普通の感情状態では,合計金額は他の条件より低いのですが,ポジティブな感情状態では,この金額が大きく上がり,非対面状況と同等になりました。ポジティブな感情の効果は,交渉プロセスのさまざまな側面に見られ,相手に対する敵対的な発言が減り,より良い結論を出そうとする試行錯誤が増え,また相手の利益に対する思いやりが多く示される結果となりました。

　同様の結果は,ポジティブな感情が他者への援助行動に及ぼす効果を調べた数多くの研究で報告されています。ある実験(Isen & Levin, 1972)では,商店街に置かれた公衆電話の釣り銭口にコインを置いた場合と何も置かない場合を設け,電話を使った人のその後の援助行動を比較しています。その結果,コインを見つけた被験者群では,何もなかった被験者群に比べ,見知らぬ通行人に対して援助する人がより多く見られました(表3-3)。

表3-3　ポジティブな感情状態と援助行動の関係
(Isen & Levin, 1972)

実験条件	女性被験者		男性被験者	
	援助	非援助	援助	非援助
ポジティブ感情条件	8	0	6	2
統 制 条 件	0	16	1	8

　このほか，店内のBGMが消費者の感情状態に影響し，テンポの速い音楽が流れていると，購入金額の総額が増えるという結果もあります（Milliman, 1982）。さらに，ポジティブな感情が創造的な問題解決を促進することもわかっています（Isen, 1987）。

　これらのポジティブな感情は，「気分」に近い状態であるとも考えられますが，良い気分や感情にあるときは，他者に対して寛容になり，問題解決においてもさまざまな選択肢を考える傾向にあるといえます。

研究紹介：基礎編

ポジティブな感情が世界を広げる

　気分や感情が私たちの思考や行動に影響を及ぼすとすれば，それは私たちにとってどのような意味をもつのでしょうか。また，その影響はどのようなプロセスで生じるのでしょうか。

　フレドリクソン（Fredrickson, 1998）はポジティブな感情がもたらす効果について次のように考察しています。ネガティブな感情は特定の行動と結びついており（Lazarus, 1991），怒りは攻撃的な行動へ，恐れは逃避行動へと向かわせます。ネガティブな感情は私たちの思考や行動を狭めることで，緊急事態に対応させる働きをもちます。これに対して，ポジティブな感情は思考や行動を広げる働きをもつのではないかと考えられています。嬉しいときは活動的になり，対人関係を広げ，他者との絆を深め，好奇心は知識を求めさせます。このようにしてポジティブな感情は，私たちの資源（リソース）を増加させ蓄積する働きをするのではないかということです。活発な動きは身体的資源，他者との関係は社会的資源，知識は知的資源として蓄積され，何か困った事態になっ

たとき，私たちを助けてくれるかもしれません。このような考え方は**拡張―形成理論**（broaden-and-build theory）として提案されています（Fredrickson, 2002）。

　それでは，ポジティブな感情が社会的な行動に影響を及ぼすプロセスは，どのように説明されるのでしょうか。これらの現象を説明する理論として，おもに2つのアプローチが提案されています。一つは認知論的アプローチ，もう一つは動機論的アプローチです。前者の認知論的アプローチでは，ポジティブな感情が喚起されると，長期記憶にあるポジティブな感情に関連する部分が活性化されるため，ポジティブな認知や行動が促進されると考えます。たとえば，良い気分のときは，自分がとろうとしている行動の良い面に注目するため，その行動が促進されるということです。後者の動機論的アプローチでは，ポジティブな感情にあると，その状態を維持しようとする動機づけが働き，ポジティブな感情を維持するための認知や行動がとられると考えられています。たとえば，ポジティブな感情の人は，困っている人を助けることで良い気分を維持しようと援助行動を積極的にとると説明されます。ただし，どちらの理論でも説明できる現象とできない現象があるため，どちらが正しいかについては現時点で結論は出ていません（池上，1997）。

　ポジティブな感情の効果は，生理的な面でも確認されています。第1節でも述べたように，強い感情はさまざまな**身体的変化**（bodily changes）を引き起こします。感情の種類によって，生理的反応が異なることもわかっています（Ekman et al., 1983）。図3-5に示すように，怒りと恐れは心拍数が増加する点で共通していますが，体温は怒りでは上昇するのに対して，恐れでは上昇しません。幸せでも心拍数は増加しますが，怒りや恐れほどではありません。このように，ポジティブな感情はネガティブな感情ほど身体的変化は起こさないといえますが，最近，ポジティブな感情はネガティブな感情を打ち消し，回復を早める効果をもつことがあきらかになっています（Fredrickson et al., 2000）。ある実験で，被験者はせかされた状況で難しい内容のスピーチを求められ，心拍数や血圧が上昇して不安を感じているところに，映像を見せられました。映

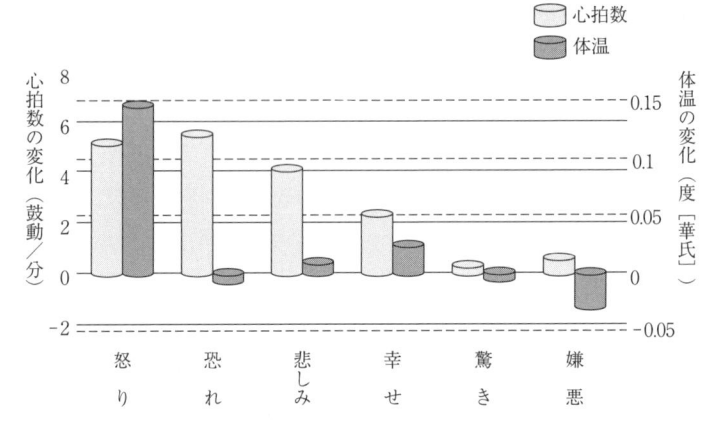

図3-5 感情の種類と生理的反応の違い（Ekman et al., 1983を
改変（Smith et al., 2003［内田監訳, 2005］より転載））

心拍数と右手指先の体温の変化。心拍数については，怒り，恐れ，悲しみに伴う変化が幸せ，驚き，嫌悪に伴う変化に比べてすべて有意に大きかった。指先の体温については，怒りに伴う変化はほかのすべての感情に伴う変化と有意に異なっていた。

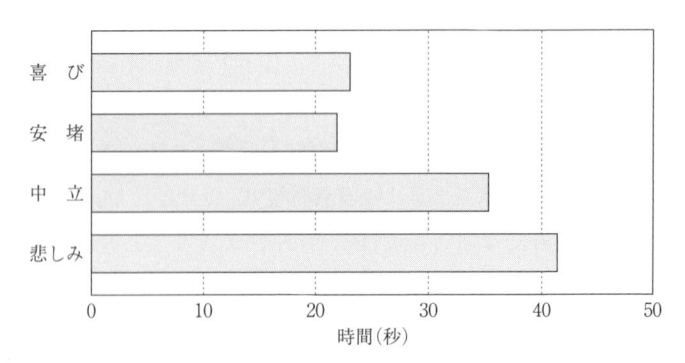

図3-6 ポジティブな感情の打ち消し効果（Fredrickson et al., 2000
を改変（Smith et al., 2003［内田監訳, 2005］より転載））

喜びや安堵は，中立や悲しみに比べ，持続する否定的な感情による覚醒からのより速い心臓血管の回復をもたらした。

像には4種類あり，見せられたのは「喜び」または「安堵」を引き起こすもの，「悲しみ」を感じさせるもの，何も感じないもの（中立）のどれか一つでした。この結果は図3-6に示されています。喜びまたは安堵の映像を見た被験者は，中立あるいは悲しみの映像を見た被験者に比べ，より速く心臓血管活動がもとの状態に戻っていました。ポジティブな感情は，ネガティブな感情に伴う生理的変化を回復させる効果を持つといえます。これは**ポジティブな感情の打ち消し効果**（undoing effect of positive emotions）と呼ばれています（Fredrickson et al., 2000）。ポジティブな感情には，心身の状態を穏やかに保ちながら，対人関係を良い方向に維持し，思考や行動の幅を広げる働きが期待できるといえるでしょう。

〈基礎知識の整理〉

感情と社会的行動（emotion and social behavior）
　ポジティブな感情状態にあると，援助行動や対人交渉行動，消費者行動が促進され，協調的な行動につながりやすい傾向があります。

拡張―形成理論（broaden-and-build theory）
　ポジティブな感情が私たちの思考や行動の仕方を広げ，このことが個人的資源を蓄積させると考える理論。

感情と身体的変化（emotion and bodily changes）
　感情にはさまざまな身体的，生理的変化が伴います。とくに恐怖や怒りなどの否定的な感情には，自律神経系の交感神経の活性化により，心拍数の増加，発汗，喉の渇きなどの生理的反応が伴います。これらの反応の強さは，感情の種類によって異なることがわかっています。

ポジティブな感情の打ち消し効果（undoing effect of positive emotions）
　ポジティブな感情になることで，ネガティブな感情に伴って生じた心拍数や血圧の上昇などの生理的な変化からの回復が早まるという効果。

〈図書案内〉

北村英哉・木村晴（編）(2006)．感情研究の新展開　ナカニシヤ出版
　⇨最近の心理学的な感情研究が紹介されています。発達心理学，学習・教育心理学，社会心理学，臨床心理学といったさまざまな領域の最前線で，感情がどのように研究されているかが解説されています。

ホックシールド，A. R.（著）石川准・室伏亜希（訳）(2000)．管理される心　世界思想社
　⇨感情社会学という新しい領域の先駆けとなった著書。デルタ航空の客室乗務員や，集金代理会社で取り立ての仕事に携わる集金人に対する聞き取り調査に基づき，1970年頃のアメリカにおける感情労働の実態が報告されています。また感情労働の担い手の多くは女性であることから，ジェンダーと感情のかかわりについても論じられています。

小口孝司・楠見孝・今井芳昭（編著）(2003)．エミネント・ホワイト―ホワイトカラーへの産業・組織心理学からの提言―　北大路書房
　⇨「部下への影響手段」や「職場における感情」，「営業スキル」などの産業・組織心理学の新しいテーマに関する研究動向を通して，これからのマネージャー（中間管理職）のあるべき姿についての提言を行っています。

中野敬子 (2005)．ストレスマネジメント入門―自己診断と対処法を学ぶ―　金剛出版
　⇨ストレスマネジメントを実践するために必要な知識や技術について解説した書籍です。ストレスの考え方，ストレス自己チェックの方法，ストレスへの対処法が具体的に紹介されています。

海保博之（編）(1997)．「温かい認知」の心理学　金子書房
　⇨人間の日常的な認知活動には，感情のかかわりが大きいことを示す研究成果と，認知と感情の融接によって起きる現象の説明を試みる理論や概念を紹介しています。

島井哲志（編）(2006)．ポジティブ心理学―21世紀の心理学の可能性―　ナカニシヤ出版
　⇨新しい心理学の流れとして，2000年頃から急速に活発化してきたポジティブ心理学の考え方と現在までの研究成果を紹介した書籍です。ポジティブな感情をはじめとする人間のポジティブな側面に注目し，その機能や効能があきらかにされています。

第3章 感　情——人を動かし，人と人とを結ぶこころの働き

〈引用文献〉

Carnevale, P. J. D., & Isen, A. M. (1986). The influence of positive affect and visual access on the discovery of integrative solutions in bilateral negotiation. *Organizational Behavior and Human Decision Processes*, 37, 1-13.

Danner, D. D., Snowdon, D. A., & Friessen, W. V. (2001). Positive emotions in early life and longevity: Findings from the nun study. *Journal of Personality and Social Psychology*, 80, 804-813.

Ekman, P., Levenson, R. W., & Friesen, W. V. (1983). Autonomic nervous system activity distinguishes among emotions. *Science*, 221, 1208-1210.

Fredrickson, B. L. (1998). What good are positive emotions? *Review of General Psychology*, 2, 300-319.

Fredrickson, B. L. (2002). Positive emotions. In C. R. Snyder & S. J. Lopez (Eds.), *Handbook of positive psychology*. New York: Oxford University Press.

Fredrickson, B. L., Mancuso, R. A., Branigan, C., & Tugade, M. M. (2000), The Undoing Effect of Positive Emotions. *Motivation and Emotion*, 24, 237-258.

Goleman, D. (1995). *Emotional Intelligence*. New York: Bantam Books.（土屋京子（訳）(1996). EQ——こころの知能指数——　講談社）

Gross, J. J., & Levenson, R. W. (1993). Emotional suppression: Physiology, self-report, and expressive behavior. *Journal of Personality and Social Psychology*, 64, 970-986.

Gross, J. J., & Levenson, R. W. (1997). Hiding feelings: The acute effects of inhibiting negative and positive emotion. *Journal of Abnormal Psychology*, 106, 95-103.

橋本修左 (1991). 環境芳香の効果とその応用　空気清浄, 29, 1018-1025.

Hochschild, A. R. (1979). *The managed heart: Commercialization of human feelings*. Berkeley: University of California Press.（石川准・室伏亜季（訳）(2000). 管理される心——感情が商品になるとき——　世界思想社）

池上知子 (1997). 社会的判断と感情　海保博之（編）「温かい認知」の心理学　金子書房

Isen, A. M. (1987). Positive affect, cognitive processes, and social behavior. In L. Berkowitz (Ed.), *Advances in experimental social psychology, Volume 20*. Academic Press. pp. 203-253.

Isen, A. M., & Levin, P. F. (1972). The effect of feeling good on helping: Cookies and kindness. *Journal of Personality and Social Psychology*, 21, 384-388.

厚生労働省(2000).事業場における労働者の心の健康づくりのための指針　平成12年8月9日基発第522号-2.〈http://www.jil.go.jp/kisya/kijun/20000809_02_k/20000809_02_k.html〉(2011年4月26日)

厚生労働省(2002).労働者健康状況調査報告(平成14年)〈http://www.mhlw.go.jp/toukei/list/49-14.html〉(2011年4月26日)

越河六郎(1992).オフィスと植栽　労働の科学, 47, 372-375.

木村晴(2003).思考抑制の影響とメンタルコントロール方略　心理学評論, 46, 584-596.

Lazarus, R. S. (1991). *Emotion and adaptation*. New York: Oxford University Press.

Lazarus, R. S., & Folkman, S. (1984). *Stress, appraisal, and coping*. New York: Springer.(本明寛・春木豊・織田正美(監訳)(1991).ストレスの心理学　実務教育出版)

Milliman, R. E. (1982). Using background music to affect the behavior of supermarket shoppers. *Journal of Marketing*, 46, 86-91.

森真一(2000).自己コントロールの檻―感情マネジメント社会の現実―　講談社

長見まき子(2004).仕事のストレス判定図を用いた職場環境等の改善事例　産業ストレス研究, 11, 113-118.

Öhman, A. (2000). Fear and anxiety: Evolutionary, cognitive, and clinical perspectives. In M. Lewis & J. M. Haviland-Jones (Eds.), *Handbook of emotions*. New York: Guilford.

小口孝司(2003).職場における感情―どのように感情に向き合えばよいのか―　小口孝司・楠見孝・今井芳昭(編著)　エミネント・ホワイト―ホワイトカラーへの産業・組織心理学からの提言―　北大路書房

大平英樹(2002).感情の生理的指標　高橋雅延・谷口高士(編著)　感情と心理学　北大路書房

屋入正哲・越河六郎(1992).オフィス環境快適性評価の試み(3)オフィスにおける香り空調の効果　産業・組織心理学会第8回大会発表論文集, 103-105.

Parkinson, B., & Totterdell, P. (1999). Classifying affect-regulation strategies. *Cognition and Emotion*, 13, 277-303.

Richard, J. M., & Gross, J. J. (2000). Emotion regulation and memory: The cognitive costs of keeping one's cool. *Journal of Personality and Social Psychology*, 79, 410-424.

Rosenberg, E. L. (1998). Levels of analysis and the organization of affect. *Review of General Psychology*, 2, 247-270.

Schachter, S., & Singer, J. E. (1962). Cognitive, social and physiological determinants of emotional state. *Psychological Review*, 69, 379-399.

島井哲志（2006）．ポジティブ心理学—21世紀の心理学の可能性— ナカニシヤ出版

島津美由紀・山川和夫・城戸尚治（2004）．職場環境改善を目的としたストレス対策事例—事業所における計画策定から実施・効果評価まで— 産業ストレス研究, 11, 105-112.

下光輝一（2005）．職業性ストレス簡易調査票を用いたストレスの現状把握のためのマニュアル 東京医科大学・公衆衛生学講座〈http://www.tmu-ph.ac/topics/stress_table.php〉

下光輝一・小田切優子（2006）．職業性ストレスとその対策 現代のエスプリ, 469, 146-156.

下光輝一・小田切優子・川上憲人（2004）．メンタルヘルスのための仕事のストレス要因などの職場環境等の改善—現状と課題— 産業ストレス研究, 11, 87-92.

Smith, E. E., Nolen-Hoeksema, S., Fredrickson, B. L., & Loftus, G. R. (2003). *Atkinson & Hilgard's introduction to psychology 14th Edition.* Belmont, Calif.: Wadsworth, a dvision of Thomson Learning.（内田一成（監訳）（2005）．ヒルガードの心理学 第14版 ブレーン出版）

杉浦義典（1999）．心配の問題解決志向性と制御困難性の関連 教育心理学研究, 47, 191-198.

武井麻子（2001）．感情と看護—人とのかかわりを職業とすることの意味— 医学書院

Whalen, P. J., Rauch, S. L., Etcoff, N. L., Mcinerney, S. C., Lee, M. B., & Jenike, M. A. (1998). Masked presentation of emotional facial expressions modulate amygdale activity without explicit knowledge. *Journal of Neuroscience*, 18, 411-418.

Weiss, J. M. (1972). Psychological factors in stress diseases. *Scientific American*, 226, 104-116.

第4章　知覚と注意
　　　――環境を知る働き

はじめに

　知覚とは,「生活体が（感覚）受容器を通して,外界の事象や事物および自己の状態を直接的・直感的に捉える働き,およびその過程」と定義されます（中島ら編, 1999）。私たちは,絶えず変化する光や音の洪水の中から,自らの行動に必要な環境情報を取り出しています。

　第1節では,色の知覚を手がかりに,私たちの視覚の基礎とその障害について説明します。次に第2節で錯視を取り上げ,私たちの知覚がかならずしも対象の客観的な性質に忠実ではないこと,そしてそれがさまざまなデザインにも生かされていることを紹介します。最後の第3節では,注意と呼ばれる情報の取捨選択機能について解説します。

　私たちには,ごく自然に情景が「見え」,音が「聞こえ」ますから,その過程は受動的なものだと思われるかもしれません。しかし,本章を読むと,知覚と注意という機能が,感覚情報をもとに私たちがアクティブに外界を構成する働きだということが理解できると思います。そして,このような人の情報処理過程の仕組みと特性に関する知識が,さまざまな製品や環境の設計等に利用されているのです。

第1節　色の知覚——なぜ人によって色の見え方が違うのか

現代社会との関連
カラー・ユニバーサルデザイン

　私たちの身の回りは数々の色彩にあふれています。数ある商品を魅力的に見せるために色使いは重要でしょうし，暖色系と寒色系，黄色は注意・赤は禁止を表すなど，色と意味の連想関係も多数存在します。さらに，さまざまな区別の表示にもよく色が利用されます。大都市の地下鉄路線図，大きな施設内のルート表示，機器のボタンなど，類似したものが色分けされていることで，目標が見つけやすくなります。しかし，その色使いが，一部の方にとっては，逆に混乱を招く場合があります。私たちが，なるべく多くの人にとって見やすい表示やデザインを考えるためには，どのようなことに留意すればよいのでしょうか。本節では，色の知覚を取り上げ，私たちが色を知覚する基礎的なしくみとその障害を解説しながら，この問題を考えていきます。

　最近，**ユニバーサルデザイン**（universal design）という言葉がよく使われるようになりました。本来は，適用範囲の広い概念で，さまざまな製品や環境を設計する際に，なるべく高齢者や障害者にも利用しやすくするための理想や留意点を掲げたものです（たとえば，Mace et al., 1991。表4-1を参照）。そのようなアイディアを色使いなどに適用した提言を，カラー・ユニバーサルデザイン

表4-1　ユニバーサルデザインの7つの原則（ユニバーサルデザイン研究会，2005及び
North Carolina State University : The Center for Universal Design., 1997より一部
改変）

1. だれにでも公平に使用できること（Equitable Use）
2. 使う上での自由度が高いこと（Flexibility in Use）
3. 簡単で直感的にわかる使用法になっていること（Simple and Intuitive Use）
4. 必要な情報がすぐ理解できること（Perceptible Information）
5. うっかりミスや危険につながらないデザインであること（Tolerance for Error）
6. 無理な姿勢や強い力を必要とせずに楽に使用できること（Low Physical Effort）
7. 接近して使えるような寸法・空間になっていること（Size and Space for Approach and Use）

(color universal design）と呼びます。その内容と意義を理解するためには，色覚に障害のある方の色の見え方を知る必要があります。色が識別しにくいというのは，具体的にどのようなことなのでしょうか。まず，その事例を見てみましょう。

研究紹介：応用実践編
色覚の障害と可能な配慮

　図4-1に，後天的な病変によって，片目だけに色覚障害（color vision defects）が起きた方の検査結果を示しました（Alpern et al., 1983）。通常，色覚障害は両眼に起こるため，その方に色がどのように見えているか，言葉を通じてしか知り得ませんが，片眼が健常な場合，それぞれの目による見え方を直接比較できるため，大変貴重な存在です。グラフの横軸は，その方に提示した光の波長を表しています。この波長の違いが，私たちには色の違いとして知覚されます（図4-2を参照）。図中の縦に結ばれた線のうち，下の値は患眼に提示した光の波長を表しているのに対し，上の値はそれと同じ色に見える光を健常な方の目で選んだときの波長を示しています。この方の場合，400nmから550nmつまり可視範囲でもっとも波長の短いスミレ色から青・緑・黄緑までの範囲が，全て健常眼で見たときの青い色に見えていることがわかります。ただし，この中で485nmの光は明るく純粋な青に見えるのに対して，それ以外の光は明るさや純度が異なって見えるようです。これに対して，580nmより波長の長い光は，両方の目でほぼ平行に対応点が移動していますから，識別が可能だと考えられます。また，その両者の間には，中性点という無彩色の帯域もありました。いずれにしても，この方の患眼には，スミレ色から黄緑までの色光が同系色にしか見えないことになります。

　後で述べるとおり，このように青と赤を中心とした見え方をする方よりも，500nm以上の光が茶色から黄色に見え，それより短い波長の光が青く見える方がずっと多いのですが，障害の程度やタイプは多様ですし，長い生活の中で色の問題に対処する方法を身につけているでしょうから，その障害が生活上のトラブルにつながることは少ないのかもしれません。しかし，環境を改善する

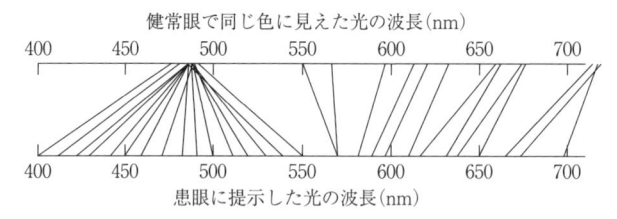

図4-1 片眼に色覚異常が生じた患者の等色実験の結果
(Alpern et al., 1983)

患眼にさまざまな色の光を見せ（下段の波長），その見え方を健常眼でシミュレートした結果（上段の波長）。患眼では，400nmから550nmの光がほぼ同一の色に見えていることが分かります。

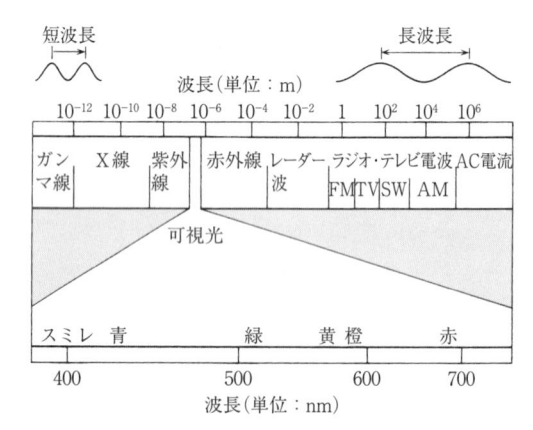

図4-2 電磁波と人間の可視光範囲（松田，2000）

可視光範囲内の波長の違いが色の違いとして知覚されます。

ことで，必要以上の努力や無用な混乱が避けられるなら，それにこしたことはありません。さらに，弱視者や高齢者など，ものを見ることに不自由を抱えた方はたくさんいます（たとえば，池田ら（2004））。さまざまな掲示物や広告において配慮がなされたり，色に頼らなくても使いやすい商品が工夫されたりすれば，広告が見やすくなってその効果が上がり，マーケットも広がることになりますし，企業イメージ自体も向上するかもしれません。すでに，多くの人にとって見やすいチョークや色弱者にも見やすい緑色のレーザー・ポインタ，さら

表4-2　カラー・ユニバーサルデザインの考え方に基づく配慮の例
（岡部・伊藤，2002，文部省，1994などから一部抜粋）

配色に際して
・濃い赤は避け，朱色かオレンジを使う
・緑は赤や茶色と混同しやすいため，青緑を使う
・明るい緑と黄色は併用しない
・青に近い紫は青と識別できないので，赤紫で代用する
・寒色と暖色，明るい色と暗い色などで対比させる

グラフや概念図を作る際には
・区別が必要な情報を，色情報だけで識別させない
・線グラフの場合は，色だけではなく点線・破線などを併用
・帯グラフでは，境界を線で囲み，ハッチング（模様による区別）などを併用
・図と凡例を別にすると対応付けが難しいので，なるべく図に直接記入

文字
・背景と字の間に，はっきりした明度差を
・明朝体よりゴシック体（UDフォントの利用も検討）
・色だけでなく，フォント，文字飾りなどを併用

教室で
・黒板には赤いチョークを使わない
・青，緑も見にくいので，なるべく白と黄色を使う
・ホワイト・ボードの場合は，なるべく黒・青・明るい赤を

その他
・駅の路線案内など，色の他に路線記号等を併用する
・色を用いた図には色そのものの名前も表示する
・画像などのチェックにはシミュレーションソフトを利用する
・カラー印刷物は，モノクロコピーをしてみて視認性を確かめる

にWebデザインや画像が色弱者にどのように見えるかをシミュレートするソフトウェアなどが商品化されつつあります。岡部と伊藤（2002）などで提言されている配慮の一部を表4-2に示しました。参考にして下さい。

> 研究紹介：基礎編

色を見るしくみとその障害

網膜の構造と色覚障害　図4-3に私たちの眼球の断面図とその一番奥にある網膜（retina）の断面図を示しました。その中でもっとも奥にある**桿体**（rod）と**錐体**（cone）まで光が到達すると，細胞内部で光化学反応が起こり，光のエネルギーが神経系の信号に変換されます。このうち，私たちがちょうど視線を定めて，よくものを見ようとする部分が投射される網膜領域（中心窩）には錐

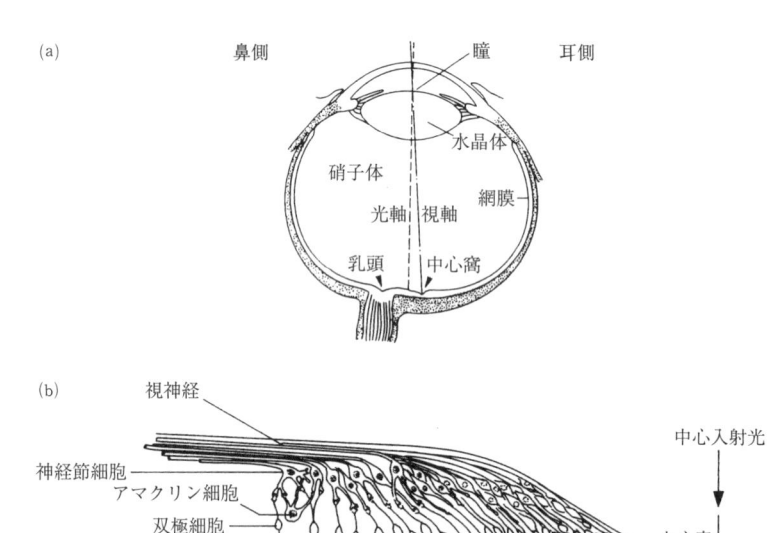

(a) 鼻側　瞳　耳側
水晶体
硝子体　網膜
光軸 視軸
乳頭 中心窩

(b) 視神経
神経節細胞
アマクリン細胞
双極細胞
水平細胞
視細胞(桿体)
視細胞(錐体)
外限界膜
色素上皮

中心入射光
中心窩

図4-3　眼球と網膜の構造（池田, 1988）

体が密集しています。この錐体には大きく分けて3つのタイプがあり，それぞれ光の波長に対する反応性が異なります。それらの反応の組み合わせが私たちの色覚の直接的な手がかりになるわけです。その錐体3タイプの分光感度曲線を図4-4に載せましたが，遺伝や後天的な疾患などにより，これらの錐体のうちいずれかまたは複数が欠落したり，分光感度がずれてしまった場合に，色覚の障害が起こります。とくに，図中のM錐体とL錐体はカバーする帯域が非常に近いため，赤，橙，黄色，黄緑，緑の範囲の色は，おもにこの2種類の錐体の微妙な反応差で知覚しています。両錐体のいずれかに障害があると，上記の色の識別が難しくなり，明るさの違う茶色から黄色の同系色に見えてしまうことになります。また，このM錐体とL錐体で反応を起こすための視物質を生み出す遺伝子が，性染色体上にあるため，その障害は男性に多発します。両

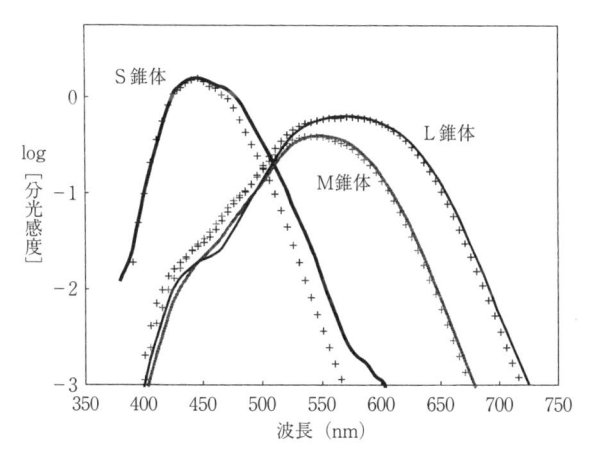

図4-4　3種類の錐体の分光感度曲線（篠森, 2007）
複数の研究者の測定結果を重ね合わせたもの。

方の障害を合わせると，日本人男性の約5％がなんらかの不都合を抱えていると推定されます（これに対して，女性で発現する割合は約0.2％ですが，潜在的な保因者は多数存在します）。眼球や脳のレベルでの後天的な病変による障害も考えると，数多くの方々が，カラー・ユニバーサルデザインのような配慮を必要としていることがわかります。

色の見え方に関する説明　カラーテレビの画面に近づいてみましょう。赤，緑，青の細かなドットが整然と並んでいるのが見えます。この3色の光を組み合わせることによって，さまざまな色が表現できることがわかります（図4-5）。また，先ほど説明したとおり，網膜にある錐体も3種類です。これらのことから，私たちが色を知覚するためには，この3色で必要十分だと考えられます。このような考え方を，提唱者2人の名をとって，ヤング・ヘルムホルツ（Young-Helmholtz）の**三色説**（trichromatic theory）と呼びます。

しかし，実際に色々な色を並べてみた場合，3色に加えて，黄色も純粋な色に見えます。また，赤い色紙などをしばらく見た後，白い紙に目を移すと緑色の残像が見え，緑色の紙を見た後では赤い残像が見えるのと同様に，青い紙を見た後には黄色い残像が見えます。さらに，赤と緑，青と黄色の光を適量混ぜ

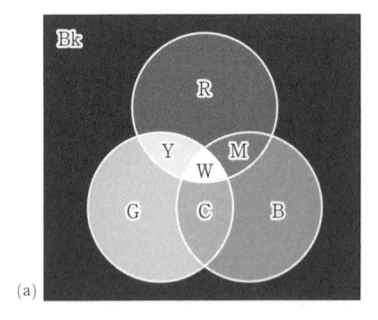

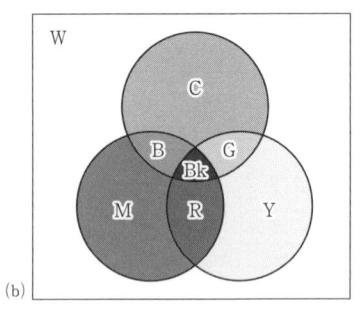

図4-5 光の三原色（a. 加法混色）と塗料の三原色（b. 減法混色）（北岡，2005）
いずれの場合も一番外側の三色を混ぜ合わせることでさまざまな色が表現できます。
R：赤，G：緑，B：青，C：シアン，M：マゼンタ，Y：イエロー，BK：黒，W：白

合わせて見ると，無彩色の知覚が生じます。このような現象をもとに，2つの色が対比的な構造を持っており，その差を基本に知覚しているという考え方も古くからあり，ヘリング（Hering）の**反対色説**（opponent-color theory）といいます。現在では，両方の考え方が正しく，網膜の錐体レベルでは3色説が妥当するのに対して，それ以降の処理段階では，反対色説に従う処理も行われていると考えられているため，両者を認める説は，**段階説**（stage theory）と呼ばれます。

　私たちが色の知覚を理解する上で，もっとも大切なことは，このような仕組みを通じて，色が知覚されるのであって，ものの表面に色がついているわけはない，ということです。ちょっと意外な感じがするかもしれませんが，たとえば，暗闇に入ったときのことを考えると，ものの色が見えないことは想像できるでしょう。つまり，私たちが見ているのは，太陽や電灯などの光源から降り注ぐ光のうち，さまざまなものの表面から反射した光であって，それをものの色として知覚しているのです。それが理解できると，いろいろな照明条件下でも，同じものが同じ色に見えることが，じつは不思議な現象だということに気づきます。これは，**色の恒常性**（color constancy）現象と呼ばれます。恒常性については，次節で詳しく説明しますが，ここでは色に関して簡単な実験と説明を紹介しましょう。

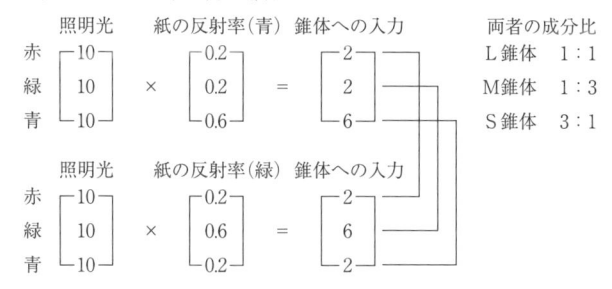

第 4 章　知覚と注意——環境を知る働き

白色光の下で 2 色の紙を見た場合

	照明光		紙の反射率(青)		錐体への入力		両者の成分比	
赤	10		0.2		2		L錐体	1:1
緑	10	×	0.2	=	2		M錐体	1:3
青	10		0.6		6		S錐体	3:1

	照明光		紙の反射率(緑)		錐体への入力
赤	10		0.2		2
緑	10	×	0.6	=	6
青	10		0.2		2

電球色光の下で 2 色の紙を見た場合

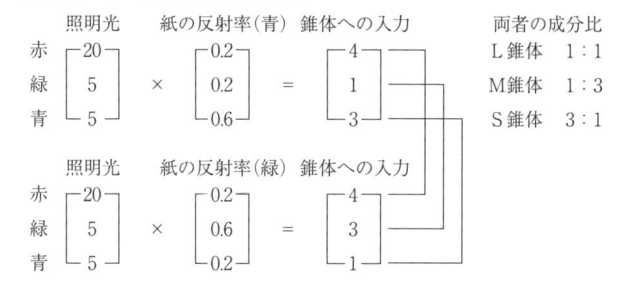

	照明光		紙の反射率(青)		錐体への入力		両者の成分比	
赤	20		0.2		4		L錐体	1:1
緑	5	×	0.2	=	1		M錐体	1:3
青	5		0.6		3		S錐体	3:1

	照明光		紙の反射率(緑)		錐体への入力
赤	20		0.2		4
緑	5	×	0.6	=	3
青	5		0.2		1

図 4-6　異なる照明下でも 2 枚の紙が同じ色に見える仕組み（単純化した仮想例）

　照明条件が異なると，同じ紙から反射される光の成分は大きく変化しますが，2 枚の紙が反射する光どうしの成分比は，両条件間で変わりません。

　黄色い色紙を用意します。それとぴったり合う大きさの水色のビニールを用意して重ねると，鮮やかな緑色に見えます。しかし，その水色のビニールを持ち上げて，目に近づけると，水色の世界の中に，小さな黄色い色紙が見えます。劇的な変化が楽しめるので，ぜひ試してみて下さい。色紙部分から反射している光は同じなのに，なぜ違った色に見えるのでしょう。

　この現象を，ランドとマカン（Land & McCann, 1971）は，以下のように解釈しました。図 4-6 を見て下さい。緑と青の色紙を 2 つの照明条件下で見た場合に，私たちの目に飛び込んでくる光の成分を仮想的に示しました。同じ紙から反射する光の成分は，照明条件によって大きく変化しますが，2 つの紙から反射する光の成分どうしの比率は変わっていないことがわかります。先ほど

の観察例では，水色のビニールを持ち上げた場合，黄色い紙の周りの色も見えるようになったため，それらの色との対比で，黄色い紙が黄色く見えるようになったと理解できます。しかし，図の照明条件のうち，いくつかの成分が０になると，この比率が変わってしまいます。たとえば，トンネル内の黄色いランプなど，極端な単色光の条件下では，この恒常性が成り立たなくなり，全てが同じような色に見えてしまうことも，この説明から理解できます。

　色は，明るさや形と並んで，私たちの視知覚の基礎をなしています。ここで紹介しただけでも，その不思議な仕組みの一端が理解できたと思います。これらの性質を理解した上で，さまざまな商品や環境をデザインすることが望まれます。

〈基礎知識の整理〉

ユニバーサルデザイン（universal design）
　ノースカロライナ州立大学の故ロナルド・L・メイス氏ら（Mace et al., 1991）が提唱したものや環境の設計理念で，その内容は７つの原則に要約されます。表４-１を参照。

桿体（rod）と**錐体**（cone）
　網膜の最奥部に存在する視細胞。桿体は棒状の形をしており，片目に約１億2,000万個存在するのに対して，錐体は円錐状で，約600万個あるといわれます。桿体は１種類しか存在しませんが，弱い光にも反応が可能なため，暗所視で活躍するのに対して，錐体は明るい光にしか反応しないかわりに，光の波長に対して感受性が異なる３種類が存在し，それらの分光感度の違いが色の知覚の手がかりとなります。

三色説（trichromatic theory）・**反対色説**（opponent-color theory）・**段階説**（stage theory）
　色の知覚が赤，緑，青の３つのチャンネルによってなされるとするのが三色説で，ヤング（Young, T.）とヘルムホルツ（Helmholtz, H. L. F. von）によって提唱されました。これに対して，赤―緑，青―黄，白―黒の対立的な３つ

のチャンネルが色の知覚の基礎に存在すると考えるのが，ヘリング（Hering, K. E. K.）の反対色説。いずれの説にも，その根拠となる知覚現象が存在します。両者の違いを，視覚情報を処理する際の神経系のレベルの違いだと考えるのが段階説で，それを支持する解剖生理学的な証拠が存在します。

色の恒常性（color constancy）
　第2節の「知覚の恒常性」を参照して下さい。

第2節　錯　視——人はどうして正確に見ることができないのか

現代社会との関連
知覚された世界と物理的な世界の不一致

　知覚をスムーズにおこなうために，感覚器官や脳は得られた刺激情報にさまざまな加工を加えています。こうした処理過程を経て知覚された刺激は，客観的（物理的）世界における元の刺激と異なっていることが多々あります。たとえば，物理的世界では同じ長さの2つの線が（定規を用いた測定に基づいて），ある環境下では異なる長さに見えてしまったりするのです。このように知覚が刺激の客観的性質と一致しない現象を錯覚と呼びます。とくに，視覚における錯覚を**錯視**（visual illusion）といい，現在までの数多くの錯視現象が報告されています（図4-7）。そして，じつは，こうした錯視現象に関する知識が，私たちが日常的に目にするさまざまなモノのデザインにも応用されているのです。
　本節では，錯視を応用した建築・デザインの工夫などを紹介し，錯視を生み出す背景について少し考えてみたいと思います。

研究紹介：応用実践編
錯視を応用した建築やデザイン

　錯視と建築　「ヒトは外的世界を正しく知覚することができない。」このことを，古代の一部の人たちも知っていたようです。たとえば，ギリシャ時代の

ミュラー・リアー錯視

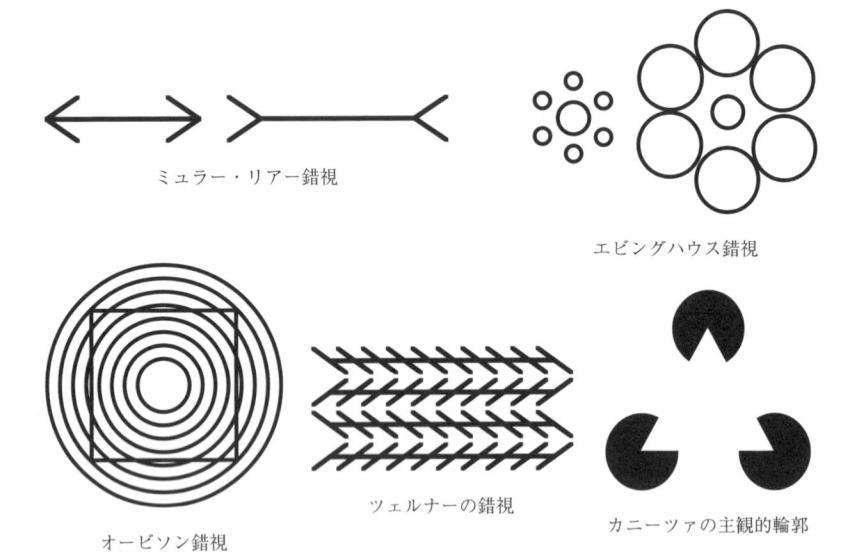

エビングハウス錯視

オービソン錯視

ツェルナーの錯視

カニーツァの主観的輪郭

図4-7　いろいろな錯視図形

図4-8　パルテノン神殿
http://www.mobi-archi.com/blog/post_28.php

もっとも有名な建築物の一つとして、アテネのアクロポリスに建設されたパルテノン神殿が知られています（図4-8）。推定で2,400年以上前に建設された、縦が約70m，横が約31mの巨大な石製の建造物で，約10mの柱が周囲を囲むように計46本使われています。じつはこの神殿は、錯覚の原理を逆算して作られているのです。神殿はアテネの象徴となり得るものであり、当時の建築家は，遠くから眺めたときに神殿が荘厳に見えるように相当気を配ったものと推測されます。それ故に、彼らはヒトにおける視覚の特性を無視するわけにはいかなかったのでしょう。視覚的特性を考慮した建築上の特性として、まず、基壇（建物を上に乗せる壇）が，外側よりも中央部が僅かに高くなっていることが挙げられます。こうしなければ、この建物を遠くから眺めたときに，中央部が逆にくぼんで見えてしまうのです。また、より安定して見えるように、柱は全て内側に少し傾斜させて立てられています。他には、神殿を構成する円柱には，エンタシスと呼ばれる，柱の真ん中の部分を膨らませて作る建築技法が採用されています。上から下まで全て同じ太さにしてしまうと真ん中がへこんで見えてしまうのです。現存する世界最古の木造建築物である法隆寺の柱にも、このエンタシスの技法は用いられています。

　ルネッサンス・バロック時代には、遠近法による錯視を応用した建築が登場します。皆さんは，美術の時間に遠近法を習ったことがあると思います。遠近法にはさまざまな技法があるのですが，代表的なものとして、近くにあるものを画面の下部に大きく，遠くにあるものを上部に小さく描く透視図法（線遠近法）が知られています。ラケットの網目を通して景色を見ると，3次元的な世界を2次元に投影した場合の大きさがわかります。たとえば、2m先にある10cmの鉛筆は，1m先にある同じ大きさの鉛筆と比べた場合，網目換算では半分のサイズになるはずです。透視図法（線遠近法）とは簡単にいうと，こうした法則に基づき，対象までの距離によって対象の大きさを描き分ける技法といえます。この透視図法は15世紀の初めに考案されたといわれ，それまでは、近くのものを大きく，遠くのものを小さく描き分けるような習慣はほとんどなかったようです。それではここでいきなりですが，「この技法をうまく使って，

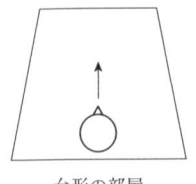

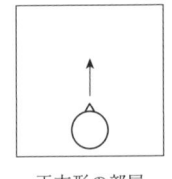

図4-9 錯視を応用して部屋を広く見せるには？

部屋がより広く感じられるように設計してみなさい」といわれたら皆さんはどのようなものを考えますか。そうです，正方形や長方形ではなく台形の部屋を作ればよいのです。たとえば，底辺が6m，上辺が4m，高さ（奥行き）が5mの台形の部屋があり，台形の底辺の壁付近に立って上辺の壁を見たとしましょう（図4-9-左）。今度は，5m×5mの正方形の部屋があり，片側の壁付近に立って，対面の壁を見たとしましょう（図4-9-右）。図4-9-左と図4-9-右ともに，対面の壁までの距離は5mなのですが，遠近法に騙されて左の方がより奥行きがあるように感じます。こうした遠近法による錯視の原理を用いた建築物として，ミラノのサン・マリア・プレッソ・サン・サティロ教会（祭壇が台形になっている）やヴェネチアのサン・マルコ広場が有名です。限られたスペースという制約の中で，実際以上に奥行きを感じさせる工夫といえるでしょう。

錯視とデザイン 錯視は私たちの日常場面におけるデザインにも数多く利用されています。たとえば，囲碁に用いられる碁石ですが，じつは黒石の方が白石よりもほんの少し大きく作られています。同じ大きさにしてしまうと，明るさによる大きさへの錯視効果が出てしまい（明るいものの方が大きく見える），白石の方が大きく感じられてしまうのです。色においても同様の錯視効果が見られます。赤や黄色などの色は暖色系，青や緑などの色は寒色系と呼ばれますが，前者は膨張色であり実際よりも物が大きく見え，後者は収縮色であり小さく見えます。こうした点を考慮しながら，衣服を選んでみるのもよいでしょう。これは，日常場面で手軽におこなえる錯視の応用といってよいかもしれません。

また，私たちが日常の中で，ほぼ毎日，おそらく大量に目にしており，錯視への配慮がなされて作成されているものがあります。それは一体何でしょうか。なにか「なぞなぞ」みたいですが，頭の体操がてら少し考えてみてください。そう，じつはフォント（字体）なのです。書籍や雑誌，パソコンや携帯電話の

第 4 章　知覚と注意——環境を知る働き

ポッゲンドルフ錯視
どの線につながっている
でしょうか？

X（ゴシック体）

水平垂直錯視

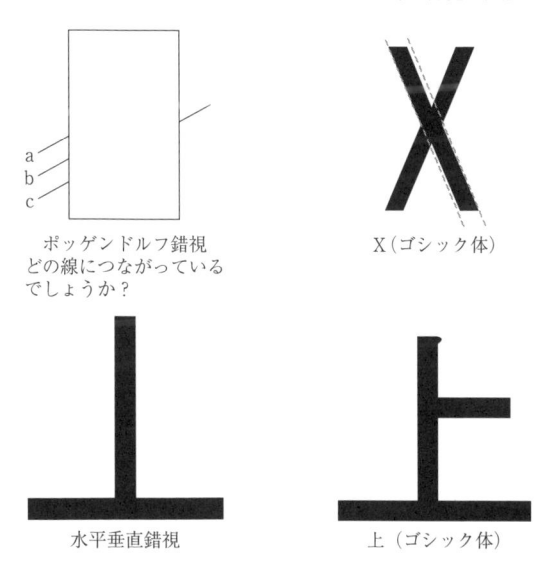

上（ゴシック体）

図 4-10　錯視とフォント

画面，テレビのテロップ等で用いられる字などには，なんらかのフォントが用いられています。文明社会に生活している以上，これらを見ないで過ごす日はほとんどないといえるでしょう。現在，明朝体やゴシック体をはじめとして数え切れないほどのフォントが存在しますが，こうしたフォントが作成される中で重要視されるのが見え方のバランスです。そう，見え方のバランスと聞いて，この節を読んでこられた賢明な読者の皆さんはぴんときたのではないでしょうか。じつはさまざまな字が錯視を考慮した上で作られているのです。その例をいくつか紹介しましょう（図 4-10）。**ポッゲンドルフ錯視**（Poggendorff illusion）とは，斜線が，四角形に遮蔽された場合にずれて見えてしまう錯視のことで，2 本の太い直線が斜めに交差した場合にも同様の錯視が起こります。じつはこのポッゲンドルフ錯視を考慮して作られているアルファベットのフォントがあります。上記の条件にあてはまるアルファベットはどれでしょうか。答えは X です。X を 100 ポイントくらいのゴシック体でプリントアウトしてみると分かりますが，交差して突き抜ける前と後の直線は僅かにずらしてあり，こ

111

れにより見えにおけるずれを防いでいるのです。他に，**水平垂直錯視**（horizontal-vertical illusion）と呼ばれる錯視があります。これは同じ長さの水平線と垂直線では，垂直線の方が長く感じられてしまうというものです。この錯視を考慮した上で縦横長のバランスが決められている漢字に，上，止，土，などがあります。これらの字では，底の水平線と垂直線とがほぼ同じ長さに感じられるように，水平線をより長くしています（そうすることで見えのバランスがよくなる）。これらも大きなサイズでプリントアウトしてみて，縦横の長さを測定して確かめてみるとよいでしょう。上記で紹介したものはほんの一例で，多くのフォントは，さまざまな錯視を考慮してバランスが良い見え方になるように工夫して作られているのです。

研究紹介：基礎編

知覚の恒常性

われわれが感じ取っているこの知覚世界は，入力された情報に感覚器や脳がさまざまな加工を加えることによって成立していると述べました。そうした加工すなわち補正にとくに強く恩恵を受けているものとして，「**知覚の恒常性**（perceptual constancy）」が挙げられます。知覚の恒常性とは，周りの環境が変化しても対象が同じものであると知覚できる機能のことであり，生活する上でなくてはならないものです。

たとえば，あなたが持っているお気に入りの筆記用具を一つ思い浮かべてください（シャープペン，鉛筆，消しゴム等）。あなたはそれが，薄暗い室内の中でも夏の眩い陽射しの下でも，近くに置いてあっても離れたところに置いてあっても，また，どの方向を向いていても，同じ筆記用具であると知覚することができます。そんなの当たり前じゃないかと思われるかもしれませんが，日々刻々と変化するさまざまな環境下で（対象までの距離，光の明るさ，物体の向きなど），網膜に入力される光の情報は一つとして同一なものはないのにもかかわらず，対象物が同じものであると感じられるのはじつはとても凄いことなのです。こうした処理は，周りの環境情報に応じて，入力情報にさまざまな補正をかけて知覚する高度なシステムが備わっていてはじめて実現可能となるから

です。知覚の恒常性には，明るさや色の恒常性，大きさの恒常性，形の恒常性などが含まれます。明るさ（この場合，白〜灰色〜黒などを表現する色の明度のこと）や色の恒常性とは，室内灯の下と，太陽光の下とでは，物理的な明るさ（明度）は異なるにもかかわらず，白は白，灰色は灰色，黒は黒と感じられるような機能のことです（前節で紹介）。大きさの恒常性とは，たとえば，自分から1mと2mの距離に置かれた同じ大きさの鉛筆は，対象までの距離に反比例する大きさで網膜上に映し出されているのですが（1mの距離にある鉛筆は，2mの距離にある鉛筆の倍の大きさで網膜上に映し出される），2つの鉛筆は同じ大きさに

図4-11　明るさの錯視（Adelson, 1995）
AとBのタイルはどちらが明るいでしょうか？

感じられるような機能のことです。形の恒常性とは，鉛筆がどの方向を向いていたとしても，鉛筆の本来の形は変わっていないと感じられる機能のことです。

　こうした知覚的恒常性を支える処理過程は無意識的かつ自動的におこなわれているため，普段の生活の中においてはなかなかそれを実感することはありません。せっかくなので，ここで知覚的恒常性の基盤となる無意識的な処理がどのようなものかを気づかせてくれる，面白い錯視を一つ紹介しましょう。今回紹介するのは，明るさの恒常性を支える処理メカニズムの存在を実感させてくれるアデルソン作の錯視（Adelson, 1995）です。図4-11上を見てください。マス目AとBはどちらが明るく見えますか（すなわちどちらの方が白色に近く

見えますか)。ほとんどの人はBの方が明るい(白色に近い)と答えるはずです。しかしながら,図4-11下を見ていただけるとおわかりのとおりAとBの物理的な明るさはじつは等しいのです。にわかには信じられないことでしょう。はじめてこの錯視を見たときは私もとても驚きました。では,どうして物理的に同じ明るさのはずの2つのマス目が異なった明るさに見えてしまうのでしょうか。この説明のカギとなるのが,円柱からのびていてマス目Bにかかっている影です。ヒトは,環境光の強度や波長や影によって明るさや色合いがどのように変化しているかを自動的に計算し,本来の明るさや色を知覚しているのです。今回の場合,「影がかかっているマス目Bは影がかかっていないマス目Aよりも暗く見えてしまっているはずであり,元々はBの方が明るいのであろう」,という自動的な補正が働き,そのためAとBの明るさが異なって知覚された(感じられた)と考えられます。

　それでは,もしヒトにこうした補正機能が備わっていなかったらどうなるでしょうか。おそらくは,今回の錯視に騙されることはなく,AとBの明るさが物理的に同じものであると正しく判断できたことでしょう。しかしその代償として,日々刻々と変化する環境光に強く影響を受けてしまい,安定した対象の知覚がおこなえないと思われます。

〈基礎知識の整理〉

錯視(visual illusion)
　知覚が刺激の客観的性質と一致しない現象を錯覚と呼び,その中でとくに,視覚における錯覚を錯視といいます。

ポッゲンドルフ錯視(Poggendorff illusion)
　斜線が,四角形に遮蔽された場合にずれて見えてしまう錯視のこと。

水平垂直錯視(horizontal-vertical illusion)
　同じ長さの水平線と垂直線では,垂直線の方が長く感じられてしまうという

錯視のこと。

知覚の恒常性（perceptual constancy）
　周りの環境が変化しても対象が同じものであると知覚できる機能のこと。明るさの恒常性，色の恒常性，大きさの恒常性，形の恒常性などが含まれます。

第3節　注　意——人は外界からの情報をどのように取捨選択して利用しているのか

現代社会との関連
人のダイナミックな情報の取捨選択過程

　私たちは，日常生活の中で，外部世界からさまざまな情報を取捨選択しながら抽出し，処理して判断や行動に結び付けています。こうした情報処理メカニズムにおいて，外すことができないのが「注意（attention）」という概念です。「注意」というと，「信号に注意する」，「先生から注意される」，といった使い方のイメージが強いと思いますが，心理学における「注意」は一般場面で使われる意味とは少し異なり，特定の事物・場所等に選択的に意識を集中して外界から情報を抽出してくるような認知過程のことです。

　こうした法則性を知り，それをうまく応用することで，たとえば，広告業界や交通業界などでは，伝えたい情報を選択的に抽出してもらえるような広告作りや目に留まりやすい交通標識の製作が可能になります。

　この節では，まず注意と視線の関係性というテーマに焦点を当てて，意識や興味が向けられている事柄の推測やエキスパートと素人の見方の違いについて，視線の測定によって検討した研究を紹介します。そして次に，私たちがいかにダイナミックに情報の取捨選択をおこなっているかを示す，聴覚刺激や視覚刺激を用いた基礎的な研究を取り上げます。

研究紹介：応用実践編

注意と視線の関係：視線から人の注意や興味を推測する

　街を歩いていて，タイプの異性が視界に入ったら，思わずそちらを凝視してしまうかもしれません。また，車好きの人の場合，珍しい車が走っていたら，その車が視界から消えるまで眼で追ってしまうかもしれません。「目は口ほどにものをいう」といわれますが，人がその時点で何に注意や関心を向けているかを推測する上で，視線は一つの重要なヒントとなります。また，本人も自覚していないような，視線の詳細な動きを測定することにより，知覚時にヒトは対象のどういった部分から情報を抽出しようとしているかという法則について考えることもできます。その他，対象の見方にどのような個人差があるのかといった問題も，非常に興味深いテーマといえるかもしれません。たとえば，経験豊富な鑑定人は，素人と「ものの見方」が異なるのでしょうか。

　心理学者たちは，上述したようなテーマについて，さまざまな場面・対象への眼球運動（eye movement）に焦点を当て，測定装置にさまざまな工夫を凝らしながら研究を積み重ねてきました。現在では，ビデオ画像に注視点を投影し，眼球運動の軌跡を記録することができるアイカメラという装置を用いて，さまざまな場面における視線の動きをリアルタイムに測定することが可能になりました。この節では，人が対象を認識するときに何に注意し見ているのか，対象の見方・注意の向け方に個人差は存在するのかについて，上述したような研究手法を用いて検討した研究をいくつか紹介していきたいと思います。

　顔や絵を知覚するときの視線　ロシアのヤルブスは絵や顔の知覚と眼球運動の関係について，優れた研究をおこないました（Yarbus, 1967）。彼はモスクワで緻密で体系的な研究を地道に続けていましたが，東西冷戦という時代背景もあり，しばらく彼の研究は西欧の研究者にほとんど知られていませんでした。しかし，ロシア語で書かれた彼の著書が英語に翻訳されたことを機に，研究は広く認知され，眼球運動にかかわる研究へ大きな影響を与えました。彼は眼球運動を測定するために，鏡のついた吸着キャップを眼球に装着し，反射光の軌跡をフィルムに記録するという方法によって，眼球運動の軌跡を測定しました

(装置はとても精巧に作られており，眼球運動の詳細な測定が可能でした)。この方法により，彼はいくつかの興味深い知見を見出しました。まず1つ目に，顔を見るときには，目，口，顔の輪郭といった顔の特徴を認識する上で重要な手がかりとなるような部分により多くの注視が向けられることです（図4-12）。また，絵画鑑賞時にその絵画に関するいくつかの質問（絵に描かれている人物たちの年齢や状況を推定する，など）を受けた場合は，各質問に関連する情報を抽出するような特徴的な眼の動きが見られました。その他，人それぞれに色の好みは違いますが，注視が向けられる箇所は，そうした色の嗜好に影響を受けないことも示されています。

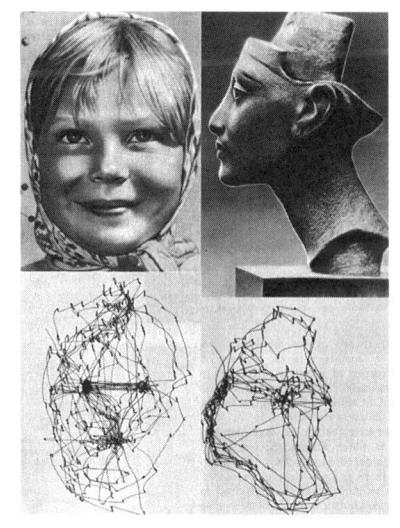

図4-12　ヤルブス（Yarbus, 1967）による眼球スキャニングの例

エキスパートの視線　世の中には，美術家，鑑定人のように，識別力が要求される専門家がいます。おそらく彼らは「さすがにプロだけあって，素人とは見ているところが違う」といったニュアンスの賛辞を何度も受けた経験があることでしょう。それでは本当に，エキスパートは私たちとものの見方が異なるのでしょうか。ここで，アイカメラを用いて，エキスパートと素人の視線の動きの違いを検討した興味深い研究を紹介しましょう。

三浦（2001）は，盆栽を自由観察してその後記憶をたよりに絵に描かせる（描画再生）課題を専門家と素人（一般大学生）に課し，自由観察時の視線の動きと描画の特徴を検討しています（図4-13）。その結果，専門家は根張り，幹，枝，鉢などの盆栽において重要になる部分に効果的に目を向け，記憶に基づく描画時にも，それらのポイントの特徴を再現することができました。一方，素人では，とくに，根張りのコブといった特徴や鉢の形体に目を向けることはほ

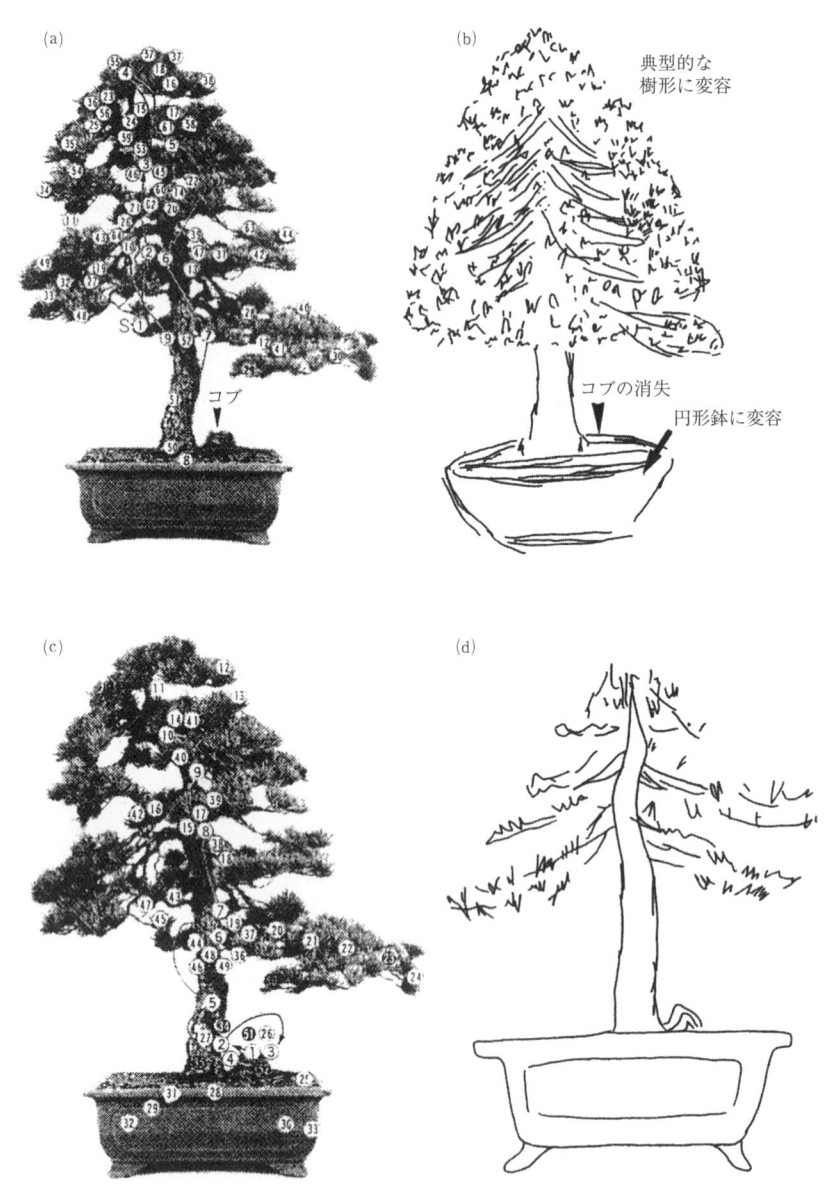

図4-13　盆栽鑑賞時の視覚探索経路と再生描画図（三浦, 2001）
　○が注視箇所，番号は注視順序。上段は盆栽の知識の無い者，下段は盆栽の専門家の場合の代表例。

とんどなく，描画においてもそうした部分の欠落や変容が見られました。その他の研究として，熟練した放射線医師がX線写真を見て診断をくだすときや，タクシードライバーが運転するときに，初心者とは異なる効率的な眼の動かし方をすることが報告されています。エキスパートは，専門領域についてどこをどのように見ればよいのか，という知識や技能を持ち合わせており，それが効率的なものの見方や記憶を可能としているようです（Chi et al., 1988）。上述した盆栽の専門家と素人を比較した結果もまさにこれに当てはまりそうです。

　以上を総括すると，専門家と素人では見ている箇所が異なり，それを生み出しているのは，長年蓄積された経験や知識といえるでしょう。「見る目を養う」という表現が使われることがありますが，これは「経験と知識を得ることにより，効率的な眼の動きを習得する」といった経験と技能の向上に深くかかわっているのかもしれません。

　産業界における視線研究の応用　じつは産業場面においても，視線と注意に関するテーマは，とても重要な意味を持ちます。お客が店内を移動するとき，また，Web広告やチラシを閲覧しているときの視線の動きの研究結果は，商品の陳列やWeb広告やチラシのレイアウトを考える際に，有効な手がかりを与えてくれるからです。眼球運動測定技術の進歩により，昔よりも容易に（被験者の負担も少なく）日常場面での視線の動きを測定することが可能となり，最近では，IT関連の調査会社等もこのような研究に携わるようになりました。たとえば，GoogleやYahoo!の検索結果画面における閲覧者の視線の動きとクリック反応の関係などから，両検索画面探索の特徴を比較した調査（iRep, 2007）などもあります。また，交通業界においては，運転場面での視線の動きなどを調べて，より安全な交通環境に向けた改善（道路・標識・安全教育など）に結びつけようといった研究なども数多くおこなわれています。

　研究紹介：基礎編

注意の性質とそのメカニズムに関する理論

　ここまでは，人の注意の向け方に関していくつかの例を挙げて紹介してきましたが，ここでは注意が向けられた情報と向けられていない情報では，処理に

どれほど違いが生じるかという具体的例を紹介し，その上でその背景となるメカニズムの理論について説明していきたいと思います。

注意による情報の選択　注意に関連した現象として，**カクテルパーティ効果**（cocktail party effect）がよく語られます。カクテルパーティの場面では，多くの人がいろいろな場所で会話を楽しんでいます。そうした状況においても，会話している相手の話の内容は容易に聞き取ることができますし，誰かに自分の名前が呼ばれたらその声には反応できます。一方，注意を向けていない隣のテーブルの会話などはほとんど耳には入ってこないのではないでしょうか。しかし，こうしたパーティ場面や飲み会などで自分が人と会話しているところを録音しておいて後で聴いてみると，注意を向けていなかった周りの人たちの話し声がこれほど騒がしかったのかと驚くことでしょう。そしてそのときはじめて，日常場面において自分があまり関与していない音をシャットアウトしている事実に気がつくのです。このように，関心を向けた特定の聴覚的情報を選択的に取り入れて，その他を排除してしまうような現象を，カクテルパーティ効果と呼びます。

　こうしたヒトの情報選択効果については，心理学実験においても証明されています。まず，聴覚刺激を用いた注意の情報選択の効果について紹介します。チェリー（Cherry, 1953）は，**両耳分離聴**（dichotic listening）という方法を用いて，右耳と左耳に異なる音刺激を同時に提示した場合に，注意を向けていない方の耳でどれくらい音情報を認識できるのかを検討しました（図4-14）。実験参加者はヘッドフォンスピーカを装着し，2つの耳にそれぞれ異なる音声情報が同時に提示されます。参加者は指定された一方の耳から聞こえる音声情報を追唱することが求められます。そして，音声情報の提示が終了してから2～3分後に，追唱が求められなかった（注意が向けられていない）音声刺激の内容について尋ねられると，その内容をほとんど答えることができませんでした。ただし，注意を向けられていなくても，その情報が完全に無視されているわけではなく，たとえば，追唱が求められていない方の音声に自分の名前が提示されると，そのことには気がつきます。これは，注意を向けていない方の耳に提示

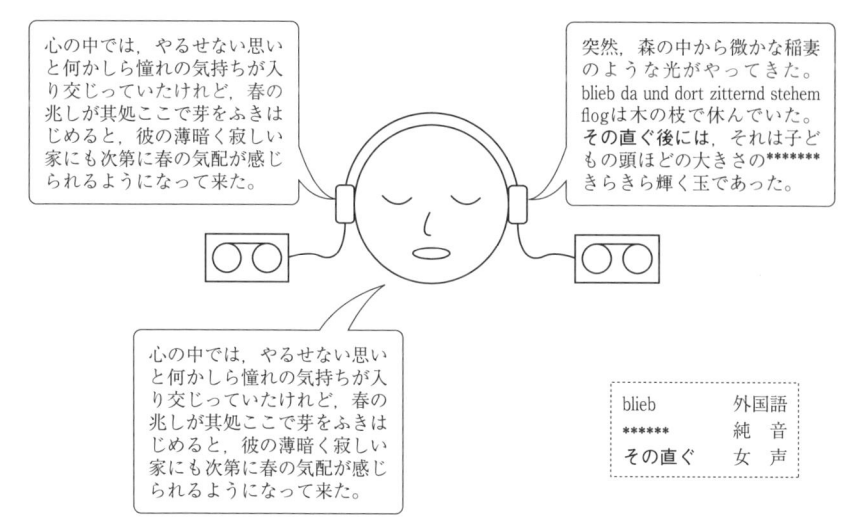

第4章　知覚と注意——環境を知る働き

心の中では，やるせない思いと何かしら憧れの気持ちが入り交じっていたけれど，春の兆しが其処ここで芽をふきはじめると，彼の薄暗く寂しい家にも次第に春の気配が感じられるようになって来た。

突然，森の中から微かな稲妻のような光がやってきた。blieb da und dort zitternd stehem flogは木の枝で休んでいた。その直ぐ後には，それは子どもの頭ほどの大きさの＊＊＊＊＊＊＊きらきら輝く玉であった。

心の中では，やるせない思いと何かしら憧れの気持ちが入り交じっていたけれど，春の兆しが其処ここで芽をふきはじめると，彼の薄暗く寂しい家にも次第に春の気配が感じられるようになって来た。

blieb	外国語
＊＊＊＊＊＊	純音
その直ぐ	女声

図4-14　両耳分離聴と追唱の実験（八木，1997）

される情報に対しても多少の意味的処理がおこなわれていることを示唆するもので，注意を向けられていない情報は完全に失われるのではなく，その強度が弱められているようです（Treisman, 1964）。

次に，視覚刺激を用いた注意の情報選択効果について紹介しましょう。サイモンズとシャブリス（Simons & Chabris, 1999）は，映像を用いた視覚的注意の興味深い実験をおこないました。使用された映像の内容は，白いシャツを着た3人のグループと，黒いシャツを着た3人のグループが，それぞれ同じ色のシャツを着たグループのメンバー間で，動きながらバスケットボールのパス交換をおこなうというものでした。実験参加者が遂行する課題とは，白い服を着た人たちの間のパス交換を目で追い，パスの回数を数えるというものです。課題自体はとても単純なものなのですが，じつは映像にはおもしろい悪戯が組み込まれていました。その悪戯とは，映像の途中，黒色のゴリラ（着ぐるみを着たヒト）がゆっくりと登場し，画面の中央で立ち止まって胸を叩く威嚇ポーズをしてから，またゆっくりと去っていくシーンが含まれていたことです。こんな奇妙なシーンが出てきたら誰しもが驚いてゴリラに気がつくのではないかと思

われるでしょうが，じつはそうでもないのです。なんとこの実験では実験参加者の約半数がゴリラの登場に気づきませんでした。課題遂行中，参加者の注意は，白シャツの人たちの素早いボール回しに向けられており，黒服の人たちの動きは無視される傾向にあります。こうした状況下においては，多くの人が，ゆっくりと動く黒いゴリラの存在を見逃してしまうのです。なお，この実験で使用された映像は以下のWebサイトで視聴することができます。数名の知人や家族の方に協力を求めて，映像を見ながら白シャツを着た人の間のボール回しを数える課題を遂行してもらった後に，はたして何割くらいの人がゴリラの登場に気がついていたか調べてみると面白いでしょう。[1]

注意配分の理論　筆者は，普段，マニュアル式変速の自動車（以下，MT車）を運転しています。MT車の運転では，右手でハンドルを持ち，右足でアクセルとブレーキを踏み分け，左手ではこまめにシフトチェンジをおこない，またその度に左足でクラッチペダルを踏みこまなければなりません。加えて，右折・左折のときには方向指示器も手で操作します。つまり，運転中は，状況に応じて4本の手足を別々に制御する必要があるわけです。MT車を購入したての頃の私の運転はかなりぎこちないものでした。適切なタイミングで，かつ，スムーズにシフトチェンジをおこなうことは難しく，そちらに意識が向けられてしまうと，その分，周囲の状況判断への余裕がなくなってしまいます。しかし運転に慣れてくるにつれ，それまで苦労していたシフトチェンジを，ほとんど意識を向けることなくおこなえるようになります。歩くとき，右足と左足を交互に動かすことに苦労を感じることはありませんが，そうした感覚と似ているかもしれません。このように各動作が自動化されてくると，周囲の状況判断も余裕をもって冷静におこなえるようになります。

　このような現象を「**注意配分の理論**（attention-allocation theory）」で説明す

➡ 1　Simons & Chabris (1999) の実験は，Neisser (1979) の実験をベースにして改良が加えられたものです。
　　Simons & Chabris (1999) で使用された映像刺激
　　　https://www.youtube.com/watch?v=vJG698U2Mvo

ることができます。「注意配分の理論」(Kahneman, 1973) とは，注意には限られた資源容量があり，並行して複数の課題を遂行する場合，各課題の困難さなどに応じて資源容量が分配されるという考え方です。課題に慣れてきて作業が自動化されると，その作業に必要とされる資源容量は少なくてすみ，その分を他の作業へ配分することが可能となります。運転に慣れていくプロセスの中でも，まさにこれと同様の認知的変化が起こっているのかもしれません。

　複数のことを同時におこなうことが苦手な人もいると思いますが（筆者もその一人），上記のように一つひとつの課題に慣れてその作業が自動化されてくることにより，最終的には複数の作業を同時並行でおこなえるようになるのです。そうした状態に到達するまで，粘り強く継続することが大切なのかもしれません。

〈基礎知識の整理〉

カクテルパーティ効果（cocktail party effect）
　関心を向けた特定の聴覚的情報を選択的に取り入れて，その他を排除してしまうような現象のこと。

両耳分離聴（dichotic listening）
　右耳と左耳に異なる音刺激を同時に提示する方法。

注意配分の理論（attention-allocation theory）
　注意には限られた資源容量があり，並行して複数の課題を遂行する場合，各課題の困難さなどに応じて資源容量が分配されるという考え方。

〈図書案内〉

石口彰 (2006). キーワード心理学シリーズ1　視覚　新曜社
⇨視覚に関係する30の重要なテーマについて，簡潔にまとめられている解説書です。生理学的なしくみの基礎から，錯視，注意などの高次過程まで，バランスよく扱われているので，これらの研究領域を知る最初の一冊として推薦します。

山口真美 (2005). 視覚世界の謎に迫る―脳と視覚の実験心理学―　講談社ブルーバックス　B-1501
⇨乳幼児の視覚発達を研究している著者によるユニークな入門書です。赤ちゃんや脳障害者の視覚機能を通して，私たちがものを見るしくみを学ぶことができます。視覚に関する基本テーマとともに実験を計画する際の工夫等も紹介されています。

後藤倬男・田中平八（編）(2005). 錯視の科学ハンドブック　東京大学出版会
⇨錯視に関する多岐に渡る話題について丁寧に書かれています。錯視の入門書を読んで興味をもち，錯視についてさらに詳しく学んでみたいという方は，是非この本を読んでみてください。読破すればちょっとした錯視博士になれるかもしれません。

北岡明佳 (2008). 人はなぜ錯視にだまされるのか？―トリック・アイズメカニズム―　カンゼン
⇨カラーの錯視図形が数多く掲載され，こうした錯視が見える原因としてどのようなメカニズムが考えられるのかがわかりやすく解説されています。錯視の入門書として最適の一冊であり，かつ，錯視アートのイラスト集として友人や家族と楽しむことができるでしょう。

安西祐一郎・苧阪直行・前田敏博・彦坂興秀（編著）(1994). 注意と意識（岩波講座認知科学9）　岩波書店
⇨注意と意識という2つの連動するトピックについて，まず，これまでの研究の歴史・現状（出版当時における）・展望に関する詳しい説明がなされ，その後に，これらの認知機能にかかわる神経機構について書かれています。注意に関する体系的な知識を得たい方にはお薦めの一冊です。

フィンドレイ，J. M・ギルクリスト，I. D.（著）本田仁視（監訳）(2006). アクティヴ・ビジョン　北大路書房
⇨私たちは，対象に注意を向けながら，それと連動した効率的な眼球運動によっ

て，能動的に外界から視覚的情報を取り入れています。こうしたプロセスに関連する数多くの実験研究や理論が紹介されており，大変読み応えのある良書です。

〈引用文献〉

Adelson, E. H. (1995). Checkershadow illusion. 〈http://web.mit.edu/persci/people/adelson/checkershadow_illusion.html〉（August 31, 2010）

Alpern, M., Kitahara, K., & Krantz, D. H. (1983). Perception of colour in unilateral trianopia. *Journal of Physiology*, 335, 683-697.

Cherry, E. C. (1953). Some experiments on the recognition of speech, with one and two ears. *Journal of the Acoustical Society of America*, 25, 975-979.

Chi, M. T. H., Glaser, R., & Farr, M. J. (Eds.) (1988). *The nature of expertise*. Hillsdale, NJ : Erlbaum.

池田光男（1988）．眼はなにを見ているか──視覚系の情報処理──　平凡社

池田光男・小浜朋子・久住亜津沙・篠田博之（2004）．一人の高齢者の白内障手術前後における物の見えと色の見えの比較　日本色彩学会誌, 28 (1), 26-35.

iRep (2007). アイレップSEM 総合研究所とJMI, Google, Yahoo!検索結果画面での視点データを収集したアイ・トラッキング調査を実施〈http://www.irep.co.jp/press/release/2007/0611-1218.html〉（2010年8月31日）

Kahneman, D. (1973). *Attention and effort*. Englewood Cliffs, NJ : Prentice-Hall.

北岡明佳（2005）．現代を読み解く心理学　丸善

Land, E. H., & McCann, J. J. (1971). Lightness and retinex theory. *Journal of Optical Society of America*, 61, 1-11.

Mace, R. L., Hardie, G. J., & Place, J. P. (1991). Accessible environments : Toward universal design. In W. E. Preiser, J. C. Visher & E. T. White (Eds.), *Design intervention : Toward a more humane architecture*. Van Nostrand Reinhold.

松田隆夫（2000）．知覚心理学の基礎　培風館

三浦利章（2001）．視覚探索と鑑賞・技能・環境　基礎心理学研究, 20, 64-69.

文部省（1994）．色覚問題に関する指導の手引き（平成6年増補版）

中島義明・子安増生・繁桝算男・箱田裕司・安藤清志・坂野雄二・立花政夫（編）（1999）．心理学辞典　有斐閣

Neisser, U. (1979). The control of information pickup in selective looking. In A. D. Pick (Ed.), *Perception and its development : A tribute to Eleanor J Gibson*. Hillsdale, NJ : Lawrence Erlbaum Associates. pp. 201-219.

North Carolina State University : The Center for Universal Design. (1997). The Center for Universal Design-Universal Design Principles.

岡部正隆・伊藤啓（2002）．色覚の多様性と色覚バリアフリーなプレゼンテーション（全3回）

　　第1回　色覚の原理と色盲のメカニズム　細胞工学，21（7），733-745．

　　第2回　色覚が変化すると，どのように色が見えるのか？　細胞工学，21（8），909-930．

　　第3回　すべての人に見やすくするためには，どのように配慮すればよいか　細胞工学，21(9)，1080-1104．

篠森敬三（編）(2007)．視覚I　視覚系の構造と初期機能（講座 感覚・知覚の科学1）　朝倉書店

Simons, D. J., & Chabris, C. F. (1999). Gorillas in our midst : Sustained inattentional blindness for dynamic events. *Perception*, 28, 1059-1074.

Treisman, A. M. (1964). Selective attention in man. *British Medical Bulletin*, 20, 12-16.

ユニバーサルデザイン研究会（編）(2005)．新・ユニバーサルデザイン─ユーザビィティ・アクセシビリティ中心・ものづくりマニュアル─　日本工業出版

八木昭宏（1997）．知覚と認知　培風館

Yarbus, A. L. (1967). *Eye movements and vision* (English trans. by L. A. Riggs). New York : Plenum Press.

第5章 記　　憶
──情報をどのように憶え，活かすのか

はじめに

　私たちの日常的活動をスムーズに進めるにはさまざまな能力が関係してきますが，その中でも記憶したことを正確に思い出すことはとても重要なものです。仮に，その能力が失われてしまったと考えれば，その重要さが理解できると思います。

　人との約束を忘れる，人の名前を思い出せない，あるいは何をしようとしたか忘れるなど，とてもまともな日常生活を送ることはできなくなってしまいます。ここまでひどい状態でなくても，記憶したことを思い出せなかったり，誤った記憶を思い出したりして失敗した経験を持つ人は少なくないでしょう。

　このように記憶という能力は，私たちが社会の中で円滑に活動するために非常に重要な存在となっています。記憶の性質やしくみを理解することで，いろいろなことに応用することができます。

　本章では，3つの側面から記憶の基本的性質としくみについて考えます。第1節では「正確な記憶をつくる」という観点から，第2節および第3節では，それぞれ「空間の記憶」と「ヒューマン・エラー（人の間違い）」という具体的な領域から，記憶の機能や性質について考えます。

第1節　記憶のしくみ——なぜ正確に記憶できないのか

現代社会との関連
正確に憶えることの難しさ

　私たちが日常生活を送る上で記憶は重要な役割を担っています。つまり，正確に記憶できない，あるいは正しく思い出せなければ，いろいろと困ったことが起きてしまうということになります。コンピュータのように情報を一言一句正確に記憶し，それを必要なときに思い出せるのであれば，そのような心配は無用ですが，自分の過去の経験を振り返ってみれば，思い込みや勘違いは少なくなく，そこまで正確に記憶ができていないことがわかるでしょう。

　では，私たちは情報をどの程度正確に記憶しているか，あるいは，どうすれば正確に記憶できるのでしょうか。いくつかの研究の紹介を通して，この点を探りながら，私たちの記憶のしくみと性質を考えてみようと思います。

研究紹介：応用実践編
情報の整理と関連づけ

　私たちは，日常生活の中で見たり聞いたりした情報を記憶していますが，すべての情報が長く残る記憶となるわけではありません。では，どのようにすれば長く残る記憶となるのでしょうか。

　オースベルとフィッツジェラルド（Ausubel & Fitzgerald, 1961）は，何かを記憶する際，その情報がすでに持っている知識構造とうまく関連づけられることで，より正確に思い出せることができるようになると考えました。そして，すでに持っている知識と関連づけやすくするには，その関連性を示す情報を与えることが重要と考え，次のような実験をおこないました。

　「仏教」をはじめて教える際，事前に何も情報を与えない群，宗教一般についての情報を与える群，そしてキリスト教と仏教の違いに関する情報を与える群とに実験参加者を分け，3日後と10日後に仏教についての記憶がどの程度正確に思い出せたかテストをおこないました。その結果，3日後では，何も情報

を与えない群，宗教一般についての情報を与えた群，そして違いの情報を与えた群の順にテスト成績が良くなっていました。そして10日後の結果は，3日後の結果と同様でしたが，各群の成績差がより広がっていました。

　この実験結果は，キリスト教と仏教の相違点を意識させることで，仏教に関する情報が整理され，結果的により正確で強い記憶がつくられたことを示しています。もちろん，宗教一般に関する情報を与えるだけでも，より強固な記憶をつくる効果があります。このように，新しい情報を記憶する際，それに関する情報，とくに相違点などに関する情報を与えることで，より強固な記憶がつくられることがわかります。

　なお，このように事前に与える関連情報のことは**先行オーガナイザー**（advance organizer）と呼ばれ，内容的に3種類に分類されます。一つは単純に記憶すべき事柄一般に関する情報である説明オーガナイザー，もう一つは記憶すべき事柄と似ているものとの相違点に関する情報である比較オーガナイザー，そして最後は説明オーガナイザーを図式的に示す図式的オーガナイザーです。これらのオーガナイザーをうまく使うことができれば，正確な記憶がつくられる可能性が高くなると考えられます。ちなみに，この先行オーガナイザーという考え方は，教育現場では頻繁に応用されています。たとえば，教科書にはこの考え方がよく反映されており，新しい単元の導入部にはかならず，そこで扱う事柄に関連する，以前に学んだことのある内容が紹介されています。

　この点に関連する研究をもう一つ紹介しておきましょう。チィ（Chi, 1978）は，記憶の良さが情報をうまく整理できるかどうかに依存していると考え，次のような実験をおこないました。チェスをやったことがない大人とチェスが得意な子どもに，チェスの盤面の記憶テストと一般的な記憶テスト（単語や数列など）をおこなわせ，それらの成績を比較するというものです。結果は，一般的な記憶テストでは大人の方が優れているものの，チェスの盤面のテストでは，子どもの方が優れていることを示しました。この結果も，子どもの方が大人よりもチェスの知識を豊富に持っていたため，チェスの盤面の情報をうまく整理でき，正確な記憶がつくられたと説明できるでしょう。他にも，意味が通りや

すい文と通りにくい文の記憶成績を比較し，意味の通りやすい文の記憶成績が良いことを確認した実験もあります。すなわち，意味が通りやすい方が，文が示す状況を理解しやすいため，うまく情報を整理できるというわけです。

　以上のように，より思い出しやすく正確な記憶をつくるには，対象となる情報を整理し，自分の知識とうまく関連づけることが重要であるといえるでしょう。つまり，憶え方を工夫することでより思い出しやすく正確な記憶をつくることができるのです。

研究紹介：基礎編

より長く残る記憶の条件とは

　私たちの記憶には，比較的短時間しか情報を保持できない記憶からほぼ一生涯保持できる記憶まで，さまざまなものが含まれています。もちろん，すべての情報が長期間残る記憶となるわけではありません。たとえば，一週間前に食べた昼食を思い出せる人はほとんどいないでしょう。わずかの重要な情報だけが，より長く残る記憶となり，それ以外の情報はどんどん消えていくものと考えられるのです。しかし，重要な情報だからといっても，何もしなければ長期間残る記憶とはなりません。前節の話からもわかるように，長期間残る記憶とするには，すでに持っている知識と関連づけるなど，何らかの工夫が必要です。そのためにどのような方法を使えばよいのか，具体的なものを考えてみようと思います。

　他方，長く残る記憶になったとしても，その内容が変化しないのかどうかということについても考えてみたいと思います。もし何らかの形で一度憶えた記憶が変化してしまうのであれば，そうさせない努力も必要になるからです。

　では，長く残る記憶の条件と記憶内容の変化という点から記憶の性質を考えてみましょう。

　繰り返しの効果　何かを正確に，長く憶えておこうとする場合，その情報を復唱することが多いと思います。この繰り返しのことはリハーサルと呼ばれ，単純な繰り返しである**維持リハーサル**（maintenance rehearsal）と，何らかの情報と関連づける**精緻化リハーサル**（elaborative rehearsal）とに分けられます。

第5章 記　　憶——情報をどのように憶え，活かすのか

これらのリハーサルのどちらが記憶の正確さに，より強く影響するのでしょうか。

　アトキンソンとシフリン（Atkinson & Shiffrin, 1971）は，維持リハーサルの重要性を確認する実験をおこないました。この実験では，15個前後の単語を一つずつ数秒の時間間隔で呈示し，すべての単語の呈示が終わった後にそれらを可能な限り思い出させるという手続きがとられました。結果は，最初の方で呈示された単語と最後の方で呈示された単語は成績が良く，中間で呈示されたものは悪いというものでした。この現象は系列位置効果と呼ばれ，最初の単語の成績が良いことは初頭効果，最後の単語の成績が良いことは新近性効果と呼ばれます。

　この実験のような，短い時間間隔で記憶すべき情報が次々に現れるという状況下では，通常，維持リハーサルがおこなわれます。彼らは，最初の段階では呈示された単語数が少ないので，維持リハーサルが十分でき，そのため長く残る強固な記憶となったのに対し，それ以降は維持リハーサルが十分にできず，強固な記憶とはならなかったと説明しています。新近性効果は，維持リハーサルは十分にできなかったものの，たんに思い出す時点で記憶に残っていたために，見かけ上，よく思い出せただけであると考えられます。その証拠に，単語呈示が終わってから，思い出させるまでのタイミングを遅くしていくと新近性効果は消えてしまうことが確認されています。つまり，維持リハーサルが十分にできなければ，より長く残る強固な記憶はつくられないというわけです。

　それに対してクレイクとタルビング（Craik & Tulving, 1975）は，十分に維持リハーサルをおこなったとしても，強固な記憶ができるわけではないことを示し，知識を使った情報処理が重要であることを実験的に確認しました。彼らは，一つずつ単語を呈示し，それぞれについての質問に回答させ，呈示した単語を思い出させる実験をおこないました。質問には3種類があり，それぞれ必要となる内的情報処理の複雑さが異なっていました。具体的には，「その単語は大文字で書かれていましたか」（活字の処理），「その単語はLightと韻を踏みますか」（音韻の処理），「その単語は『＿＿＿と買い物に出かけた』という文の

131

空欄に入れることができますか」(文章の処理)というような質問であり，活字，音韻，文章の処理の順により多くの知識が使われる複雑な処理となります。結果は，処理が複雑であるほど記憶成績が良くなることを示しました。この結果から，対象がより多くの情報と関連づけられる精緻化リハーサルが有効であると考えられます。

現在では，維持リハーサルよりも精緻化リハーサルの効果が大きいと考えられています。この精緻化リハーサルも，情報の整理という観点からすれば，すでに持っている知識を使って情報をうまく整理する方法と考えることができ，先述の実験結果から得られた結論と一致します。

記憶と手がかりの関係　今度はうまく思い出せないという現象から記憶の性質を考えてみようと思います。何かを思い出せない場合，記憶した情報が消えてしまったとは考えられません。なぜなら，後になって思い出されることが多いからです。では，なぜ思い出せない場合があるのでしょうか。それは，適切なヒントが利用できなかったからと考えればよいのです。クイズの答えを考えていて，どうしても思い出すことができなくても，ヒントを出されれば答えられたという経験は誰でも持っていると思います。つまり，記憶にとって手がかりとなる情報は重要な役割を担っていると考えられます。ちなみに，記憶を思い出す方法としては**再生**(recall)と**再認**(recognition)があります。再生は記憶していることをすべて思い出す方法であり，再認は示された情報が記憶の内容と同じかどうかを判断する方法です。一般的には再認の方が思い出しやすいとされています。それは，再認が，具体的には，選択肢の中から記憶した情報を選ばせる場合が多く，判断の手がかりとなるものがあることも理由の一つと考えられます。

これに関する重要な研究を紹介しようと思います。ゴドンとバデリー(Godden & Baddeley, 1975)は，次のような実験をおこないました。単語を記憶してもらう実験で，プールの水中に潜ったままの状態で憶えるか，それとも別の場所で憶えるかのどちらかで記憶させます。次にその単語を思い出させますが，憶えたときと同じ環境で思い出させるか，それとも違う環境で思い出さ

第5章 記　憶——情報をどのように憶え，活かすのか

せるか2つの状況を設定します。結果は，水中で憶えようと別の部屋で憶えようと，最初に憶えた環境で思い出す方が違う環境で思い出すよりも，より多くの単語を思い出せるというものでした（図5-1参照）。この結果から，憶えるときの環境と思い出すときの環境とが一致すれば思い出しやすくなることがわかります。このような現象を**状況依存記憶**（state dependent memory）と呼びます。

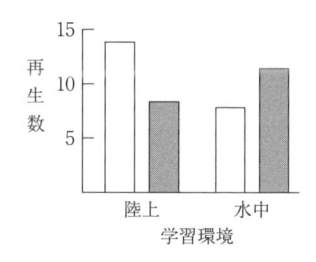

図5-1　ゴドンとバデリー（Godden & Baddeley, 1975）の実験結果
白は陸上で再生した場合，灰色は水中で再生した場合を示す。

　では，なぜこのような現象が起きるのでしょうか。これに関してタルビングは，私たちが何かを記憶する際，その情報が後に手がかりとなるような情報と一緒に記憶されることを指摘しています。このような考え方を**符号化特殊性**（encoding specificity）と呼びます。この考え方にしたがえば，一緒に憶えた手がかりが利用できなければその情報は思い出せないということになります。たとえば，約束を憶えたとき，無意識のうちに何かの情報を手がかりとして一緒に憶えており，それが憶えた場所に含まれる情報であったとすると，憶えた場所以外では適切に思い出せないこともある，というわけです。

　記憶内容の変化　さて，今度は記憶内容の変化について考えてみましょう。じつは，記憶に関する多くの研究は，憶えた後の情報によって記憶内容が変化することを示しています。では，まず事件や事故の目撃証言に関する研究からそのことを考えてみようと思います。

　ロフタスとパーマー（Loftus & Palmer, 1974）は，実験参加者に交通事故の映像を見せた後，衝突したときのスピードを答えさせる実験をおこないました。ただし，その質問をいくつか用意し，そのいずれかを使って答えさせました。それらの質問は「車が＿＿ とき，どのくらいのスピードでしたか」という形式であり，下線部には「激突した」，「衝突した」，「ぶつかった」，「当たった」，そして「接触した」のいずれかを入れたものを質問文として設定しました。こ

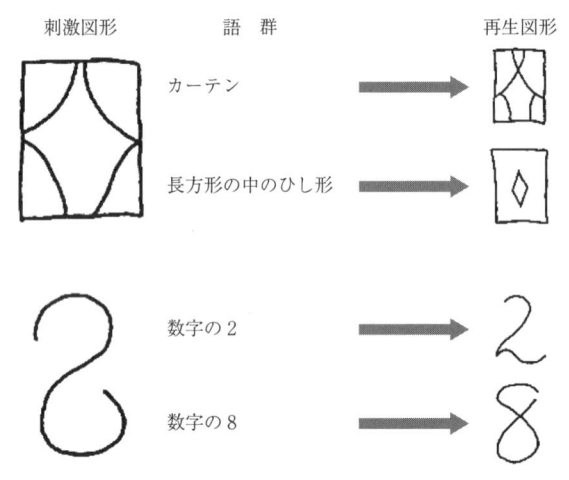

図 5-2 カーマイケルら（Carmichael et al., 1932）の実験で用いられた刺激図形，名前，および再生図形

れらの質問への回答平均を比較したところ，「激突した」質問に対しては時速約65.7kmであり，「接触した」質問に対しては時速約51.2kmであることがわかりました。すなわち，「激突した」という言葉によって評価されるスピードが速くなってしまったのです。つまり，同じものを見たとしても，後に思い出すときの言葉の使われ方（この場合は激しく衝突するかのような印象を誘導する言葉）だけで，その記憶内容が変わってしまうというわけです。

次は，図形に名前をつけることでその記憶内容が変化するという研究例を見てみましょう。カーマイケルら（Carmichael et al., 1932）は，一つの刺激図形を見せた後に，名前を示すことにより，その図形が何を意味するか示しました。その後，実験参加者に最初に見た図形を描いてもらうと，その名前に示されている形に一致するように図形が変化して描かれることがわかりました（図5-2参照）。たとえば，並んだ2つの円とそれらを結ぶ一つの直線からなる図形は，「眼鏡」という名前をつけることで，より「眼鏡」に近い図形として思い出され，「鉄アレイ」という名前で，よりそれに近い図形として思い出されるというわけです。これも，後に示した情報によって記憶内容が変化してしまう

ことを示しています。

　これらの研究例から，人の記憶はけっして変化しない絶対的なもの，というわけではないことがわかってきました。さらに，この点に関する例として，記憶への感情的影響を紹介しておきましょう。それは，カーネマンら（Fredrickson & Kahneman, 1993 ; Kahneman et al., 1993）による**ピーク・エンド法則**（peak-end rule）です。これは，あらゆる経験の快苦の記憶は，その持続時間ではなく，ピーク時と終了時の快苦の度合いによって決まるという考え方です。たとえば，渋滞に巻き込まれた時間が同じ30分であっても，最初は渋滞がなく途中から目的地に着くまでずっと渋滞が続く場合と渋滞は途中まででそれ以降は渋滞がなかった場合とでは，到着までにかかった時間が同じであっても後者の方が楽に感じられるのではないでしょうか。また，どちらが嫌だったかと問われれば，おそらく前者の経験と答える人が多いでしょう。これは，ピーク時のイライラが最後に解放されたことで全体的にイライラした印象が減る，あるいは最後のイライラによって全体的にイライラした印象が増える，というように記憶がつくられることが原因と考えられます。カーネマンたちは，とても冷たい水に手を浸すという苦痛を伴う経験をさせた上で，以下の選択肢から，再度経験するならばどちらかという質問をしました。それらは，「60秒間手を浸す」と「90秒間手を浸す。ただし，最初の60秒は温度が変わらないが，残りの30秒で少し温度が上がる」という選択肢でした。このような場合，苦痛の時間が短い方を選択する人が多いと予想されますが，実際には後者の「90秒手を浸す」方を選択する人が多いという結果でした。これも先ほどの例と同様に，手を浸す時間が長くても，最後に温度上昇で苦痛が和らぐことによって苦痛の印象が減るのに対して，ピーク時の苦痛が最後まで持続することで苦痛が強調されるように記憶がつくられるから，と説明できます。これらの例からも，記憶はむしろ，後の情報や感情状態などいろいろな情報によって変化すると考えればつじつまが合います。もし，記憶を変えたくないのであれば，それを何か別の媒体に記録し，適宜確認しておく必要がありそうです。

　このように，私たちの記憶はいつでも正確に思い出せるというわけでもあり

ませんし，場合によってはかならずしも最初に憶えた内容がそのまま思い出されるというわけではありません。さまざまな状況や情報によって変化する可能性があるのです。記憶を正確に，かついつでも思い出せるようにするためには，思い出すヒントを意識化する，あるいは記憶した後にメモを取っておくなど，ひと工夫が必要なのです。

〈基礎知識の整理〉

先行オーガナイザー（advance organizer）
　新たな学習をする際，事前に与える学習対象に関連する情報のこと。内容によって，説明オーガナイザー，比較オーガナイザー，図式的オーガナイザーの3種類に分類されます。いずれもそれによって学習が効率的に進むと考えられており，とくに比較オーガナイザー，図式的オーガナイザーの効果が高いと考えられています。

維持リハーサル（maintenance rehearsal）
　情報を記憶する際，単純に対象を繰り返すタイプのリハーサル。より長期的な記憶とするには不十分であると考えられています。

精緻化リハーサル（elaborative rehearsal）
　情報を記憶する際，語呂合わせなど，何らかの形で情報の区切りを工夫した上で繰り返すリハーサル。維持リハーサルよりも，長期的記憶を形成することができると考えられています。

再生（recall）と**再認**（recognition）
　記憶から何かを思い出すやり方には2つの方法があるとされています。そのうちの一つが再生であり，記憶していることの一部ではなく，すべてを思い出す方法です。もう一つの思い出し方は再認であり，示された情報が記憶内容と照らし合わせて同じかどうかを判断する方法です。クイズにたとえて言うなら，再生は答えを書いて答える方法であり，再認は選択肢から答えを選ぶ方法ということになります。

状況依存記憶（state dependent memory）

　記銘（憶える）時と再生（思い出す）時の状況が一致する場合，一致しない場合よりも記憶成績が良いこと。

　タルビングらの一連の研究は，情報が検索手がかりとともに記銘され，その手がかりが利用できる場合に再生できることを示しました。この考え方にしたがえば，記銘時と再生時の環境や状況が一致していると再生しやすいのは，記銘時の検索手がかりが利用しやすいためであると説明できます。利用される検索手がかりには，記銘時の気分や感情状態なども含まれると考えられます。

符号化特殊性（encoding specificity）

　タルビングらによって提唱された考え方で，再生時に検索手がかりが有効であるためには，記銘された情報とその手がかりとがともに記憶される必要があるという考え方。つまり，記銘時に後の手がかりとなるような情報と一緒に記憶すれば，後にその手がかりを使って思い出しやすくなるということ。

　タルビングはこの考え方を中心として，憶えたときの心理状態や周囲にある手がかりなどが一緒に記憶されたり，思い出したときの様々な状況が記憶に影響を及ぼすモデルを提案しています。

ピーク・エンド法則（peak-end rule）

　カーネマンによって提唱された考え方で，あらゆる経験の快苦の記憶は，ピーク時と終了時の快苦の度合いによって決まるという考え方。この考え方によれば，記憶は，快苦の持続時間ではなく，快苦の印象がどれだけ強く印象に残るかに影響されると考えられます。「終わりよければすべてよし」という，記憶の日常的現象をうまく説明する考え方でもあります。

第2節　空間の記憶——なぜ道に迷うのか

現代社会との関連
道に迷わないために何が必要か
　私たちは当たり前のように街中を移動し，目的地へ到着しています。しかし，途中で迷ってしまうこともあるでしょう。道に迷ってしまうと，約束の時間に遅れたり，決まった時間の中で予定をこなすことが難しくなってしまいます。道に迷わずに目的地へ行くにはどうすればよいのでしょうか。

　私たちが目的地に移動するとき，心の中ではさまざまな情報処理がおこなわれています。たとえば，道順や交通手段をどう選ぶか考える，次の目印は何かを予測する，どちらに曲がるか考える，あるいは目的地までの距離や自分の現在位置など，じつにさまざまな推理・判断・思考がおこなわれています。それらの処理のどこかで間違いが生じれば道に迷ってしまうというわけです。ここでは，これらの処理の中で利用される空間の記憶に焦点を当て，道に迷う原因とその対策を考えてみましょう。

研究紹介：応用実践編
正確に空間を記憶するには
　道に迷わないためには，道順や目印の位置関係を正確に記憶する必要があります。その記憶が正確であればよいのですが，私たちの記憶は情報を省略してつくられており，空間の記憶も省略される部分が少なくないと考えられます。この点に関して興味深い研究を紹介しましょう。

　バーン（Byrne, 1979）は，さまざまな角度の交差点について記憶に基づいて角度を答えさせる実験をおこないました。その結果，どのような角度であれ直角と答える場合がほとんどであることがわかりました。この結果から，空間の記憶には角度の情報が含まれておらず，そのため角度を問われると直角で代用してしまう特徴がわかります。

　他にも，距離の認識が目印数や情報処理量によって変化することも情報の省

第5章 記　　憶——情報をどのように憶え，活かすのか

略によるものと考えられます。たとえば，目印や交差点が多い街中の距離，あるいははじめて行く場所への往路を過大視するという現象がありますが，これは，経路を頭の中でたどってそれにかかる時間から距離を推測するために，目印が多いほど，また注意を集中させているほど時間がかかることが原因というわけです（村越，1987）。このことから，空間の記憶には具体的な距離情報も含まれておらず，大雑把に「遠い」あるいは「近い」程度のとらえ方であることがわかります。さらには，空間の記憶をつくる情報の種類も，大きな目印（ランドマーク），道路網・鉄道網（パス），交差点（ノード），特徴を共有する地域（ディストリクト），そして空間の広がりを区切るもの（エッジ）という，わずか5つに絞られていることも情報省略の一つと考えられます（Lynch, 1960）。これらの情報省略によって，実際の街並みとのズレ，すなわち記憶の歪みが生じ，それによる勘違い，判断ミスが生じるというわけです。

　このように空間の記憶はかならずしも正確ではないので，自分の記憶が正確であるかどうか，つねに確認することも重要です。この点に関して加藤（1997）は，2人で決められた経路をたどらせる実験をおこない，道順や目印の位置関係に関するコミュニケーション量が多いほど，道に迷う回数が減少することを確認しています。また，移動の途中で出発地点の方向を振り返ることが道に迷う回数を減少させることや，記憶内容を再確認することの有効性も指摘されています。

　以上のことから，より正確な空間記憶をつくるには，重要な目印，交差点，道路などを意識して，可能な限りそれらの詳細を記憶することと，移動途中で何らかの手段で他の情報源と記憶内容とを照合することが重要であることがわかります。

　他方，道に迷いやすい人が，どのような空間記憶をつくっているのかを探ることで，道に迷いにくい記憶の特徴を考えることもできます。

　浅村（1998）は，はじめての経路を記憶させ，その記憶に基づいた目印・風景の記憶，位置関係の判断について，道に迷いにくい人（方向感覚の良い人）と道に迷いやすい人（方向感覚の悪い人）の成績の違いを比較し，いずれの場

合も道に迷いにくい人の成績が優れていることを示しました。また，新垣・野島（2001）は，道に迷いにくい人と道に迷いやすい人に，ある街の経路を移動する映像を見せた後，目印や交差点などを思い出す，地図を作成する，そして覚えた経路を実際にたどらせるという課題を遂行させ，そこでの目印利用や，間違いの発生状況を比較しました。その結果，道に迷いやすい人は目印や交差点の記憶が少なく，またそれらの記憶も特定の地点付近に偏っていたり，曖昧だったりとあまり良い成績ではありませんでした。加えて，作成された地図も不正確な点が多く，道をたどる際にも間違いが多いことがわかりました。

後に詳しく説明しますが，人は**ルートマップ**（route map）と**サーヴェイマップ**（survey map）という2種類の空間記憶を持ち，場合に応じてこれらを使い分けていると考えられています。ルートマップは特定の経路の記憶，道順の記憶であるのに対して，サーヴェイマップは空間の全体的な記憶，位置関係の記憶と考えられています。この点をふまえて新垣らの結果を見ると，道に迷いやすい人はサーヴェイマップをうまく作っていない可能性が考えられます。つまり，道に迷いやすい人は，目的地・出発地点・現在位置の位置関係の意識が不十分であったり，迷ったときにどちらに行けばよいかわからなかったり，いつでも使える目印を憶えていなかったり，目印を見落としたり，あるいは曲がる地点を間違えてしまうというわけです。したがって，道に迷わないために必要なこととしては，以下のような点が考えられるでしょう。

①サーヴェイマップを意識すること。すなわち，位置関係を東西南北で考え，つねに大きな目印の位置関係を意識すること。
②サーヴェイマップの中で自分の位置を考えること。
③次回以降も有効な目印を確実に記憶し，意識化しておくこと。
④道に迷ったら，わかるところまで戻る，あるいは地図や標識を活用して自分の位置を知ること。

研究紹介：基礎編

空間の記憶の特徴

すでに述べましたが，私たちの持つ空間の記憶は単一のものではなく，2種

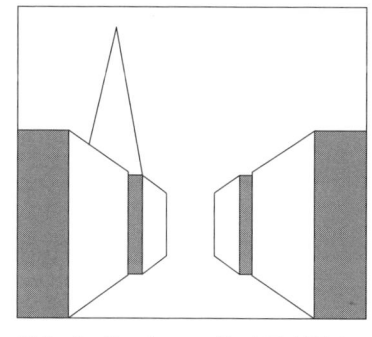

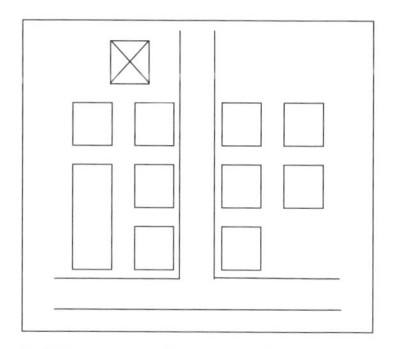

第5章 記　憶——情報をどのように憶え，活かすのか

図5-3　ルートマップによる空間イメージ（左）とサーヴェイマップによる空間イメージ（右）の一例

類があり，状況に応じてそれらを使い分けていると考えられています。では，次にその2種類の空間記憶の特徴を見ていきましょう。

　人はルートマップ（道順の記憶）とサーヴェイマップ（地図的記憶）という2種類の空間記憶を持ち，場合に応じてこれらを使い分けていることが知られています（Shemyakin, 1961）。ルートマップは，風景・目印の視覚的特徴や行動順序を保持し，比較的狭い領域内を対象とする空間記憶です（図5-3左参照）。ルートマップを利用する場合，行動や目印の順序が崩れると代わりの経路を探しにくいと考えられています。一方，サーヴェイマップは全体的・地図的な空間記憶であり，比較的広い領域が対象となる空間記憶です（図5-3右参照）。これを利用する場合，代わりの経路も探しやすく，現在位置を把握しやすいと考えられています。したがって，汎用性のあるサーヴェイマップを利用する方が道に迷いにくいということになりますが，サーヴェイマップは憶えたときの向きで思い出されるため，それと反対の向きで考えようとすると間違えたり，時間がかかることに注意する必要があります。このような現象は**整列効果**（alignment effect）と呼ばれ，ルートマップとサーヴェイマップの性質の違いを示す現象の一つとなっています。

　では，レバインらの実験結果（Levine et al., 1982）から，その違いを見てみることにしましょう。彼らは，コの字型の経路を作成し，その経路を歩いて憶

えるか，一方向から眺めることで憶えるか，あるいは経路の地図を見て憶えるかの3条件を設定し，実験参加者にはいずれかの条件で経路を憶えさせました。そして彼らに目隠しをさせ，経路上の一地点から出発地点および終着地点の方向を推定させる実験をおこないました。その際，推定時の向きとして，学習時に向いていたのと同じ方向とその逆の方向とが設定されていました。結果は，歩行条件では推定時の向きによる成績の違いがないのに対して，地図条件では学習時と同じ向きの場合が逆向きの場合よりも正確であることを示しました。つまり，地図条件のみ，整列効果が認められたということになります。彼らはこの結果から，地図からつくられた空間記憶，すなわちサーヴェイマップは特定の向き（学習時と同じ向き）で思い出され，ルートマップ（歩行条件）は特定の向きで思い出されることはないと説明しています。

このように，ルートマップとサーヴェイマップはまったく異なる性質を持っています。通常，私たちは同じ空間に対してこれら両者の記憶を持っており，たとえば，目的地までの道順や比較的近い地点との位置関係を考えるにはルートマップを，比較的遠い地点との位置関係を考えるにはサーヴェイマップを，といったように状況に応じて使い分けていると考えられます。

〈基礎知識の整理〉

ルートマップ（route map）
　空間の記憶の一種で，開始点と目標地点とを結ぶ道順に関する記憶です。目印・風景の視覚的特徴や出現順序，交差点でどちらに曲がるかなどの情報がつながった形で保持されていると考えられています。

サーヴェイマップ（survey map）
　空間の記憶の一種で，特定領域の空間全体を保持した記憶です。目印間の位置関係を，あたかも地図を見るかのように把握することができますが，特定の向きで思い出される（イメージされる）性質を持つと考えられています。

> **整列効果**(alignment effect)
>   学習時と同じ向きで位置関係を判断した場合と,それとは逆の向きで判断した場合とでは,学習時と同じ向きの方が逆の向きよりも判断成績が良くなるという現象です。サーヴェイマップが学習時と同じ向きでイメージされることを裏づける現象といえます。

第3節　記憶とヒューマン・エラー
　　──なぜうっかりミス,勘違いが生じるのか

[現代社会との関連]
間違いと記憶との関係

　人はさまざまな間違いをしてしまうものです。大事な書類を捨ててしまう,相手の電話番号を間違えるといった些細なものから,管制ミスによる航空機のニアミスや作業手順の理解が不十分であったことによるJCOの臨界事故といった,被害の大きなものまでさまざまな間違いがあります。このようなうっかりミスや勘違いによる誤りはヒューマン・エラー(human error)と呼ばれ,それを防ぎ,さまざまな被害を減少させることが,社会的に求められています。

　ヒューマン・エラーには,大きく2種類があり,それらは**(アクション)スリップ**(action slip)と**ミステイク**(mistake)と呼ばれています。スリップは"うっかりミス"であり,一連の動作を実行しているときに,対象を取り違えたり,似ているが違う動作をしてしまうというものです。それに対してミステイクは"勘違いミス"であり,対象のしくみや動作を誤解しているために生じる間違いということができます。

　もちろん,これらのヒューマン・エラーの発生にも記憶が関与しています。スリップは誤った知識を適用してしまうことが原因の一つとして考えられますし,ミステイクは誤った記憶をつくってしまうことが主たる原因と考えられます。では,どうすればそれらの間違いを減少させることができるか,いくつかの研究事例を紹介しながら考えてみましょう。

図5-4 原点が下向きで統一されている計器の例（上3つ）と原点が統一されていない計器の例（下3つ）

研究紹介：応用実践編
うっかりミスや勘違いを防ぐには
　スリップを防止するには，誤った記憶を適用しないような工夫が必要です。たとえば，対象を見やすく配置することによって，見間違いを防ぐということも効果があると考えられます。シャパニスら（Chapanis et al., 1949）は，表示の原点を垂直方向あるいは水平方向に揃えることで，計器の見やすさが向上するかどうかを実験的に検討しています。彼らは，原点がバラバラな状態の計器と原点を揃えた状態の計器を見せ，どちらの記憶成績が優れているか比較しました。その結果，原点を揃えた状態の方が記憶成績が良く，見やすさが向上することが確認されました。つまり，原点を揃えることで個々の表示の認識が容易になり，結果として対象の記憶がより正確になったというわけです。図5-4には，原点が揃った計器と揃っていない計器の例が示されています。これを見れば，どちらが憶えやすいかは一目瞭然でしょう。
　また，危険の予測を喚起させる工夫も効果的です。大山（1985）は，2色の色表示に応じてそれぞれ別のボタンを押させるという課題を遂行させる際に，次に表示される色が何かを予測しながら遂行するよう指示して，その反応時間を調べました。全体的に，強い予測がある場合は反応が早く，予測がない場合は反応時間が遅い傾向が見られました。そして予測と違う色が表示されたとき，

もっとも多く押し間違いが発生していました。つまり，予測が正しかった場合は情報処理がスムーズに進むのに対して，間違っていた場合は情報処理が混乱しやすく，それによってエラーが発生する可能性が高まる，と考えられます。危険性を考え，正しい予測を導く工夫をすることによって，エラーを減少させることができるかもしれない，というわけです。

しかし，同じ動作を続ける場合，人はとくに意識せずに動作を続けてしまい，無意識のうちに動作を簡略化する傾向があります。鉄道運転手の運転訓練に用いられる鉄道運転シミュレータを使った実験でも，その傾向が確認されており，それがエラーの原因となる可能性が指摘されています。したがって，継続的に危険性に対する注意喚起をするしくみが必要であると考えられます。

他方，誤った知識を適用する原因として，集中力をうまく分散できないこと，あるいはぼんやりしてしまって気づかないことが考えられます。では，このどちらを防ぐことでエラーを抑制することができるのでしょうか。これに関して重森ら（2003）は，20歳前後の若年者と60歳前後の高齢者を対象として，鉄道列車の運転適性検査を実施し，その点数にもとづいて，若年者と高齢者を合格者群と不合格者群とに分け，集中力の分散失敗によるエラー発生と，ぼんやりによるエラー発生状況を調べました。実験参加者には二重課題（数字暗唱とストループ課題[1]の同時実施）とヴィジランス課題（互いに無関係な記号を連続して見ながら，30秒ごとにストループ課題を実施）の両方を遂行させます。二重課題では集中力の分散失敗でエラーが発生し，ヴィジランス課題ではぼんやりすることでエラーが発生すると考えられます。結果は，若年者不合格群でヴィジランス課題のエラーが多く，高齢者不合格者群では二重課題のエラーが多いことがわかりました（図5-5参照）。つまり，若年層ではぼんやりすることによって誤った知識が適用され，高齢者層では集中力をうまく分散できないことによっ

➡ 1　ひらがなで書かれた色名を読み上げる課題です。ただし，赤色で「あお」など，色名と書かれた色とが一致しない形で色名が連続しているので，色と色名の認識が互いに干渉することになります。そのため，十分に注意しないと，間違いが発生する可能性が高い課題です。

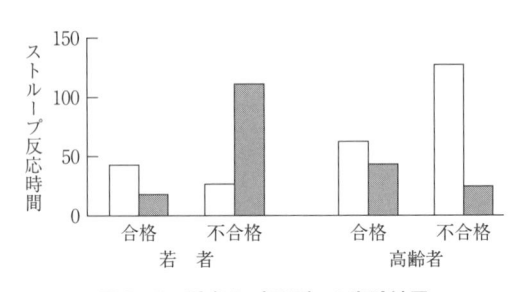

図5-5　重森ら（2003）の実験結果
白グラフは二重課題，灰色はヴィジランス課題を示す。

て誤った知識を適用してしまうということがわかります。

　では，次にミステイクを防ぐための対策について考えてみましょう。ミステイクは対象のしくみそのものを勘違いすることに原因があり，その勘違いを防ぐことがエラー防止につながると考えられます。これに関して植田ら（2002）は，コピー機の操作画面を工夫することでエラーを抑制できることを実験的に示しました。彼らは，機械の操作が苦手な人たちに，コピー機でソーター（複数枚数からなる文書の作成）を使って文書コピーをさせました。その際に，一般的なコピー機の操作画面だけで操作させる場合と，それに加えて作業の全体構造を見えやすくする支援画面を追加して操作させる場合とで，操作エラーの発生状況を比較しました。その結果，後者の場合にエラーが減少することが確認されました。これは，作業の全体構造を明示することによって，コピー機の正しい理解が促進され，エラーの抑制につながったと考えられます。

研究紹介：基礎編

記憶の特徴から間違い発生の原因を探る

　ここまでの話からすれば，ヒューマン・エラーは，その人が持っている知識と非常に深い関係があると考えられます。ここでは，エラーの誘発につながる知識のしくみについて考えてみましょう。

　スキーマ理論とヒューマン・エラー　人の知識は一つひとつがバラバラに記憶されているわけではありません。何らかのつながりや構造をもって記憶されて

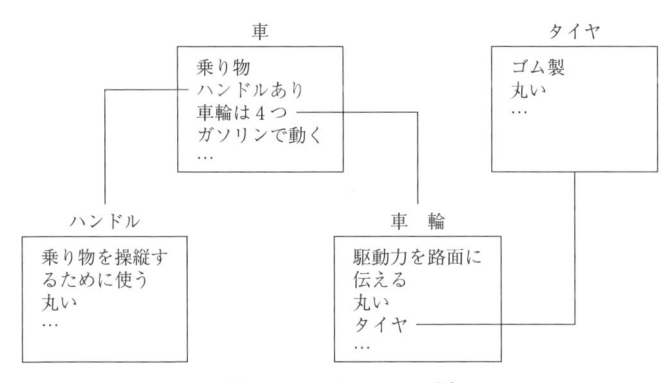

第5章 記　憶──情報をどのように憶え，活かすのか

```
         車                    タイヤ
    ┌─────────────┐      ┌─────────────┐
    │乗り物        │      │ゴム製        │
    │ハンドルあり  │      │丸い          │
    │車輪は4つ     │      │…            │
    │ガソリンで動く│      │              │
    │…           │      │              │
    └─────────────┘      └─────────────┘

   ハンドル              車　輪
 ┌─────────────┐      ┌─────────────┐
 │乗り物を操縦す│      │駆動力を路面に│
 │るために使う  │      │伝える        │
 │丸い          │      │丸い          │
 │…           │      │タイヤ        │
 │              │      │…           │
 └─────────────┘      └─────────────┘
```

図5-6　スキーマの一例

いると考えられます。たとえば何かを思い出そうとする際，関連した情報が思い出されやすいことは日常的によく見られる現象ですが，このことは記憶された知識につながりがあることを示唆しています。その知識の構造に関する代表的な考え方として**スキーマ理論**（schema theory）があります。

　この理論によれば，スキーマは，概念のようなものとされています。たとえば，車のスキーマであれば，車の特徴を示す情報がかたまりになっており，「乗り物」，「4輪」，「ハンドルがある」などの情報を含んでいるというわけです。さらには，スキーマ同士にはつながりがあり，そのつながりを通して他のスキーマを探しやすい構造になっていると考えられています（図5-6参照）。たとえば，「車」スキーマは，「乗り物」スキーマ，「車輪」スキーマ，「バス」スキーマなど，関連するもの同士がつながった状態であるというわけです。人が長期記憶に保持している情報を参照するとき，このスキーマ理論で想定されているような知識構造を利用していると考えられるのです。

　私たちが何かを理解するとき，こういったスキーマを使うことで効率的に理解することができます。たとえば，「家族でドライブに行った」という表現を理解するとき，ドライブとはどんな行動であり，ドライブに使う車とは何かという説明をいちいちせずとも理解できます。それはドライブと車のスキーマが利用されているからです。しかし，良い点ばかりではありません。スキーマは，

147

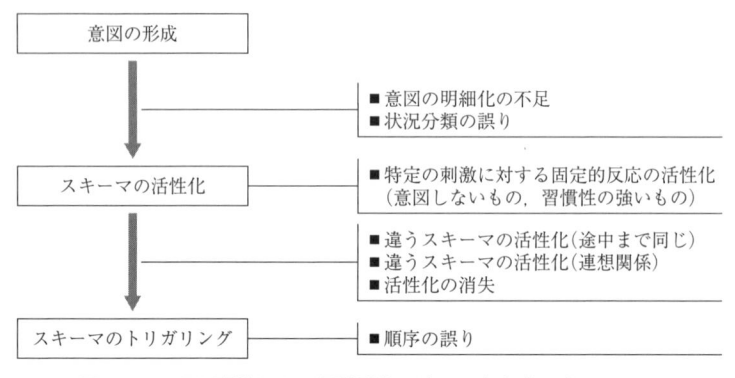

```
意図の形成
   │          ■ 意図の明細化の不足
   │          ■ 状況分類の誤り
   ▼
スキーマの活性化  ■ 特定の刺激に対する固定的反応の活性化
   │             (意図しないもの,習慣性の強いもの)
   │          ■ 違うスキーマの活性化(途中まで同じ)
   │          ■ 違うスキーマの活性化(連想関係)
   │          ■ 活性化の消失
   ▼
スキーマのトリガリング  ■ 順序の誤り
```

図5-7　ATS理論による行動発生の流れと各段階で生じる誤り
（Norman, 1988にもとづいて作成）

一般的な特徴を示したものであるため，実際にドライブに使った車がオープンカーであったとしても，そう表現しない限りオープンカーとは理解されないでしょう。つまり，誤解を生じさせる可能性があるというわけです。

なお，第1節でも説明しましたが，長期間残る記憶をつくるには，その情報と既存の知識との関連を明確にする必要があります。それは，私たちの知識がこのスキーマのような構造を持っていることと関係しています。つまり，知識全体が個々の知識の関係に基づいて結びつけられているため，それに合う形であれば憶えやすい，というわけです。

スキーマは物事を理解するときだけに使われるわけではありません。私たちが行動を実行するときにも使われています。この点に関して，ノーマン（Norman, 1988）は，人が行動を実行する際，それぞれの行動に関するスキーマが活性化されると考えました（図5-7参照）。そのとき，違うスキーマが活性化されたり，その実行に失敗したりすることがスリップにつながると考え，ATS（Activate Trigger Schema）理論を提案しました。

ATS理論によれば，行動実行の流れは，意図の形成に始まり，次にスキーマの活性化，最後にスキーマのトリガリング（実行）といった順で進行します。たとえば，車で出かけるという場合であれば，その意図は車でどこかへ出かけるということであり，その意図によって関係するスキーマが活性化されます。

まず活性化されるスキーマは車の運転であり，その中にはドアを開ける，エンジンをかける，発進する，といったスキーマが含まれています。この考え方にしたがえば，スリップは3種類に分けられるとされます。一つは，意図の形成での失敗から，誤ったスキーマが活性化してしまうものです。もう一つは，連想などにより意図しないスキーマが活性化されてしまうものです。最後は，スキーマを実行する段階で失敗するものです。このATS理論にしたがってスリップの原因を明確にすることで，スリップ防止の対策を考えることができるというわけです。

メンタルモデルとヒューマン・エラー　ここまで紹介した考え方を見てもわかるように，私たちが何かを理解したり，行動の計画を考えたりする際には，さまざまな知識が使われます。そこには辞典のように意味を調べるような使い方をするものもあれば，あたかも模型を動かして結果を予測するような使い方をするものもあります。ここまでの話はおもに前者にかかわるものでしたが，ここでは後者にかかわるものとして，**メンタルモデル**（mental model）という考え方を紹介したいと思います。

　メンタルモデルとは，対象を理解することによってつくられるイメージのことであり，知識の一種と考えられます。ただし，メンタルモデルは単なるイメージではなく，頭の中で操作できることが大きな特徴です。たとえば，車のメンタルモデルであれば，車のイメージを思い浮かべるだけでなく，ドアを開け，エンジンをかけ，そしてハンドルを操作することができるというわけです。したがって，事前に操作の結果の予測が可能となりますが，メンタルモデルが不正確であれば，その予測も間違ってしまいます。つまり，ミステイクが発生してしまいます。メンタルモデルの正確さは対象の理解の正確さに依存しており，最初から対象を完全に理解することは難しいので，一般的に正確なメンタルモデルをつくることは難しいといわれています。それでも，メンタルモデルを正確にすることができれば，ミステイクを減少させることにつながると考えられます。

　この点に関して，適切な役割や目的を与えることで適切なメンタルモデルが

形成されることが実験的に確認されています。シュマルホファーとグラバノフ (Schmalhofer & Glavanov, 1986) は，プログラム言語のマニュアルを読ませる際，文章の要約を目的とした場合と，実際にプログラムの作成をおこなうことを目的とした場合とで，メンタルモデルの性質を比較しました。結果は，プログラムの作成を目的とした場合の方が，実際の情報処理モデルに近いメンタルモデルが形成されることを示唆していました。つまり，プログラムを作成するという目的でマニュアルを読ませることで，より適切な理解，適切なメンタルモデルがつくられるというわけです。これと同様に，事前に「家を買いたい」人と「泥棒」というそれぞれ異なる役割を与え，家の間取りを説明する文章を読ませると，異なった点に注目したメンタルモデルがつくられることを示す実験もあります (Anderson & Pichert, 1978)。

　他方，適切なメンタルモデルがつくられるには，自分の理解や記憶のどこが十分なのか，あるいは不十分なのかを把握する必要があります。ここは十分に調べたから大丈夫，この点はよくわからないといった判断は頻繁になされており，それらの判断によって学習が促進されたりされなかったりするというわけです。このような自分の理解や記憶の状態に対する認識活動は**メタ認知** (metacognition) と呼ばれ，メンタルモデルの形成やヒューマン・エラーの発生にかかわる重要な働きと考えられています。浅村ら (2010) は，メタ認知と失敗傾向に関する自己評定との関連を調べ，優れたメタ認知能力を有する人ほど失敗が少ない傾向を見出しました。この研究結果から，意識的に自分の記憶内容をチェックする態度もヒューマン・エラーを防ぐ条件になると考えられます。

　このように，私たちが記憶に蓄えている知識にはさまざまな性質があります。その性質によって誤解が生じたり，正しい予測ができず，結果としてヒューマン・エラーが発生してしまうというわけです。ヒューマン・エラーを防ぐためには，注意喚起や集中力の維持だけではなく，こういった誤解を防ぐことも必要であり，説明書や画面表示のわかりやすさを工夫するなど，正確な知識の学習を促す工夫も考えていく必要があります。

〈基礎知識の整理〉

(アクション) スリップ (action slip)
　ヒューマン・エラーの一種で，一連の決まりきった行動の中で生じる間違いです。基本的には，対象となる行動のスキーマを適切に活性化できないことによる誤り，対象となる行動のスキーマを実行できないことによる誤り，意図の形成時の失敗による誤りといえます。不注意によって生じるので，それを防止することで発生を抑制できると考えられます。

ミステイク (mistake)
　ヒューマン・エラーの一種で，対象のしくみを誤解するために生じる間違いです。誤ったメンタルモデルを形成していることによる誤りといえます。これを防止するには，正しいメンタルモデルができるような，学習を促す工夫が必要と考えられます。

スキーマ理論 (schema theory)
　知識の構造に関する理論です。個々の知識について，その特徴を示す情報がまとめられてスキーマが形成されていると考えられます。スキーマは関連するもの同士が結びつきをもって記憶されており，そのため，何かを思い出すとき関連した情報が思い出されやすいと考えられています。

メンタルモデル (mental model)
　対象を理解することによってつくられる対象のイメージです。ただし，単なるイメージではなく，頭の中で操作できることが大きな特徴です。人は一般にこのメンタルモデルに基づいて状況認識や予測をしていると考えられます（第7章第2節参照）。

メタ認知 (metacognition)
　私たちは問題解決の際，わかっていることやわかっていないことを把握し，何をどういう順序で実施するか，どこまで目標に近づいているかなどについても考えています。これらの活動は，自分が理解していることの認識，つまり認知の認知という意味でメタ認知と呼ばれます。メタ認知をうまく働かせること

によって，正確なメンタルモデルの形成を促す，あるいは注意力の散漫を防ぐことができ，結果的にヒューマン・エラーを防ぐことができると考えられます。

〈図書案内〉

芳賀繁（2004）．失敗の心理学　日本経済新聞社
　⇨ヒューマン・エラーの原因や発生のしくみをわかりやすく解説した文献です。ヒューマン・エラーについて詳しく知りたくなったら，まず読んでみてはいかがでしょうか。

森敏昭・井上毅・松井孝雄（1995）．グラフィック認知心理学　サイエンス社
　⇨豊富な研究例の紹介と詳しい解説を通して，記憶のしくみや知識の性質を解説している初学者向けの教科書です。認知心理学全般に関する話題がわかりやすく解説されています。

太田信夫（編）（2006）．記憶の心理学と現代社会　有斐閣
　⇨おもに認知心理学分野の知見を通してわかってきた記憶のしくみや知識の性質が，私たちの日常的な現象や社会生活とどのように関係しているかを解説している文献です。記憶や知識をどのように応用するかを考える際，興味深い示唆を与えてくれます。

新垣紀子・野島久雄（2001）．方向オンチの科学　講談社
　⇨なぜ方向音痴の人が道に迷うのか，空間認知の個人差をさまざまな実験を通して解説しています。わかりやすい解説で，空間認知全般に関する内容も含んでいるので，空間認知の話題を概観したい人におすすめです。

高野陽太郎（編）（1995）．認知心理学2　記憶　東京大学出版会
　⇨豊富かつ詳細な研究の紹介を通して，記憶のしくみや知識の性質について詳しく解説している教科書です。内容的にやや高度で，ある程度の知識を持った人向けですが，研究事例の紹介がかなり詳しいので，記憶のしくみや知識の性質について深く理解したい人におすすめです。

〈引用文献〉

Anderson, R. C., & Pichert, J. W. (1978). Recall of previously unrecallable information following a shift in perspective. *Journal of Verbal Learning and*

Verbal Behavior, 17, 1-12.

浅村亮彦 (1998). 方向感覚の個人差と空間推論時の視点との関連　小樽商科大学商学討究, 49 (1), 215-238.

浅村亮彦・吉野巌・懸田孝一・宮崎拓弥 (2010). 認知的失敗とメタ認知能力との関連 (2)　日本心理学会第74回大会発表論文集, 604.

Atkinson, R. C., & Shiffrin, R. M. (1971). The control of short-term memory. *Scientific American*, 225, 82-90.

Ausubel, D. P., & Fitzgerald, D. (1961). The role of discriminability in meaningful verbal learning and retention. *Journal of Educational Psychology*, 52, 266-274.

Byrne, R. W. (1979). Memory for urban geography. *The Quarterly Journal of Experimental Psychology*, 31, 147-154.

Carmichael, L., Hogan, H. P., & Walter, A. A. (1932). An experimental study of the effect of language on the reproduction of visually perceived form. *Journal of Experimental Psychology*, 15, 73-86.

Chapanis, A., Garner, W. R., & Morgan, C. T. (1949). *Applied experimental psychology : Human factors in engineering design.* New York : John Wiley and Sons.

Chi, M. T. H. (1978). Knowledge structures and memory development. In R. S. Siegler (Ed.), *Children's thinking : What develops?* Hillsdale, NJ : Lawrence Erlbaum Associates. pp. 73-96.

Craik, F. I. M., & Tulving, E. (1975). Depth of processing and the retention of words in episodic memory. *Journal of Experimental Psychology : General*, 104, 268-294.

Fredrickson, B. L., & Kahneman, D. (1993). Duration neglect in retrospective evaluations of affective episodes. *Journal of Personality and Social Psychology*, 65, 45-55.

Godden, D., & Baddeley, A. D. (1975). Context-dependent memory in two natural environments : On land and under water. *British Journal of Psychology*, 66, 325-331.

Kahneman, D., Fredrickson, B. L., Schreiber, C. A., & Redelmeier, D. A. (1993). When more pain is preferred to less : Adding a better end. *Psychological*

Science, 4, 401-405.

加藤義信（1997）．大規模空間におけるペアでの経路探索時のコミュニケーション過程の分析　日本心理学会第61回大会発表論文集，591.

Levine, M., Jankovic, I., & Palij, M., (1982). Principles of spatial problem solving. *Journal of Experimental Psychology : General*, 111, 157-175.

Loftus, E. F., & Palmer, J. C. (1974). Reconstruction of automobile destruction : An example of the interaction between language and memory. *Journal of Verbal Learning and Verbal Behavior*, 13, 585-589.

Lynch, K. (1960). *The image of the city*. Cambridge : MIT Press.

村越真（1987）．認知地図と空間行動　心理学評論，30, 188-207.

Norman, D. A. (1988). The psychology of everyday things. New York, NY : Basic Books.

大山正（1985）．反応時間研究の歴史と現状　人間工学，21, 57-64.

Shemyakin, F. N. (1961). Orientation in space. In B. G. Anan'yev, G. S. Kostyuk, A. N. Leont'yev, A. R. Luriya, N. A. Menchinskaya, S. L. Rubinshteyn, A. A. Smirnov, B. M. Teplov & F. N. Shemyakin (Eds.), *Psychological Science in USSR Volume 1 (JPRS Report No. 11466)*. Washington, D. C. : U. S. Department of Commerce, Joint Publications Research Service. pp. 186-255.

Schmalhofer, F., & Glavanov, D. (1986). Three components of understanding a programmer's manual : Verbatim, propositional, and situational representations. *Journal of Memory and Language*, 25, 279-294.

重森雅嘉・井上貴文・澤貢（2003）．鉄道における運転適性検査の研究（7）─注意分割場面と注意持続場面の割り込みエラー─　日本心理学会第67回大会発表論文集，1278.

新垣紀子・野島久雄（2001）．方向オンチの科学　講談社

植田一博・遠藤正樹・鈴木宏昭・堤江美子（2002）．課題分割の可視化によるインタフェース　認知科学，9 (2), 260-273.

第6章　学習と動機づけ
　　　──行動を決めるモノは何か

はじめに

　この章では，学習と動機づけについて解説します。学習では「古典的条件づけ」と「オペラント条件づけ」をとりあげ，学習が成立するための条件や枠組みに焦点を当てます。また，動機づけでは，働くことに関する動機づけを中心に取り上げます。「目標管理制度」という仕事への意欲を高める方法を紹介しながら，その一つの基盤である「目標設定理論」を中心として，いくつかの動機づけの理論について解説します。

　ヒトの行動を学習や動機づけの観点から考える際には，能力やヤル気といった内面に注目が集まりがちです。しかし，たんに「頑張れ！」というだけで問題が解決するほど，現実は簡単ではありません。そのためには環境を適切な形に整えることが大切なのです。

第1節　好感を抱いてもらえるCMを作るには──古典的条件づけ

　現代社会との関連
知らないモノを好きになってもらうために…
　消費や買い物といった行動は日常的なものです。また，現代の人々の大きな楽しみの一つでもあります。当然，自分の好きなものを買いたいハズ。では，好き嫌いはどうやって決まるのでしょうか？　また，企業はどうしたら商品を好きになってもらえるのでしょうか？

この問題は新商品が次々と登場してくる現代では重要です。なぜなら，現代社会では，数え切れないほど多くの商品があるからです（時間があれば，"お茶"飲料が何種類あるのか，数えてください）。その中から，特定の商品を選んでもらわなければいけません。選んでもらうために利用される一つの方法が広告です。とくに新製品の場合，広告は重要です。なぜなら，新製品はまだ誰も飲んだことがないからです。味や香りなどは一切わかりません。そのような状態で，わざわざお金を払って，買ってもらう必要があるのです。もちろん，自分の意思で，です。

　『それまで経験したことのない商品を，何も知らない状態で買ってもらう。』このために，広告は必要なのです。ところが，実際の広告にはその商品以外のものがたくさん登場します。いろんな有名人やタレントが登場します。音楽や風景の映像などもかならずといっていいほどです。なぜ，それらは登場するのでしょうか？　そこにどのような心理的なメカニズムが働いているのでしょうか？　それは何かを好きになったり，嫌いになったりするという感情が形成されるメカニズムです。このメカニズムに**古典的条件づけ**（classical conditioning）という学習がかかわっているのです。

> 研究紹介：応用実践編

2つのモノと一緒に出すと…

　広告を効果的にするためには，どのようにしたらよいでしょうか。広告の目的はもちろん，その商品を購入してもらうことです。しかし，その前に，その商品に対して，消費者に好ましいイメージを抱いてもらうことが必要です。この広告によるイメージ形成において，古典的条件づけが作用していると考えられるのです（Gorn, 1982など）。

　一般的な広告では，商品だけが映し出されることはありません。かならず背景があります。そこで，背景によって，商品に対する印象や購買意欲がどのように変化するのかを調べた研究があります（Grossman & Till, 1998；研究例①）。そこでは，背景としては人々が強い好印象を抱くものを選びました。たとえば「自然の中のパンダ」などです。商品は架空のもので，参加者たちがそれ以前

第6章 学習と動機づけ——行動を決めるモノは何か

≪背景の映像≫　　　　　　　≪背景＋商品の映像≫

図6-1　研究例①の実施手順の概念図
（Grossman & Till, 1998をもとに作成）

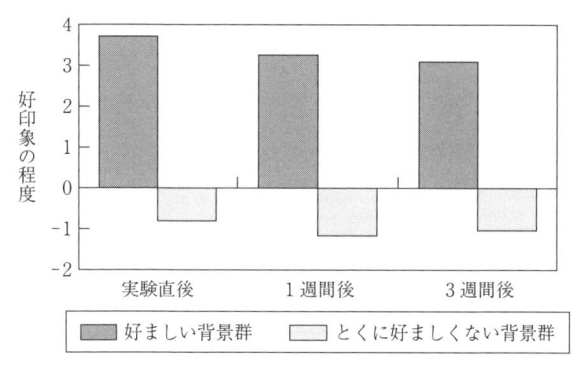

図6-2　研究例①の実験前後の印象度の変化
（Grossman & Till, 1998）

には見たことのないものを使用しました。そして，その商品と背景を組み合わせた画像を，人々に見せたのです（図6-1参照）。この実験の結果，「パンダ」と「架空の商品」を組み合わせた画像を見た人々はその商品に対して好ましい印象を持ち続けたということがあきらかになりました（図6-2参照）。しかも，その効果は，3週間後でも依然として続いていたのです。事前の調査で，参加者たちは商品に対してとくに好ましい印象をもっていなかったことが確かめられています。一方，その架空の商品の画像を見たが，その背景がとくに好まれるようなものではなかった場合には，その架空の商品に対して好ましい印象は生じませんでした。つまり，架空の商品に対して人々が抱くようになった好印

象は，それ以前から好まれていた背景画とともに映し出されたことが原因だといえます。

　商品の広告に利用されるのは，風景といった視覚的な刺激に限りません。匂いや香りといった嗅覚的な刺激も重要な役割を担っています。実際に，匂いに対する好き嫌いによって，人々に対する感情が影響を受けます（Todrank et al., 1995；研究例②）。別に，特定の匂いをもった人を連れてきて調べたわけではありません。たんに，それまで見たことのない人の顔写真を見せながら，何らかの匂いを嗅がせただけです。先の研究と同じく，使用された匂いには好ましいと感じられるものと好ましくないと感じられるものを用意しました。顔写真も同様で，特別に何らかの感情を引き起こさないものが選ばれました。個々の匂いとその顔写真の人とは何の関係もありません。ところが，実験の結果，好ましい匂いと一緒だった顔写真に対しては好ましい感情が増大し，一方，好ましくない匂いと一緒だった顔写真に対しては好ましくない感情が増大したことがわかりました。（図6-3参照）。

　これまで紹介したように，パンダの画像を見ながら商品の画像を見るというように，2つの刺激を同時に経験すると，ある変化が生じます。一方の刺激が引き起こしていた反応を，もう一方の刺激も引き起こすようになるのです。このような事例は他にも見られます。ガン治療において実施される化学療法は，副作用によって吐き気などの反応を引き起こすことがあります。そこでたとえば，化学療法という刺激がアイスクリームという刺激と重ね合わせられるとどうなるでしょう。化学療法をおこなう前に子どもにアイスクリームを与えると，結果的にその子どもはアイスクリームをあまり食べなくなったという報告があります（Bernstein, 1978；Bernstein et al., 1982）。これは広告における背景画と商品と同様の関係だと考えられます。直前に食べたアイスの味と化学療法という2つの刺激を同時に経験したのです。その結果，化学療法がもたらす嫌悪的な反応（吐き気など）を，アイスクリームも引き起こすようになったのです。

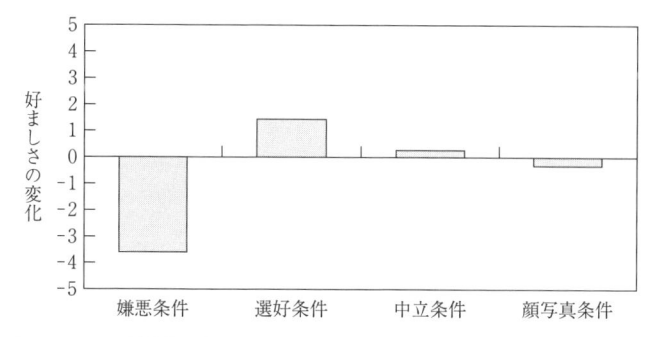

第6章 学習と動機づけ——行動を決めるモノは何か

図6-3 研究例②の匂いの種類による顔写真に対する好ましさの変化
（Todrank et al., 1995）

嫌悪条件は好ましくない匂いが，また選好条件は好ましい匂いが使用された条件。中立条件で使用された匂いはとくに感情を引き起こさないものだった。顔写真条件では，顔写真のみ提示し匂いを提示しなかった。

研究紹介：基礎編

対提示をめぐる出来事：古典的条件づけの基礎

研究例①では，風景が用意され，それはもともと好ましいという感情を引き起こすものでした。このような場合，古典的条件づけでは，「風景」を**無条件刺激**（unconditioned stimulus, US），「好ましいという感情」を**無条件反応**（unconditioned response, UR）と呼びます。そして，商品は本来，とくに感情を引き起こすものではありませんでした。ところが，商品が風景とともに示されると，好ましいという感情を引き起こすようになったのです。この場合，「商品」を**条件刺激**（conditioned stimulus, CS），商品が引き起こすようになった「好ましいという感情」を**条件反応**（conditioned response, CR）と呼びます。

古典的条件づけという学習は，無条件刺激「風景」と条件刺激「商品」をともに経験するという過程を経て成立します。この過程を**対提示**（pairing）と呼びます。注意すべきなのは，無条件刺激はこの学習過程以前から無条件反応を引き起こしたという点です。一方，条件刺激は学習過程以降に条件反応を引き起こします。それ以前では，反応に関しては中性の刺激であり，好ましい印象などという反応はとくに引き起こすものではありませんでした。それが，条件

反応という無条件反応と類似した反応を引き起こすようになったのです。対提示という経験の前後で，条件刺激に対する行動が変化する。これが古典的条件づけにおける学習なのです。

　古典的条件づけという学習過程で実際におこなわれるのは，無条件刺激と条件刺激の対提示です。この対提示の仕方によって，学習の成立にさまざまな影響が生じます。たとえば，ステュアートら（Stuart et al., 1987）は，いくつかの商品と好ましい感情を生じさせる風景写真を対提示し，実験参加者の商品に対する反応を測定しました（研究例③）。条件刺激としては，「架空ブランドのハミガキ」が使用されました。一方，無条件刺激は「山中の滝」などを撮影した風景写真です。条件刺激は無条件刺激の中に重ねられました（一般的なTVコマーシャルをイメージしてもらうと近いです！）。その結果，①風景写真と商品を重ねた映像を見る回数が増えるにつれて，商品に対する印象や購買意欲が高まる傾向があった（対提示の回数に条件反応の強度は比例する）。しかし，②事前に商品だけを見せたあと風景写真だけを提示したり（制止群），③風景写真と商品が提示される順番をランダムにする（ランダム群）と，その効果は低いという結果になりました（図6-4，図6-5参照）。また，無条件刺激と条件刺激が対提示されたことに気づかない場合でも，同様に学習は成立します（Baeyens et al., 1995 ; Stuart et al., 1987）。

　学習の結果として，条件刺激は無条件刺激と類似の反応を引き起こします。しかし，条件刺激が無条件刺激と対提示されなくなると，その条件反応は次第に弱くなっていきます（**消去**, extinction）。ところが，消去した後に，無条件刺激との対提示を実施しなくとも，条件刺激を提示した場合に，再び条件反応が出現する場合があります（**自発的回復**, spontaneous recovery）。このことから，消去とは，学習をたんに消し去ってしまうことではないといえます。

　また，無条件刺激と実際に対提示されなくとも，条件刺激と類似した刺激は同様の反応を引き起こします（**般化**, generalization）。反応の程度はその類似性に応じて異なります。類似性が高ければより強い条件反応が，逆に低ければより弱い条件反応が生じるのです。その例が図6-6に示されています（研究例

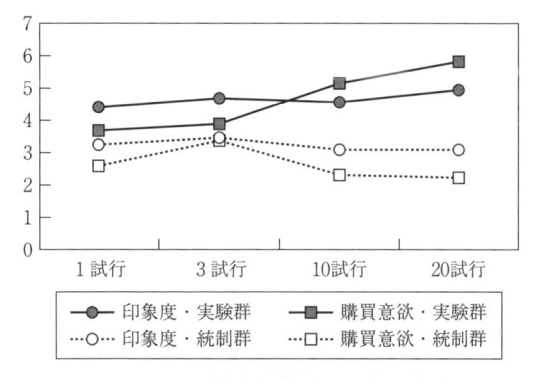

図6-4 研究例③対提示の回数の効果
(Stuart et al., 1987)

商品に対する印象の好ましさと，購入する意欲に対する回答。統制群では商品のみを提示した。

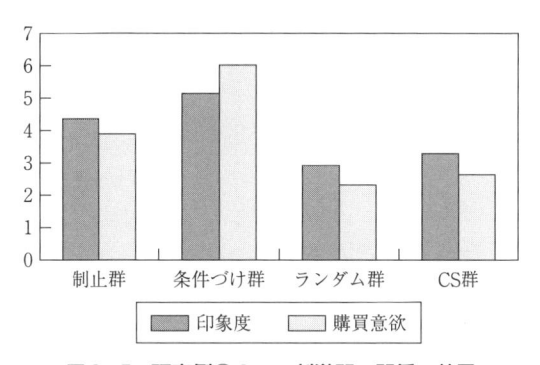

図6-5 研究例③2つの刺激間の関係の効果
(Stuart et al., 1987)

CS群では商品のみを提示した。

④)。図6-6は最初の条件刺激よりも高い音または低い音を提示した場合の皮膚電気反応（GSR）を示しています（Smith et al., 2003）。また，広告では音楽がよく利用されますが，音楽を無条件刺激とした場合にも，般化が生じます（Bierley et al., 1985）。

本節では，古典的条件づけを消費者行動研究に応用した研究をおもに紹介しました。ところで，研究例②は，実験方法自体は古典的条件づけと類似していますが，厳密には評価的条件づけ（evaluative conditioning）と名づけられてい

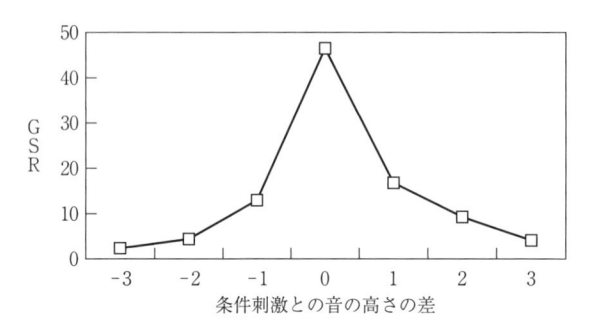

図6-6 研究例④条件刺激と類似の刺激に対する反応の強さ
（Smith et al., 2003［内田監訳, 2005］をもとに作成）
CSとなった刺激0を中心として，反応強度が変化することを表す。

ます。無条件刺激には感情という反応以外にも，数多くの反応を引き出す刺激があります。化学療法でもちいる薬物という刺激はおう吐という反応を引き出しました。多くの刺激の中で，好ましい・好ましくないといった感情を引き起こす刺激をもちいたものが評価的条件づけだとされています（Todrank et al., 1995）。

　評価的条件づけにおいても，古典的条件づけの基本的な現象は確認されています。その一方で，特有の現象も発見されています。まず，評価的条件づけは消去に要する試行数が多いことが報告されています。また，条件刺激と無条件刺激が対提示されたことに明確に気がついている場合でも，条件づけは影響を受けないという報告もあります。これらのことは，たとえ条件づけの方法や観察された行動の変化が同一だとしても，そこで成立している学習も同一であるとはいえないということを示しています。そのため，現在では，刺激の種類や学習する動物の種といった多くの変数が注目を浴び，研究されています。

〈基礎知識の整理〉

古典的条件づけ（classical conditioning）
　本来，中性刺激だった条件刺激が無条件刺激と対提示されることによって，条件反応を誘発するようになる現象のこと。

対提示(pairing)

2つの刺激を組み合わせて、個体に対して提示すること。

無条件刺激(unconditioned stimulus, US)と**無条件反応**(unconditioned response, UR)

無条件刺激と無条件反応との結びつきは生得的な関係。そのため無条件刺激の提示によって、どのような経験も必要とせずに無条件反応は生じます。

条件刺激(conditioned stimulus, CS)と**条件反応**(conditioned response, CR)

条件刺激は無条件刺激と対提示されることによって、当該の無条件刺激が誘発していた特定の反応と類似した反応、条件反応を引き起こすようになります。

般化(generalization)

何らかの古典的条件づけが成立したあとに観察される現象。当該の条件刺激と類似した刺激が提示された場合にも、条件刺激と類似の反応が生じることです。

消去(extinction)

学習が成立した後に、条件刺激のみの提示を繰り返すと、しだいに条件反応が生じなくなる過程または操作のこと。また、行動に続く環境変化が生じなくなったために、オペラント反応が減少していくこと(第2節参照)。

自発的回復(spontaneous recovery)

消去後に、対提示がされないにもかかわらず、再び条件反応が生じる現象のこと。

第2節 働きがいのある職場とは——オペラント条件づけ

> 現代社会との関連

働くためには、フィードバックが必要なんだ!

現在、多くの人々が企業や組織で働いています。そこでは、仕事のやり方や

スキルを身につけ、それらを十分に発揮する必要があります。ここでは、そのために必要となる環境作りについて、学習の心理学の立場から考えてみたいと思います。あくまで自主的に仕事に取り組むような環境作りです。強制的に働かせることはできません。どのようにすれば、それぞれの個人が自ら積極的な姿勢を身につけることができるのでしょうか。

たとえば、どんなに一所懸命努力しても、何も変わらないとしたら、どうでしょう？　たくさんの仕事をしても、勉強をしても、何も起きないのです（成績が上がりもしないし、下がりもしないのです）。このような状況が続いたら、最初はどんなにやる気があったとしても、次第にむなしくなっていってしまうハズです。ついには、仕事や勉強を止めてしまうかもしれません。仕事や勉強を続けてもらうためには、それらをおこなったことによって何らかの結果が起きたことを教えてあげることが重要なのです。そのために、無反応な硬い環境ではなく、行動に応じた環境の変化が生じること、すなわち柔軟な環境を作ることが必要なのです。

柔軟な環境とは、ヒトと環境との間に有意義な相互作用を生み出します。それは生きる価値を実感することにもつながるでしょう。そのような環境作りを目的に行われてきた研究を紹介します。そして、そこから、ヒトの行動に関する理解を深めていきたいと思います。

 研究紹介：応用実践編

正しい行動をしたら、すぐにフィードバックを！

しっかりと仕事をするためには、まず遅刻しないことが重要です。そこで、ハーマンら（Herman et al., 1973）は「時間どおりに出勤する」ための、環境作りに取り組みました（研究例⑤）。その方法は簡単です。遅刻せず、定時に出勤したときには、一定額のボーナスを渡しました（図6-7参照）。重要なことは、出勤したその場でボーナスを確約するフィードバックを与えたことです。ボーナスを与えた場合には、定時出勤の割合が100％近くに達しました（図6-8参照）。また、途中でボーナスの支給を止めた場合には、定時出勤の割合が急激に落ちています。しかし、再び、ボーナスの支給を始めると、すぐに定時

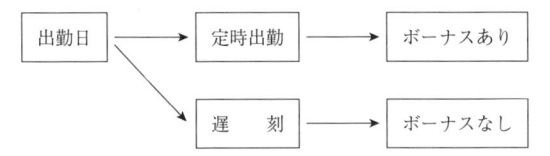

第6章　学習と動機づけ——行動を決めるモノは何か

```
出勤日 ─→ 定時出勤 ─→ ボーナスあり
      ↘ 遅　刻  ─→ ボーナスなし
```

図6-7　研究例⑤仕事のための環境作り
（Herman et al., 1973）
行動と環境の関係を示す。

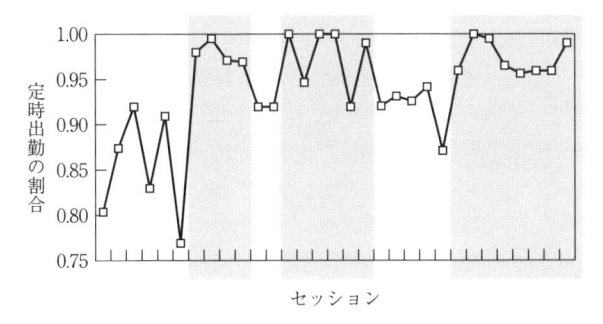

図6-8　研究例⑤ボーナスと定時出勤の関係
（Herman et al., 1973）
セッションのアミかけの部分において，定時出勤に対してボーナスが与えられた。

出勤の割合が増加しています。このことは，定時出勤が増えた理由が「やる気がでた」や「心を入れ替えた」のではないことを示しています。定時出勤をするとボーナスを与えられたことが原因といえるのです。

　仕事が始まったら，適切に取り組む必要があります。同じ仕事をしても，間違ったやり方をしたのでは意味がないのです。そこで，アインケンナウトとオースティン（Einkenhout & Austion, 2005）は，「デパートの販売員が適切な接客を行う」ための環境作りに取り組みました（研究例⑥）。顧客の満足度を高めるように，販売員が上手に振る舞えるような環境作りを実践したのです。この研究で重要な点は，「顧客の満足を高めるためには，客に対して，どのような行動をすればよいのか」を明示した点です。この研究では，「客にはあいさつをする」や「応対は素早くおこなう」などといった，いくつかの行動を販売員に対して具体的に示しました。そして，その明示した良い行動を観察し，

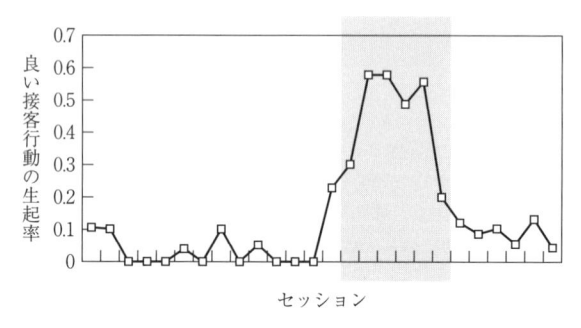

図6-9 研究例⑥良い接客行動の推移
(Einkenhout & Austion, 2005)
セッションのアミかけの部分において，良い接客行動の観察記録が掲示された。

その記録を提示しました。つまり，はじめに，良い接客行動とは何か？を分かりやすい形で説明し，次に実際にそのような行動をどの程度，おこなっているかを販売員自身が確認できる形で示したのです。その結果は図6-9に示されています。この観察記録は，すべての販売員が見ることができる場所に掲示されました。この処置により，良い接客行動は増加したのです。

　ここで，重要な点が2つあります。一つは，良い接客行動を明示した点です。明示するためには，良い接客行動自体をあきらかにする必要があります。もしそうでなかったら，どのような行動をしたら記録されるのかを販売員が分からないからです。たんに，「ちゃんと働け！」といわれても，どのような行動が"ちゃんとした働き方"なのかわかりません。それを明らかにすることが必要なのです。

　もう一つの点は，観察の継続と観察記録の掲示についての必要性です。良い接客行動を増やしたのは，観察記録を提示したことの効果です。では，将来にわたって観察する必要があるでしょうか？　かならずしも，そうではありません。良い接客行動は，なぜ"良い"のでしょう？　それは顧客に好まれる行動だからです。その良さは，顧客から感謝されたり，商品を購入してもらえることにつながります。このことは，良い行動のさらなる増大につながると考えら

第6章 学習と動機づけ——行動を決めるモノは何か

れます。なぜなら，接客側も"ウレシク"なるからです。このような状況になれば，観察は必要なくなるでしょう。自然に，良い行動をするようになるのです。

「望ましい行動に対して，フィードバックを与える」というと，"成果主義"という言葉を連想する人もいます。"成果主義"に関しては，失敗事例もあり，批判もあります。しかし，望ましい行動に対して，何もフィードバックをしないというのも良くありません。望ましい行動を明確化し，それに対して適確なフィードバックをすることが重要なのです。

研究紹介：基礎編

強化というフィードバック：オペラント条件づけの基礎

学習とは，経験による行動の永続的な変化です。「遅刻していた人が時間通りに出勤するようになった」というのは，行動の変化を表現しているのです。これまで紹介した研究では，定時出勤をするといった行動の頻度が増加しました。**オペラント条件づけ**（operant conditioning）において，行動の頻度を増加させる，または維持する方法を**強化**（reinforcement）といいます。

ところで，古典的条件づけとオペラント条件づけでは，対象となる行動の種類が異なります。前節で紹介した古典的条件づけでも行動の変化が起きました。しかし，その行動はもともと特定の刺激によって誘発されていた行動です。たとえば，空腹時に食べ物を目の前に突きつけられたとしたら，自然にヨダレが出てきてしまいます。これは食べ物によって思わず引き起こされてしまう行動です。このような行動が古典的条件づけの対象となります。一方，オペラント条件づけの対象となる行動は自発的な行動です。何らかの刺激に誘発されるのではなく，行動を起こすか否かは，その個人にかかっています。たとえば，どんなにボーナスを増額されても，仕事に行かない人がいるかもしれません。オペラント条件づけは強制や誘発をする方法ではありません。何らかの行動に応じて一定の環境の変化を起こし，その行動が実施される可能性を高めるための方法だといえるでしょう。

学習は，たとえ先生や上司，親などに教えられなくとも，行動に続く環境の

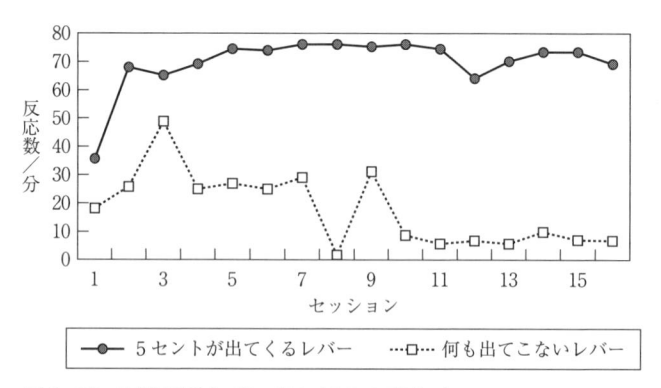

図6-10 研究例⑦レバー押し反応の変化（Perone & Kaminski, 1992を一部改変）

凡例：●─● 5セントが出てくるレバー　　□⋯□ 何も出てこないレバー

縦軸：反応数／分　　横軸：セッション

変化によって生じます。教科書やマニュアルがなくても大丈夫なのです。研究例⑦（Perone & Kaminski, 1992）ではヒトに対して2つのレバーを用意しました。一方のレバーを押すとときどき，5セントがもらえました。もう一方のレバーを押しても何ももらえません。最初は，2つのレバーに対して同じように反応がおこなわれていました。ところが次第に，大部分の反応は5セントがもらえるレバーに対しておこなわれるようになりました（図6-10参照）。レバーについては，何も教えられていません。つまり，その人は自分の反応に対する結果のみに基づいて，反応を次第に変化させていったといえます。

このような学習は，一方のレバーに対して反応すると，5セントが提示された，いわば「5セントが出てきた」ことによって起きました。このときの5セントを**強化刺激**（reinforcement stimulus）といいます。先に紹介した，「定時に出勤するようになる」研究や「良い接客行動をするようになる」研究では，ボーナスや観察記録が強化刺激になったと考えられます。自発的な行動に続いて，強化刺激が出現したのです。このような経験をすると，その行動は維持されたり，増加したりするようになります。このことを，正の強化と呼びます。

一方，何も出てこないレバーに対する反応は次第に減少していきました。このレバーを押しても，何も起きません。このように行動に続いた環境変化が生じないために，反応が減少していくことを**消去**といいます。

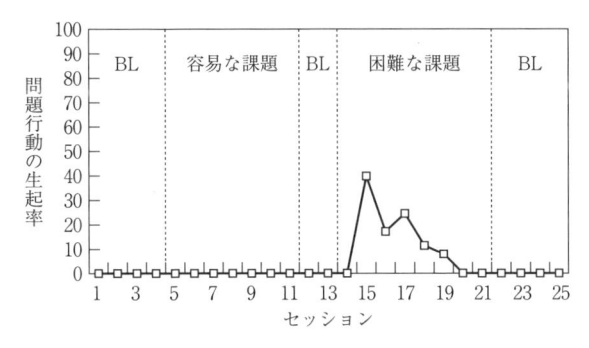

第6章 学習と動機づけ——行動を決めるモノは何か

図6-11 研究例⑧負の強化による行動の生起（Weeks & Gaylord-Ross, 1981を一部改変）

BL（ベースライン）とは，課題に従事していなかった期間を示す。

　強化には，正の強化以外に，負の強化が存在します。正の強化では強化刺激が出現することによって，行動が増加しました。一方，負の強化では，罰刺激が消失することで行動が増加します。罰刺激が消失するだけで，強化刺激が出現することはありません。それにもかかわらず，行動が維持されたり増加したりするのです。

　図6-11には，負の強化の例（研究例⑧）を示しています。この研究では，発達障害児が引き起こす問題行動を観察しました（Weeks & Gaylord-Ross, 1981）。この問題行動とは，自分の指を咬むという行動です。彼らは，簡単な課題と困難な課題を用意し，それらの課題に従事しているときに問題行動がどのように生じるかを観察しました。その結果，この児童が困難な課題に取り組んでいる場合に，問題行動が増加することがあきらかになりました。簡単な課題をおこなっているときや課題を行っていないときには，問題行動はほとんど起きていません。このことから，問題行動が増加した理由は次のように考えられます。困難な課題に取り組んでいるときに，問題行動を起こせば，その課題は中断されます。困難な課題をしなくて済むようになりました。いわば，嫌な課題が「消えた」のです。これ以外には何も起きていません。ボーナスももらえませんし，褒めてももらえません。それでも，問題行動が維持されたのです。

169

この場合では，困難な課題は罰刺激であり，この罰刺激が消失することによって，問題行動が強化されたと考えられます。

ところで，「ボーナスを与えることで，定時出勤を増やす＝遅刻を減少させる」という方法に納得できない人もいるでしょう。実際に工場や会社で採用されているのは，遅刻をしたら罰則を与えるという方法が多いのもたしかです。望ましくない行動を減少させるために，罰刺激を出現させることを，正の罰と言います。適切に実施すれば，正の罰によって行動を減少させることは可能です。「もし望ましくない行動をした場合には，今後，そのような行動をおこなわないように罰を与える」。これは多くの人々にとって"常識"といえることでしょう。では，なぜ，現実社会には数多くの刑罰が存在するにもかかわらず，犯罪は無くならないのでしょうか？

じつは罰刺激の使用にあたってはいくつもの問題点が指摘されています。倫理的な問題はいうまでもありません。この他に，怒りや恐怖といった感情を引き起こす，罰刺激に対して耐性が形成されるなど，いくつもの問題点があります。また，罰刺激は学習者から回避される傾向にあり経験させることが難しいなど，その適切な使用を妨げる条件が現実には数多く存在するのです。そのため，罰刺激は有効であるにもかかわらず，その使用は極力，控えられています。実際に多く行われているのは，望ましい行動は強化し，望ましくない行動は消去するという，**分化強化**（differential reinforcement）という方法です。積極的に望ましい行動を増やすことによって，結果的に望ましくない行動が起きないようにする方法です。

本節では，オペラント条件づけにおける強化について紹介しました。強化とは，行動の頻度を増加するための方法です。そして，何らかの行動が行われている場合には，そこには強化が存在すると考えられます。自発的反応に続く，強化刺激の出現や罰刺激の消失によって行動が生起するのです。オペラント条件づけとは，環境の変化による学習なのです。

"報酬"と強化刺激，"罰則"と罰刺激の違い　強化刺激は"報酬"と，罰刺激は"罰則"と混同されがちです。"報酬"が良いモノ，"罰則"は嫌なモノ，と

言い換えてもいいでしょう。そのため，望ましい行動をした場合には良いモノを，望ましくない行動をした場合には嫌なモノを，提示することが必要だと誤解されることがあります。しかし，強化刺激が良いモノだとは限りません。たとえば，甘いモノが大好きな人にとって，美味しいケーキは強化刺激となると考えられます。実際に，「成績が上がったら，美味しいケーキを食べさせてあげる」なんて，約束がされます。でも，そう約束されて喜ぶ人でも，ケーキ食べ放題の直後では，「どんな美味しいケーキもヤダ！」というでしょう。

"報酬"や"罰則"はそれを与える側が決めることです。一方，"強化刺激"や"罰刺激"はそれを受ける側が決めることです。行動の変化は強制できません。あくまで，行動が変化するような環境作りを心がけます。その人にとって，どんなことが強化刺激となり，罰刺激となるのか。強化刺激や罰刺激を利用する前に，このことを把握していなければなりません。そのために，一人ひとりの人を注意深く観察する必要があるのです。

〈基礎知識の整理〉

オペラント条件づけ（operant conditioning）
　個体が自発したオペラント反応に随伴させて一定の環境変化を起こすことによって，その反応を変化させる条件づけの操作，およびその過程のこと。

三項強化随伴性（three-term contingency of reinforcement）
　弁別刺激・オペラント反応・強化刺激の関係を用いて，オペラント条件づけの基本的な枠組みを表したものです。

弁別刺激（discriminative stimulus）
　反応の手がかりとしての機能をもつ刺激のこと。個体に対して特定の行動を誘発するものではありませんが，どのような機能をもつかは強化刺激の影響を受けます。

オペラント反応（operant response）
　個体が自発した反応のこと。個体に明確に意識されているとは限りません。

強化刺激（reinforcement stimulus）
　反応に後続して起きる環境変化の中に存在するもので，その出現によって当該の反応の出現頻度を増加させるものです。

強化（reinforcement）
　オペラント反応の頻度を増加させたり，維持させたりする過程または手続きのこと。

分化強化（differential reinforcement）
　ある特定の行動に対しては強化をおこなう一方で，その他の行動に対しては消去や罰を実施することによって，特定の行動が生起する頻度を増加させようとする手続きのことです。

第3節　ヤル気を引き出すには——動機づけ

現代社会との関連

行動の背後に，動機アリ

　『面白いほど，部下がバリバリ働く方法』，『イキイキと仕事をするための魔法の言葉』なんていうタイトルの本が世の中にはあふれています。しかも，結構売れているようです。どうやら，"仕事をするための意欲"は永遠のテーマのようですネ。

　行動の背後には，あるものが隠れていると考えられています。その一つが動機です。そのため，他人に（ときには自分にも）働いてもらうためには，仕事への動機づけを高めることが必要だとされてきました。「あまり働かなかった人が，しっかりと働くようになった。」このような行動の変化のためには，環境の整備が必要です。しかし，どんなに素晴らしい環境を整備しても，その人自身から"動く"ことがなければ，何も起きません。その意味で，"動く"ために作用するもの，すなわち動機は重要となります。それでは，"動く"ため，

仕事でいえば"働く"ためには、どのような方法が有効なのでしょうか。本節では、現在、多くの企業で実際に利用されている目標管理制度と、その基盤の一つである目標設定理論について解説します。一方、目標設定理論以外にも数多くの理論が登場してきました。そこで、それらの理論をまとめて、簡潔に解説します。

研究紹介：応用実践編

目標！…働くために必要なモノ

働く際には、**動機づけ**（motivation）は重要です。動機づけが高ければ、きっとより良い仕事が達成できるでしょう。逆に動機づけが低ければ、どんなに高いスキルや豊富な知識をもっていたとしても、仕事という目に見える形として現れないかもしれません。そもそも、働くことが、楽しくないと感じられてしまいます。そのため、「どのような方法を採用すれば、働く人の意欲を高めることができるのか？」について、数多くのアイディアが考え出されてきました。

人が自ら進んで、意欲的に働くのはどのような場合でしょうか。もちろん、仕事自体が面白いことは重要です。職場に頼もしい上司や有能な部下がいること、親しい友人の存在というのも大切な要素です。ところが、仕事をおこなう際に目標を設定することは、ときに仕事自体への興味や職場での人間関係よりも重要となることが報告されています（Locke & Latham, 1979）。表6-1からは、仕事の成果に影響を及ぼす要素として、"目標"に関する要素がかなりの割合を占めることがわかります。もちろん、仕事への興味や責任といった仕事内容の充実につながる要素や人間関係が仕事の出来・不出来に影響を与えるのは確かです。ところが、その一方で、どのように目標を設定するのか、という要素は、それらの要素よりも大きな影響力をもつことがあるのです。

仕事における目標の影響力を重視して作られた制度が**目標管理制度**（management by objectives）です。経営学でおなじみのドラッガー（Drucker, P. F.）によって、有名になった制度です。たとえば、アメリカでは、8割近くの企業が何らかの形で目標管理制度を導入しているといわれています（Odiorne,

表6-1 高生産性および低生産性の原因となることが認められた事象
(Locke & Latham, 1979（金井，2006）より抜粋)

事　象	原因と認められた回数の%	
	高生産性	低生産性
Ⅰ　目標の追求／目標の妨害	17.1	23
大量の仕事／少量の仕事	12.5	19
締め切りや計画がある／締め切りがない	15.1	3.3
仕事の手順に途切れがない／仕事の手順に途切れがある	5.9	14.5
計	50.6	59.8
Ⅱ　興味のもてる課業／興味のもてない課業	17.1	11.2
責任の増大／責任の減少	13.8	4.6
昇進を期待できる／昇進を断られた	1.3	0.7
感謝の言葉／批判	4.6	2.6
計	36.8	19.1
Ⅲ　快適な対人関係／不快な対人関係	10.5	9.9
賃金増加を期待できる／賃金増加を断られた	1.3	1.3
快適な仕事環境／不快な仕事環境	0.7	0.7
その他	—	9.3
計	12.5	21.2

1987)。この制度では以下のようなプロセスが実施されます。目標は上司から提示されるのではありません。ときに上司の援助を受けながらも，従業員自らが具体的な目標を設定します。続いて，明示された期間の中で，その目標の達成に向けた行動が従業員によって主体的に行われます。そして，その結果に対してフィードバックが与えられることになります。つまり，目標設定への参加や仕事における権限の移譲，自己統制の範囲の拡大が試みられます。自己統制とは，自分自身が仕事をコントロールすることができているという認知のことです。「自分がやっているんだ！」という実感といってもよいかもしれません。これらの要素を含むことによって，働く人の動機づけが高まると考えられるのです。一方，日本でも次第に導入されたものの，アメリカほど広く普及してきませんでした。

　目標管理制度が日本人に不向きかというと，そうではありません。古畑・高橋（2000）は，1962年から目標管理が導入されている日本IBMで1998年に実施された調査の結果を報告しています（図6-12）。それによると，全体の74%

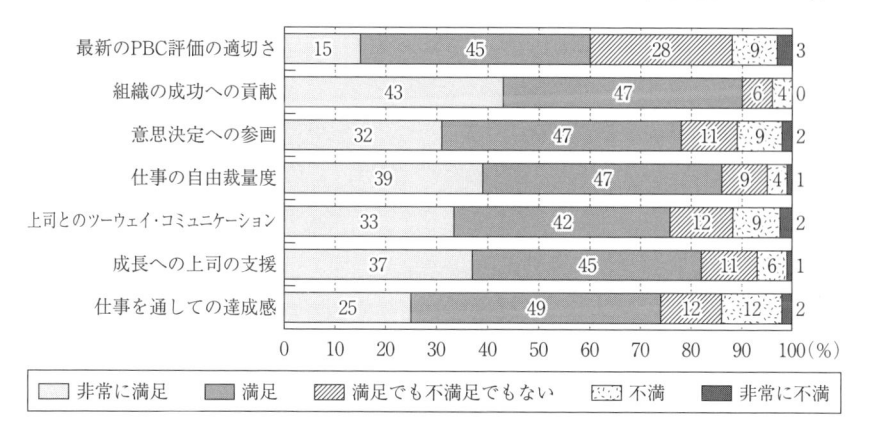

第6章 学習と動機づけ——行動を決めるモノは何か

項目	非常に満足	満足	満足でも不満足でもない	不満	非常に不満
最新のPBC評価の適切さ	15	45	28	9	3
組織の成功への貢献	43	47		6	4 / 0
意思決定への参画	32	47	11	9	2
仕事の自由裁量度	39	47	9	4	1
上司とのツーウェイ・コミュニケーション	33	42	12	9	2
成長への上司の支援	37	45	11	6	1
仕事を通しての達成感	25	49	12	12	2

図6-12　日本IBMで実施された調査の結果（古畑・高橋，2000）

（筆者注）　PBCとはpersonal business commitment（業績制度）

が「仕事を通しての達成感」を感じるなど，制度が有効に機能していることがわかります。また，1997年に実施された調査によると，対象となった企業の55％で目標管理制度が実施されていました（労務行政研究所，1998）。これには成果主義や年俸制の導入といった，近年の変化が影響していると考えられます（古畑・高橋，2000）。そのため，日本において目標管理を導入する企業は今後も増える可能性は高く，日本企業への導入のあり方を検討する必要性が指摘されています。

研究紹介：基礎編

動機づけの理論：目標設定理論を中心として

　ヒトがある行動をおこなう際には，**動因**（drive）と**誘因**（incentive）の2つが関与しています。動因とは，個体の内的状態であり，欲求や意欲といった言葉で表現されることもあります。一方，誘因とは行動をおこなう際の外的条件です。たとえば，仕事をする場合を考えれば，動因とは仕事に対するヤル気に該当し，誘因とは仕事自体に該当します。ヤル気がない場合はもちろん，仕事がない場合にも，仕事をすることは不可能です。なんらかの行動をする場合には，動因と誘因の2つが必要なのです。目標管理制度における目標は，この誘

因に該当します。目標を明確に設定しその達成に向けて実行される過程の中で動因を高めようとする方法なのです。

　目標管理制度の一つの根拠になっている理論が**目標設定理論**（goal-setting theory）です。この理論では，動機づけのための目標設定を重視しますが，どのような目標でも良いというわけではありません。その目標は適度に困難であること，明確に具体化されることが必要なのです。この目標は上司からの一方的な命令ではなく，働く人々に受け入れられる必要があります。そのため，一見すると，容易な目標の方が適しているように思われます。ところが，困難な目標でも，それが人々に受け入れられた場合には，より高い成果につながるのです。容易な目標を与えられても，簡単すぎたら，取り組む意欲は出てこないでしょう。逆に，あまりにも困難で達成不可能だと感じられる目標でも，意欲は出てきません。適度な困難さをもった目標を設定し，努力の結果，それを達成するという経験が必要なのです。

　しかし，それぞれの人に応じた高い目標が必要だからといって，「自分なりのベストを尽くせ」といった目標も有効ではありません。あいまいで抽象的な目標は，行動について迷いを生んでしまいます。明確で具体的な目標の方がやるべき行動を指し示してくれます。そのため，行動を促すためには有効となるのです。目標の明示は，実際の行動にも影響を与えることを示した研究があります（角山・松井，1983；研究例⑨）。そこでは，大学生に数字の列から特定の数字を見つけ出すという課題を与えました。一方の群には「10分間に90行あるいはそれ以上を解くように」という具体的な目標を与えました。もう一方の群には「10分間でできるだけ多く解くように」というあいまいな目標が与えられました。その結果，明確目標群の方が，能力とは関係なく，予想された回答数も実際の回答数も上昇する傾向があることがあきらかになったのです（図6-13参照）。

　明確で適度に困難な目標を設定することは，なぜ実際の仕事の成果をも向上させるのでしょうか？　この点に関して，図6-14のようなモデルが提唱されています（Locke & Latham, 1990）。まず，職務の要求として困難な目標が受け

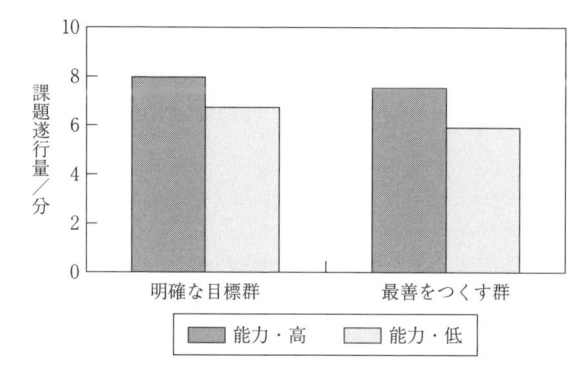

第6章 学習と動機づけ——行動を決めるモノは何か

図6-13 研究例⑨明確な目標群と最善をつくす群の遂行量の比較
(角山・松井, 1983)

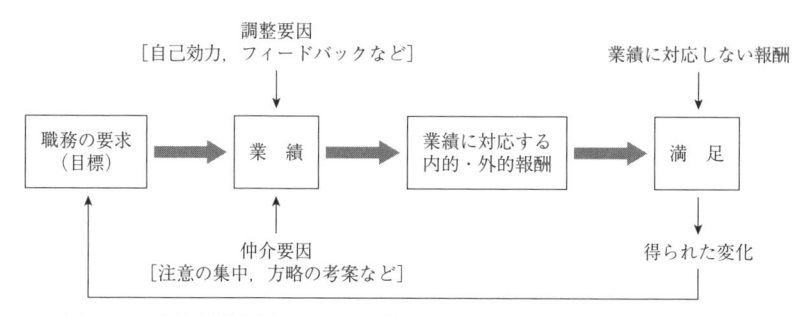

図6-14 目標設定理論における高業績サイクル (Locke & Latham, 1990)

入れられます。困難な目標なので,すぐに達成することができません。ときに,新しい方法や技術を考案することが必要となります。そのためには,努力や注意を傾けることが必要でしょう。こうして目標を達成すると,自己効力が高まると仮定します。そして,目標達成が業績となり,それに応じて与えられるフィードバックは,さらに高く困難な目標の受容へとつながっていくのです。自己効力とは,環境の変化に及ぼす自分の力についての認知です。これは自尊感情や成功感とも関連があることが示されています。一般に,自己効力の高い人は困難な課題に直面した場合にも,努力して取り組もうとする傾向が強いといわれます。目標の設定とその達成という過程を経ることによって,より困難な

177

表6-2 仕事の動機づけに関する代表的理論 (宗方・渡辺, 2003をもとにして作成)

理論	代表的な研究	おもな特徴
強化理論	科学的管理法	昇給や昇格,休暇といった報酬と,減給や降格といった罰の利用を重視する。
欲求理論	欲求階層理論 X理論―Y理論 動機づけ―衛生理論	外的要因に対する行動は,個人の内的な動因にもとづくとする。そのため,個人の欲求を明らかにすることを重視する。
認知理論	期待理論	外的要因や内的要因自体よりも,それに対する認知の仕方を重視する。
内発的動機づけ理論	目標設定理論	仕事自体の面白さや仕事に対する意味づけといった内発性を重視する。

課題への意欲を強めることが期待できるのです。

　ところで,なぜ,目標管理制度は以前の日本では受け入れられなかったのでしょうか? また,なぜ,同じ日本人が働く企業であるにもかかわらず,導入した企業と導入しなかった企業が存在したのでしょうか。じつは,動機づけは時代や文化,状況によって変化すると考えられています。そのため,動機づけに関しては,さまざまな考え方が唱えられてきました(表6-2参照;補章第3節も参照)。初期に提唱された理論である強化理論には,外的な要因によって人の意欲をコントロールできるという考え方が根底にあります。働く人の立場よりも,給与や待遇を与える立場に立つ管理者の側から見て作られた理論といえるかもしれません。

　しかし,同じように報酬や罰を使った場合でも,しっかりと働く人と働かない人がいるのも事実です。同じ人であっても,つねに同じ報酬や罰が有効だとも限りません。何が報酬となるかは本人次第であり,本人の状況次第なのです。報酬として機能させようとするならば,相手が何を欲しているのかを理解する必要があります。欲求理論は個人の欲求の状態を知ることが,その行動を予測するために重要だと考えます。欲求階層理論の一つ,ERG理論(Alderfer, 1972)は生存欲求,関係欲求,成長欲求の3つの階層を仮定しています。生存欲求はヒトの生存に必要な物質的なモノを欲する段階,関係欲求は人間関係の

維持や発展を欲する段階であり，そして，成長欲求は自己実現を欲する段階だとされます。そのため，たとえば，成長欲求の段階にある人に対して，生存欲求を満たすような給与などは効果的な報酬ではないと考えられます。一方，動機づけ—衛生理論は職務への満足につながる要因と不満足につながる要因は異なると主張します。たとえば，満足につながる要因は仕事そのものの内容であり，不満足につながる要因は給与だとされています。このことからすると，給与を上げることは不満足を抑えることには貢献しても，職務に対する満足感を上げることにはかならずしも貢献しないことになります。

　認知理論は仕事に対する意欲に関して，個々の人がもつ認知の影響を重視します。期待理論は，2つの期待が意欲に影響を与えると仮定します。一つは働いた結果が手に入るかどうかの可能性に対する期待であり，もう一つは結果がどの程度の価値をもつのかに対する期待です。対象に対する知覚が同一であっても，期待までが同じだとは限りません。宝くじを買う人がいる一方で，買わない人もいるのです。その期待を高めるための方策が必要となります。内発的動機づけ理論は，いわば"働く人のやる気を引き出す"ことに着目します。先に紹介した目標管理制度はこの理論に影響を受けて生み出されました。上司や他者からの命令や指示によって働かされるのではなく，自律的に働くことを重視します。これは技術革新などによって生産部門や事務部門が縮小される一方で，企画や開発に関する部門が増大しているという状況に対応した考えだともいえるでしょう。

　これらの動機づけの理論は**内容理論**（content theory；強化理論，欲求理論）と**過程理論**（process theory；認知理論，内発的動機づけ理論）にわけられます。内容理論は人がどのような欲求で動くのかという理論です。過程理論は欲求が喚起されていくプロセスに関する理論です。歴史的に見ると，最初に内容理論が登場し，次第に過程理論が注目を浴びるようになってきました。「働く理由の探求」から「働くための環境整備」へと重点が移ってきたといえるかもしれません。

〈基礎知識の整理〉

動機づけ（motivation）
　行動を始発させ，方向づけるような過程と定義されます。仕事に関する動機づけの他に，ホメオスタシスの過程に影響を受ける生理学的動機づけなどがあります。

動因（drive）
　ヒトの内部に存在し，ある行動に駆り立てるエネルギーとなるもの。

誘因（incentive）
　ヒトの外部に存在し，ある行動を誘発する要因のこと。

目標管理制度（management by objectives）
　仕事をおこなう際に目標を設定することによって，成果を向上させようとする制度。個人に対して提示される目標は組織全体や各部門の目標につながる必要性があります。

目標設定理論（goal-setting theory）
　目標を設定することで，努力しようとする傾向が高まり，それを達成する過程で生じる満足感や成功感によって，意欲が高まるとする理論。

動機づけの内容理論（content theory of motivation）
　ヒトの行動を生じさせ，その方向や強度を決定するものとして，欲求の種類や強さを仮定し，それを明らかにしようとする理論。マズロー（Maslow, A. H.）の欲求階層理論などが有名。

動機づけの過程理論（process theory of motivation）
　欲求が存在するからといって特定の行動がつねに起こるわけではないと仮定し，実際に行動が選択される過程における認知や判断の影響をあきらかにしようとする理論。期待理論や目標設定理論などが代表的な理論。

第6章 学習と動機づけ——行動を決めるモノは何か

〈図書案内〉

実森正子・中島定彦 (2000). 学習の心理―行動のメカニズムを探る― サイエンス社
⇨古典的条件づけやオペラント条件づけを中心とした学習に関する基本的な事柄が書かれてある教科書です。学習の基本的な事柄や基礎的な研究に興味がある人にオススメです。

杉山尚子ほか (1998). 行動分析学入門 産業図書
⇨題名の通り，行動分析学（オペラント条件づけ）に関する入門書です。入門書という位置づけですが，内容は広範囲に渡っています。臨床研究の例も多数紹介されています。

外島裕・田中堅一郎（編）(2004). 産業・組織心理学エッセンシャルズ 増補改訂版 ナカニシヤ出版
⇨産業・組織心理学のトピックスを集めた本です。労働に関する動機づけのトピックス以外に，働く場での心理学的トピックスが数多く含まれています。

金井壽宏 (2006). 働くみんなのモティベーション論 NTT出版
⇨筆者は教育学部出身の経営学者という面白い経歴の持ち主です。教科書のような堅いスタイルではなく，読みやすい文章で筆者なりの動機づけ理論に対する考え方が展開されています。

〈引用文献〉

Alderfer, C.P. (1972). *Existence, relatedness, and growth : Human needs in organizational settings.* New York : Free Press.

Baeyens, F., Eelen, P., Van de Bergh, O., & Crombez, G. (1995). Flavor-flavor and color-flavor conditioning in humans. *Learning and Motivation*, 21, 434-455.

Bernstein, I. L. (1978). Learned taste aversions in children receiving chemotherapy. *Science*, 200, 1302-1303.

Bernstein, I. L., Webster, M. M., & Bernstein, I. D. (1982). Food aversions in children receiving chemotherapy for cancer. *Cancer*, 50, 2961-2963.

Bierley, C., McSweeney, F. K., & Vannieuwkerk, R. (1985). Classical conditioning of preferences for stimuli. *Journal of Consumer Research*, 12(3), 316-323.

Eikenhout, N., & Austion, J. (2005). Using goals, feedback, reinforcement, and a performance matrix to improve customer service in a large department store. *Journal of Organizational Behavior Management*, 24(3), 27-62.

古畑仁一・高橋潔（2000）．目標管理による人事評価の理論と実際　経営行動科学，13（3），195-205.

Gorn, G. J. (1982). The effects of music in advertising on choice behavior : A classical conditioning approach. *Journal of Marketing*, 46(Winter), 94-101.

Grossman, R. P., & Till, B. D. (1998). The persistence of classically conditioned brand attitudes. *Journal of Advertising*, 27, 23-31.

Herman, J. A., de Montes, I., Dominguez, B., Montes, F., & Hopkins, B. L. (1973). Effects of bonuses for punctuality on the tardiness of industrial workers. *Journal of Applied Behavior Analysis*, 6, 563-570.

角山剛・松井賚夫（1983）．個人目標，パフォーマンスに及ぼす与えられた目標の明確さの効果　応用社会学研究，24, 53-59.

Locke, E. A., & Latham, G. P. (1979). Goal setting : A motivational technique that works. *Organizational Dynamics*, 8.（金井壽宏（2006）．働くみんなのモティベーション論　NTT出版より転載）

Locke, E. A., & Latham, G. P. (1990). Work motivation : The high performance cycle. In U. Kleinbeck, H. Quast, H. Thierry & H. Hacker (Eds.), *Work motivation*. Hillsdale, NJ : Erlbaum.（外島裕・田中堅一郎（2000）．産業・組織心理学エッセンシャルズ　ナカニシヤ出版より転載）

宗方比佐子・渡辺直登（2003）．キャリア発達の心理学　川島書店

Odiorne, G. S. (1987). *The human side of management*. Massachusetts : D. C. Health and Company, Lexington Books.（宮城まり子・関郁夫（訳）（1993）．目標達成と動機づけのマネジメント―人的資源の育成と活用―　産能大学出版部）

Perone, M., & Kaminski, B. J. (1992). Conditioned reinforcement of human observing behavior by descriptive and arbitrary verbal stimuli. *Journal of Experimental Analysis of Behavior*, 58, 557-575.

労務行政研究所（1998）．人事労務管理諸制度の動向を探る―97年人事労務制度実施状況調査―　労政時報，3334, 2-60.

Smith, E. E., Nolen-Hoeksema, S., Fredrickson, B. L., & Loftus, G. R. (2003). *Atkinson*

& *Hilgard's introduction to psychology 14th Edition*. London : Wadsworth.（内田一成（監訳）ヒルガードの心理学（2005）．ブレーン出版）

Stuart, E. W., Shimp, T. A., & Engle, R. W. (1987). Classical conditioning of consumer attitudes : Four experiments in an advertising context. *Journal of Consumer Research*, **14** (3), 334-349.

Todrank, J., Byrnes, D., Wrzesniewski, A., & Rozin, P. (1995). Odors can change preferences for people in photographs : A cross-modal evaluative conditioning study with olfactory USs and visual CSs. *Learning and Motivation*, **26**, 116-140.

Weeks, M., & Gaylord-Ross, R. (1981). Task difficulty and aberrant behavior in severely handicapped students. *Journal of Applied Behavior Analysis*, **14**, 449-463.

第7章 思　　考
――過去の経験から未来を予測する

はじめに

　思考とは何でしょうか。あたまの中で「考える」ことですね。私たちが「考える」ことができるようになるためには，これまでの章で紹介されてきたように，外界の事物・事象を自らの内に取り込んで（「知覚」），それらを保持し（「記憶」），そして得た知識から自分のふるまいを変化させる（「学習」），ことが必要になります。しかし，そこまでではまだ「考える」機能が十分に発揮された段階とはいえません。「考える」ことが主として作用するのは，すでに「学習」したことを別の「学習」につなげていく際のことです。つまり，**学習の転移**（transfer of learning）が起こるときに，私たちは「考える」ことが多いといえるでしょう。もしそれがなされなければ，人間は自らの認識を発展させることはできません。

　ところで，なぜ思考が転移の際に重要だといえるのでしょうか。それは，前の学習を後の学習に役立たせるためには，前に学習した内容を頭の中で「変換」する必要があるからです。後の学習が前とまったく同じことはありませんから，すでに獲得した知識をなんらかの形で「変換」して別の問題状況にあてはめていく必要があるわけです。このような，知識の変換作業のことを**推論**（reasoning）といいます。それゆえ推論は，人間の思考を考える上でもっとも重要な心的プロセスということができるでしょう。

　本章では，この推論のタイプを3つに分けて紹介していきます。1つは，複数の学習（経験）から共通点を抽出して一般的な仮説をつくり，その仮説をま

だ経験していないことにあてはめて推測すること（帰納），2つ目は，科学的に正しい法則を学習することによって，その法則を現実の日常的な場面に適用して問題解決を行うこと（演繹），3つ目は，前に経験したことと今直面している問題との間に何らかの類似点を見いだして，前の経験を今の問題解決に役立たせること（類推），です。それぞれは，これまでの思考の心理学における推論研究の主要なテーマに対応しています。ただし本章では，従来までの実験室的な知見の紹介は各節の後半で簡単にまとめるとして，まずは私たちに身近な現象から話を進めていきましょう。

第1節　経験を一般化する——具体から抽象へ

現代社会との関連

日常行われる帰納的推論

　私たちには，たとえ少ない事例からでも，それらに共通する特徴を取り出して，一般的な法則をつくり上げようとする傾向があります。このような推論のことを**帰納**（induction）といいます。もちろん法則といっても，出会った事例の数がまだ少ない場合は，まずは仮説または予見といったものになるはずです。仮説はさらに多くの事例にあたることによって検証されることになりますが，しかしその際，私たちは仮説を反証するデータよりも，立証するデータにより目が向きやすいこと（確証バイアス，confirmation bias）が指摘されています（Evans, 1989）。つまり，自分の仮説や予見を支持する証拠ばかりを集めたがるというわけです。その結果，はじめに仮説であったものが，徐々に強固な信念に似た形に変化していくことがあります。

　たとえば，近所に学生数が5,000人の大学があったとして，その大学の学生がほぼ毎日あなたの家の玄関前に違法駐車をしているとします。あなたはその大学にどのようなイメージを抱くでしょうか。たとえ車をとめている学生が数人だとしても，「社会的マナーの欠けた学生ばかりがいる大学だ」と思うでしょう。一旦そう思うと，近所に住んでいる学生が酔って大声を上げたり，うる

さく音楽を鳴らしたりすることがよく目につくようになります。その結果，はじめの仮説はさらに支持され，最終的にはその大学ばかりでなく，「近頃の大学生はすべてマナーが欠けている」とまで一般化するかもしれません。つまり，この推論では，はじめの数人の例が5,000人へ，そして全国の大学生数百万人にあてはまる法則へと一般化されていることになります。

また，よく話題に上る「血液型性格学」にも似たような推論の方向性が見られるといえます。4つの血液型に対応した性格の類型があるのではないかという仮説は，20世紀初頭に日本の心理学者によって主張されました（古川，1927）。しかし，その後の研究では血液型と性格との間に一定の関係は見られず，20世紀前半のうちにこの仮説は棄却されることとなりました。にもかかわらず，この仮説が今でも多くの人々の間で連綿と信じられているのはなぜでしょうか。それは，人々が当初の仮説に示されたある血液型の性格特徴（たとえばA型ならば感受性が高い）を，その血液型である他人や自分の中に探し求めて確証を得ようとするからです。その際，A型なのに感受性が低いケースにはほとんど注意が向けられないために，この仮説が人々の間で信じられなくなることはありません。この場合でも，身近な数人からの経験が，全世界のA型の人間すべてにあてはまる法則へと一般化されているといえます（血液型性格判断が信じられる理由については第2章第2節も参照）。

研究紹介：応用実践編

誤れる一般化（誤ルールの形成）に関する研究

このような，少ない経験事例からの一般化（法則化）を，私たちは日常のあらゆる場面で行っているといえます。その際の一般化は，十分な検証がなされていないという点で誤っているか，不十分であることのほうが多いと考えられますが，たとえ導かれた法則（信念）が結果的に誤っていたとしても，帰納的推論のプロセスとしては適応的であり，むしろこのような心的機能なくしては私たちの認識の発展はありえなかったともいえるでしょう。このように，私たちの知識体系の中につねに存在しうる誤って一般化された知識のことを，従来の研究では素朴概念（naive concept），あるいはル・バー（rū）などと呼んでき

ました。それぞれの用語が含意する知識のとらえ方には若干の違いがありますが（麻柄ら，2006），ここではより簡明に「**誤ルール**」と表記して進めたいと思います。

さて，私たちが持っている誤ルールには，すでに紹介したものの他にどのようなものがあるのでしょうか。ここでは，領域を大きく社会認識と自然認識とにわけて，研究の一端を紹介してみましょう。

まず，図7-1の問題を考えてみてください。これは，麻柄・進藤（1997）が経済学の体系的な教育を受けていない大学生を対象に，身の回りにある経済現象（ここでは価格の割引）をどのように認識しているかを調べるために用いた課題です。正解は，価格を割り引けば特定の顧客層（学生）の需要が増えるため（需要・利益観点からの回答）ですが，半数を超える者が「学生にも良い映画を見てもらいたいから」「教育上よいと判断されたから」といった福利的回答をしました。つまり，ここでは「特定の客層に対して割引があるのは，福利的な観点にもとづく企業の好意による」との誤ルールが形成されていた可能性が考えられます。なぜこのような市場経済の法則（需要の価格弾力性）に反する誤ルールが形成されるに至ったのでしょうか。考えられる理由は，公的施設（博物館，美術館など）への入館料の学生割引制度や，お年寄りが公営交通機関を利用する際の敬老割引（無料）制度のように，自治体が税金から賄っている教育・福祉政策を事例として経験したことによって，それらを誤って一般化してしまったということです。この傾向は，体系的な経済学の教育を受けている大学生を対象に調査してもほぼ同じ（福利回答51％）でした（佐藤，2001）。すなわち，日常的現象への解釈においては，教室での学習よりも日常経験から一般化する自前の推論のほうが大きく影響していたと考えることができます。

身近な経済現象に対する誤ルールの例をもう一つ挙げてみましょう。今度は，図7-2の問題を考えてみてください。正解は，②（需要が多いから）が○，①（コストがかかっているから）と③（効用があるから）が×です。しかし，やはり大学生にこの課題を課したところ，②に○をつけた者は26％しかなく，反対に①に○をつけた者が84％（③は37％）にのぼりました（進藤・麻柄，2000）。

> 映画館には学生割引の制度があります。なぜ映画には学割があるのでしょうか。あなたの考えを下に書いてください。

図7-1　映画館問題（麻柄・進藤，1997）

> 先日，赤坂プリンスホテルに行ったときの話だ。時間があったので喫茶室に入ったら，コーヒー一杯が1,000円もした。これについて適切だと思う説明には○を，不適切だと思う説明には×を，どちらとも言えない場合には？をカッコに書き入れよ。
> ① [　] コーヒー豆やカップ，テーブルなどが高級だったり，地価やテナント料が高いから（コストがかかっているから）コーヒーの値段が高い。
> ② [　] 高くてもコーヒーを飲む人が多いから（需要が多いから）コーヒーの値段が高い。
> ③ [　] 雰囲気が豪華でリッチな気分が味わえるから（効用があるから）コーヒーの値段が高い。

図7-2　コーヒー問題（進藤・麻柄，2000）

つまりここでは，「商品の価格は生産コストで決まる」という誤ルールが形成されているといえます。おそらくその背景には，値上げが行われる際に報道される企業側の理由づけ（「コスト上昇分を価格に転嫁した」）を繰り返し聞いて，やむを得ない原因があるのだと誤って解釈したり，高額商品にはそれ相応のなんらかの価値があらかじめ付与されているのだと考えてしまったりすることがあると思われます。商品の市場価格を決定する要因は需要と供給だけであることを高校の現代社会で学習済みであるにもかかわらず，このような誤った判断を行ってしまうのは，日常経験から自ら一般化して得た知識が強固で一貫しているからだと考えられています。

次に，私たちの自然認識にも目を向けてみましょう。図7-3の問題1に答えてください。挙げられた植物すべてに○をつけることができましたか。小学校5年生を対象にした工藤ら（2005）による調査では，すべてに○をつけた正答者は27％でした。この結果は大学生を対象にした場合でも大きく変わらないと思われます。なぜなら，植物の「花」とは何かについて体系的に教えられた経験を持つ者は少なく，多くはその意味を自らの経験から誤って一般化していると考えられるからです。「花」とは植物体の生殖器官，すなわちおしべとめ

> 問題1　次にあげた植物は，みんな「花がさく」だろうか？　さくと思うなら○，さかないと思うなら×，わからなければ？をつけてください。
> 　　タンポポ　ホウセンカ　オオバコ　イネ　ヨモギ　イチョウ　ユリ　サクラ　トウモロコシ　メロン　クローバー　ナス　ススキ　ヘチマ　マツ　レモン　バナナ　キウイ　トマト　ピーマン　ジャガイモ　アサガオ
>
> 問題2　次にあげた生物は，みんな動物だろうか？　動物だと思うなら○，動物だと思わないなら×，わからなければ？をつけてください。
> 　　クマ　スズメ　カエル　ヒト　メダカ　トンボ　アサリ　ゾウリムシ　アメーバ

図7-3　植物・動物の外延課題（工藤ら，2005；荒井ら，2001）

しべのことをさします。生殖をしない植物は存在しませんから，すべての植物には生殖器官，すなわち「花」があることになります。では，みなさんは「花」をどのように誤って一般化していたでしょうか。小さい頃に家族でお花見に行ってきれいなサクラを見た，絵本を読んでもらったときにきれいなチューリップの絵があった，このような経験（事例との遭遇）を経て，それぞれの事例に共通する特徴を抽出します。おそらくその際，「色鮮やかな花びら」が抽出されて，それが「花」の誤ルールになっている場合が多いのではないかと推測されます。

　では，問題2にも答えてみてください。挙げられた生物すべてに○をつけることができましたか。小学校5年生を対象にした荒井ら（2001）による調査では，すべてに○をつけた正答者はいませんでした。これも「動物」の定義を明らかに教えられたことがなければ，大学生でも難しいでしょう。「動物」とは，動き回って捕食をし排泄する生物のことです。誤ルールを自ら一般化してすでに形成しているとすれば，たとえば動物園で見たライオン，キリン，ゾウ，クマなどの事例から共通特徴を抽出して，動物とは「四つ足の獣のこと」と考えているのかもしれません。つまり，「動物」の事例の範囲を過剰に縮小している場合が多いと考えられます。しかしその一方で，「色鮮やかな花びら」にせよ「四つ足の獣」にせよ，本人はそのような誤ルールを自ら形成してしまっているという認識に薄い，ということもこのような知識の特徴の一つになってい

ます。

　以上のように，私たちはさまざまな領域で，出会った事例をもとに帰納的推論を行っていますが，それらは自ら形成した知識であるために，誤っているか不十分なルールとなって保持されることになります。そのような誤ルールの特質は，①孤立した断片的知識ではない，②日常経験から一般化された体系的知識である，③必ずしも明確に言語化されないが，多くの場面で判断根拠として用いられる，④それゆえ単純な誤りの指摘のみでは容易に修正されない，とまとめることができます（細谷, 1983）。

研究紹介：基礎編
帰納的推論の基礎理論

　これまで挙げたように，私たちは帰納的推論を行うことで，誤っているかもしれないが体系化された抽象的な知識（**概念**, concept）を数多く構築しています。このような帰納に基づく概念の形成がどのようなプロセスで行われるかについては，これまでにいくつかのモデルが提案されてきました。古典的なモデルとしてまず挙げられるのは，ブルーナー（Bruner, 1956）をはじめとする**定義的特徴モデル**（definite-attribute model）です。ここでは，概念は事例が持つ特徴によって定義されると考えます。たとえば，「四角形」という概念は「角が4つあり直線で囲まれている」という特徴で定義され，その事例はすべてその特徴を有し，その特徴を持つものはかならずその事例になることになります。

　しかし，図7-4に答えてみてください。Noと答える方も少なからずいることでしょう。これは四角形ではなく，くさび形だというわけです。この図形は定義的特徴を十分満たしているのに，なぜ四角形という**カテゴリー**（category）の成員として認識されないということが起こるのでしょうか。このような

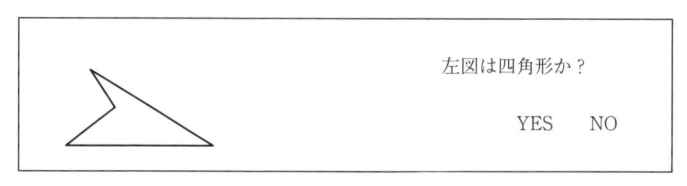

図7-4　四角形か？

疑問に対してロッシュとマービス（Rosch & Marvis, 1976）は，概念は定義的特徴によって形成されているのではなく，比較的多くの事例が共通して持っている特徴（家族的類似性）によって決定されていると考えました。つまり，多くの人にとって典型的な四角形とは180度より小さい内角を持つものであり，先のくさび形はその典型性が低いために四角形の成員とは認識されないことがあると説明できます。このモデルは，前節で挙げた自然認識の例によくあてはまります。私たちは「動物」の典型（プロトタイプ）をあらかじめ形成しているために，それに類似したクマやキリンを動物と判断し，類似していないアサリを除外してしまうことになります。一方で，私たちは特徴の要約ともいえるプロトタイプを形成するだけでなく，印象に残ったある個別の事例の特徴をもとに，それからの類似度で別の事例をどう分類するかを判断することもあります。たとえば「花」の事例としてサクラの特徴を保持しているとすれば，杉の花はそれとの類似度が低いために「花」には分類されないということが起こります。このように，プロトタイプや事例との類似性から概念形成のプロセスを説明しようとするモデルを，**類似性に基づくモデル**と呼んでいます。

　これまで挙げた2つのモデルは，いずれも事例が持つ特徴に着目した説明を行っていました。しかし，マーフィーとメディン（Murphy & Medin, 1985）は事例の特徴だけでカテゴリーのまとまりを説明することは難しいと主張しました。たとえば，腕時計，盆栽，鞄にはそれだけでは相互に強い類似性があるとはいえませんが，それらが祖父の遺品だとすればそこに強い凝集性が生まれます。また，先に挙げた「商品の価格規定因」についての誤った一般化（コスト原理への着目）は，価格のついた商品の特徴や状況の類似性だけでなされたのではないでしょう。おそらくそのプロセスには「商品の高額さを納得できる説明がほしい」という目的や意味づけが関与していたと考えられます。すなわち，概念の形成には，現象の生起を説明する意味的なつながりや因果的な知識（本人が持っている「理論」）が大きく影響していることが予想されます。このように，概念を形成しようとする本人が有する知識や意味づけから概念形成のプロセスを説明しようとするモデルを，**「理論」に基づくモデル**（theory-based model）と呼びます。

　さて，これまで紹介したモデルは，カテゴリーがいかに形成されるかについて説明していましたが，私たちはその形成したカテゴリーを用いて，さらに帰納的推論を行っています。たとえば，「金属」というカテゴリーが形成されているとすれば，「鉄（事例a）は電気を通す（特徴）」という現象から，鉄と同じく「金属」に含まれる「銅（事例b）も電気を通すだろう」と推論することができます。また，その現象を一般化して「金属（カテゴリー）ならばすべて電気を通すだろう」と推論することも可能でしょう。このような**カテゴリーに基づく帰納的推論**（category-based induction）について，オシャーソンら（Osherson et al., 1990）は**類似・被覆モデル**（similarity-coverage model）を提案しました。ここでは，まず事例aから事例bへの帰納的推論（特殊帰納）については，両者の類似度が高いほど推論の確信度は強いこと（たとえば通電性については，鉄からカルシウムへより，鉄から銅への帰納のほうが確信度が強い）が挙げられています。また，事例からカテゴリーへの帰納的推論（一般帰納）については，事例の被覆度が高いほど推論の確信度が強いこと（たとえば，ジュラルミンより鉄のほうが事例の典型性が高いため確信度が強い，また鉄だけより鉄・銅・金を合わせたほうが事例の数が多いため確信度が強い，あるいは鉄・銅・金より鉄・アルミニウム・ナトリウムを合わせたほうが事例が多様であるため確信度が強い）が挙げられています。

　このように，私たちが行う帰納的推論は，事例が持つ特徴と類似性，本人が有する知識や信念，あるいは既成のカテゴリーに大きな影響を受けていることが示唆されています。

〈基礎知識の整理〉

学習の転移（transfer of learning）
　前の学習が後の学習に影響を与えること。促進的な影響を与える場合を正の転移，妨害的な影響を与える場合を負の転移と表現します。

推論(reasoning)

知識の変換を行って，未来の予測をすること。帰納的推論と演繹的推論とに分けられ，いずれも問題解決や新たな知識の獲得に深く関与しています。

帰納(induction)

事例群から共通特徴を抽出して一般法則を導くこと。演繹以外の推論すべてをさすこともあります。

誤ルール

誤って一般化された自成的知識のこと。事例群から帰納的に導かれることにより，強固で一貫した知識体系となって存在すると考えられています。

概念(concept)

帰納的推論により導かれる抽象的・包括的な知識のこと。名辞（名称），内包（言語的定義），外延（事例群）から成り立っています。

カテゴリー(category)

心理学では，ある基準によってまとめられた事例の集合（まとまり）のことを指し，概念とほぼ同義に扱われることもあります。ちなみに，諸概念を最高度に抽象化した概念のことをさす，哲学用語としてのカテゴリーとは異なります。

定義的特徴モデル(definite-attribute model)

概念が定義的特徴を持ち，その正事例はその特徴を必要十分に満たしているという前提で考えられたモデル。ブルーナーは，架空の閉じられた概念世界の中で正負事例に遭遇させるという実験室的手法で，概念形成のプロセスをあきらかにしようとしました。

類似性に基づくモデル

あるカテゴリーの典型（プロトタイプ），または個別の事例との類似性から対象の分類を行っているとするモデル。通常は，プロトタイプモデル（prototype model）と事例モデル（exemplar model）は区別して紹介されています

が，ここでは同じく類似性に基づくと解釈して一つにまとめました。

「理論」に基づくモデル（theory-based model）
　概念形成には既有の知識や信念が影響するとするモデル。一見当然のようですが，概念形成過程の研究経緯においては後半になって指摘されるようになりました。

カテゴリーに基づく帰納的推論（category-based induction）
　すでに形成したカテゴリーを用いて多くの判断を行い，さらに知識の獲得を進めていく推論のこと。応用実践編で紹介した例はすべてこれに含まれます。

類似・被覆モデル（similarity-coverage model）
　coverage の邦訳が定まっていないようですが，ここでは岩男（2006）に従いました。とくに被覆度は，誤ルールの修正方略を考える上で示唆的であるといえます。

第2節　ルールを適用する——抽象から具体へ

現代社会との関連

使われにくい演繹的推論

　正しいとされる前提があらかじめ与えられたときに，妥当な論理規則をあてはめて，結論を正しく導くという推論があります。日常的には，あるルール（法則）を示されたときに，それを論理的に正しく適用して，具体的な問題解決を行う，といったことが相当します。このときに働く推論のことを**演繹**（deduction）といいます。しかし，私たちは正しい前提からいつも正しく結論を導けるわけではありませんし，問題解決にいつも正しくルールを適用できるわけでもないのです。ここでは，どのようなときに演繹的推論がままならないか，ルールが事例に正しく適用されないかを見ていきます。

　私たちの身のまわりで演繹的推論が多く求められる場面を探してみると，ま

ずは学校教育が思い当たります。学校の授業では，科学的に正しいとされるルール（法則）が教授され，そのルールから演繹的に推論して課題を正しく解決することが求められます。そして，その教室での演繹的推論の訓練を通して，抽象的なルールを具体的な現実の問題に適用できるようにすることが授業の目標になると考えられます。しかしこの過程において，推論に困難をきたしているケースが往々にして見られるようです。

　私の講義体験から紹介しましょう。心理学の初期教材として，200年ほど前にフランスで見つかった「アヴェロンの野生児」の話を取り上げることがあります。のちにヴィクトールと名づけられたこの野生児は，推定年齢2～3歳から12～13歳までを森の中で一人で生き抜き，発見後にある医師の家に預けられて3年間の教育を受けました。この間の教育方法とヴィクトールの発達は，心理学的にも教育学的にも興味深く，かつ示唆に富む内容を含んでいます。さて，この話を講義で取り上げた半年後の試験に「ヴィクトールの言語発達について述べよ」という論述式の問題を出しました。すると，講義の中では「どの野生児もオオカミに育てられていない」[1]と話したにもかかわらず，およそ3割の回答に「オオカミに育てられたアヴェロンの野生児は…」とか，「ヴィクトールはオオカミに育てられたので…」といった記述が見られたのです。あとで聞いてみると，学生たちはけっして講義を欠席していたり，寝ていたわけではありませんでした。先の話を記憶していたにもかかわらず，そう書いてしまったのです。

　先の話から適切に演繹すれば，「ヴィクトールは野生児である」と「どの野生児もオオカミに育てられていない」とを前提として，「したがって，ヴィクトールはオオカミに育てられていない」と結論づけられるはずなのに，なぜ間違ってしまったのでしょうか。おそらくそれは，前節で指摘した誤ルール（こ

→ 1　オオカミに育てられた野生児が存在するかについては，ただ一例のみ，インドのアマラとカマラが「狼に育てられた子」として一般に知られていますが，残念ながらその確証は得られていないというのが実情です。したがって，私の講義では多少のロマンを惜しみつつも，「狼に育てられた野生児はいない！」と断じています。

こでは,「野生児とは,オオカミその他の野生動物に育てられた子どものことをさす」)が形成されていたためと考えられます。本来ならば,講義で聞いた前提と誤ルールとが照合され,前提のほうが正しいと判断されれば誤ルールが修正されてよいはずですが,その両者の照合がなされなかったために,前提は前提として記憶保持される一方,誤ルールはそのまま温存されて,誤った結論が導かれることになったと考えられます。

研究紹介:応用実践編
科学的ルールの適用に関する研究

このように,提示されたルール(科学的に正しいとされる法則や命題)にもとづいた演繹的推論がままならない場合があるとすれば,学校教育にとっては大きな問題です。そこで,教えられたルールをなぜ問題解決に適用しようとしないかについて検討が加えられてきました。

では,図7-5の問題を考えてください。選択した答えに自信はありますか。工藤(2005)によれば,この問題の正答率は大学生でも52%です。小学校で習った平行四辺形の求積公式(底辺×高さ)を適用してもう一度考えてみましょう。このヒントを示しても,正答率は65%にしか上昇しませんでした。正解はもちろん,「せまくなった」です。この問題での誤りの多くは,「周の長さが変わらないから,面積も変わらない」と考えてしまうことによると思われます。つまり,私たちは日常場面では広さ(面積)を周の長さで判断することが多い

10cmの細い棒を4本つなぎ合わせて正方形をつくりました。棒のつなぎ目は自由に動かせるようになっています。矢印の方向に少し力を加えて,正方形を変形しました。もとの正方形と比べて,面積はどうなったでしょう? (広くなった・せまくなった・変わらない・わからない)

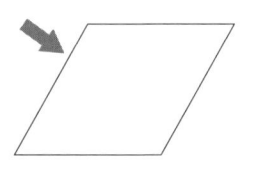

図7-5 等周長問題(工藤,2005)

ために，教室で学習した面積公式を棚上げにして，「周の長さで面積が決まる」という誤ルールを採用してしまっているのです。平行四辺形の求積公式を知らなかったという人はまずいないはずなのですが，公式がスローガン的に記憶保持されるだけでなく，授業によってその体系化された誤ルールが修正されない限り，誤ルールは強固に残存して，ルールからの正しい推論を妨げると考えられます。すなわち，ルールからの演繹的推論の困難さの一因には，自成された誤ルールの存在がはじめに挙げられることになるでしょう。ちなみに，この工藤の研究では，たとえば「高さが変われば面積も変わる」のように公式の意味を操作できていた者は，できていなかった者よりも高い正答率を示していました（高操作群63％，低操作群33％）。この結果は，得た知識の操作をおこなわずに公式を**スローガン**として保持していた場合，自成された誤ルールの採用がいっそうなされやすいことを示唆しています。

　次に，誤った知識の修正を試みた麻柄（1990）の研究を紹介しましょう。「花が咲けばタネができる」というルールがあります。これは種子植物すべてにあてはまる法則です。ところが私たちは，「チューリップなど球根を植える植物や，ジャガイモなどイモを植える植物にはタネができない」という誤った知識を持っています。麻柄は，このような知識を修正するためには，先のルールを提示して説明するだけでは不足だと考えました。なぜなら，それだけでは「なぜチューリップはタネをまかずに球根で増やすのか」という疑問が解消されないことになるからです。そこで，その学習者の「言い分」にも理があることを認めた上で新たな説明を付加する（学習者の誤った知識を適切に位置づける）ことの効果が検討されました。具体的には，ルールの提示と説明に加えて，「チューリップは観賞植物だから同一の形質を伝えるために球根で無性生殖させる場合がある。一方，品種改良する場合には，交配させてタネをつくらせる。」との内容の説明を付加したE群と，ルールの提示と説明のみのC群との成績が比較されました。事後テストは，6種類の植物名を示して，タネができると思うものに○を付けさせる内容です。結果は，表7-1のようでした。たしかに説明に例示されたチューリップの成績はC群よりE群のほうが高いの

表7-1 麻柄（1990）の事後テストの正答率

植物名	タンポポ	ヒヤシンス	チューリップ	ホウレンソウ	アサガオ	ジャガイモ
E群	98%	56%	71%	78%	98%	56%
C群	100%	41%	47%	74%	100%	43%

都心から遠く離れたJR中央線の相模湖駅—八王子駅間は15.2kmで片道320円，一方，都心にある同じJR中央線の渋谷駅—吉祥寺駅間は15.6kmで片道210円である。渋谷駅—吉祥寺駅間の方が距離が少し長いのに，どうして110円も安いのだろうか。考えられる理由を書きなさい。

（東京近郊区間図を提示）

図7-6 渋谷—吉祥寺問題（進藤・麻柄，1999を一部改変）

ですが，同様に球根でも増えるヒヤシンスや，イモ（地下茎）でも増えるジャガイモの成績は，両群に差はなく低いままです。つまり，学習者は説明の内容を一般化することなく，チューリップに固有の事情としてしか認識しなかったのです。それゆえ，ルールは他の事例には適用されなかったと考えられます。このように，法則を事例とともに示しても，一般化可能な関係性が教示されたとは解釈せずに，**法則と事例の断片的な個別学習**に終始してしまう傾向にあること（工藤，2003）も，ルールからの演繹的推論を困難にしている一因といえるでしょう。

さて今度は，経済現象に対するルールの適用について挙げてみましょう。市場経済の基本的なルールに「企業間に競争があるときのみ商品の価格は下がる」（競争ルール）があります。そこで，図7-6の問題を考えてください。これは，進藤・麻柄（1999）によって考案された問題で，彼らの調査によれば正答率が約10％の難問です。誤答の多くは，「渋谷・吉祥寺間は乗客数が多いので安くなっている」または「相模湖・八王子間は乗客数が少なくコストがかかるので高くなっている」というものでした。これらは，前節でも触れた需給則に違反する回答といえます。正解は，「渋谷・吉祥寺間には私鉄路線との競争があるため安くなっている」です。正答率は，競争ルールを教示したのち回答

させても約20％，事例と併せてルールを教示しても30％を超えませんでした。なぜ適用すべきルールを明示しても，それを使用して問題解決しようとしないのでしょうか。佐藤（2009）はこの理由を，ルール命題の前件 p（競争）と後件 q（価格低下）との間の関係性が過小評価されているからではないかと考えました。つまり，競争ルールは同値（p ≡ q）の関係にあるにもかかわらず，p と q との間に緊密な共変関係があるとは解釈されないために，「競争があっても（p）価格が下がらない（非 q）場合もある」（非 q 命題）や「競争がなくても（非 p）価格が下がる（q）場合もある」（非 p 命題）のようなルールを反証する命題も，ルールと同時に採用されやすくなって，ルールの適用が阻害されているのではないかということです。そこで，競争ルールとその非 q 命題，非 p 命題の3つを示して，それらに対する信頼度をそれぞれ0％から100％まで10％きざみで評定してもらったところ，競争ルールの平均評定値が64.5％だったのに対して，非 q 命題も62.8％，非 p 命題も61.1％の高い水準となり，ルール命題と，それとは矛盾するはずの反証命題との間に信頼感の差は見られませんでした。このことは，問題場面の状況いかんによって，ルールを使用してみたり，それとは矛盾する反証命題を使用してみたりする，不確かな判断がなされる可能性を示唆しているといえます。佐藤はこの現象を，**判断の不確定性**（uncertainty of judgements）と名づけ，ルールからの演繹的推論を困難にしている要因の一つに加えました。ちなみに佐藤は，この判断の不確定性を減ずる方略として，論理マトリックスを用いて p と q の共変関係を簡便に強調できる**論理操作法**（logical matrix method）（後述の「基礎知識の整理」参照）を考案し，その有効性を確認しています。

研究紹介：基礎編

演繹的推論の基礎理論

まず，図7-7の問題を考えてみましょう。この問題は，**4枚カード問題**（Four Card problem）（ウェイソン選択課題）と呼ばれていて，これまでの心理学における推論研究には欠かせない課題として利用されてきました。この課題の特徴を一般化するとすれば，「p ならば q」という**条件文**（conditionals）から

第7章 思　考——過去の経験から未来を予測する

> ここに4枚のカードがあります。どのカードも表にはアルファベット，裏には数字が書いてあります。これらのカードについて「母音の裏には偶数が書いてある」という規則が成り立っているかどうかを確かめるには，どのカードをめくってみればよいか，必要なカードだけを選んでください。
>
> | A | K | 4 | 7 |

図7-7　4枚カード問題（ウェイソンの選択課題）

どのように推論を進めていくかを観察する課題といえます。もし，この条件文から論理的に推論を進めていくとすれば，「カードA（p）の裏は偶数（q）でなければならない」（**肯定式**，modus ponens）と「カード7（非q）の表は子音（非p）でなければならない」（**否定式**，modus tollens）と考えるのが妥当な推論となります。これに対して，「カードK（非p）の裏は奇数（非q）でなければならない」（**前件否定**，denying the antecedent）と考えたり，「カード4（q）の表は母音（p）でなければならない」（**後件肯定**，affirming the consequent）と考えたりするのは，この条件文からの推論としては誤りになります。したがって，この問題では「A（p）」と「7（非q）」のカードが選択されるべきことになります。もっとも，先の競争ルールのように，「pのときだけq」（pならばq，かつqならばp）という条件文（**双条件文**（biconditionals）といいます）が示された場合には，上の4つの推論はすべて妥当となって，4枚すべてが選択されるべきことになります。

さて，この問題の正答率は大学生で20％前後です。誤りのパターンでもっとも多い組み合わせは，「A（p）」と「4（q）」の選択でした。この選択パターンは，示された条件文を双条件文として解釈したと考えても，論理的ではありません。なぜ，このような選択が多くなるのでしょうか。その理由の一つに，**マッチングバイアス**（matching bias）（Evans, 1972）が挙げられています。ここでは，私たちは条件文に示された項目，すなわちpとqに着目して，それとマッチする例を好んで選択する傾向にあるためと説明されます。また一方で，

ここに4人の情報が記載されたカードがあります。表には今その人が飲んでいる飲み物が，裏にはその人の年齢が書いてあります。法律では「お酒は20歳以上になってから」とされていますが，この人たちが法律を守っているかどうかを確かめるためには，どの人のカードをめくってみればよいか，必要なカードだけを選んでください。

| ビール | コーラ | 22 | 16 |

図7-8　4枚カード問題（お酒版）

認識効用（epistemic utility）（Over & Evans, 1994）からの説明もなされています。認識効用とは，カードをめくって得られる情報への期待の大きさをさします。「母音ならば偶数」の確証を得るために，「母音」「子音」「偶数」「奇数」が表示されたカードの選択を意思決定するとき，まずは「母音」をめくって得られる情報への期待が最も大きくなると考えられます。そして次には，「奇数」をめくって子音を得るよりも，「偶数」をめくって母音を得るほうが条件文の確証には期待が大きいと主観的に判断されることが予想されます。その結果，「母音」と「偶数」の選択が多くなるというわけです。

ところで今度は，図7-8の問題を解いてください。先の問題よりずっと容易に解くことができたでしょう。この問題を大学生に課すと，80%前後の正答率となります。同じ論理構造を持つ選択課題であるにもかかわらず，なぜこれほど正答率が異なるのでしょうか。理由の一つとして，この課題の条件文は「お酒（p）は20歳以上（q）」という社会的規範であることから，順法義務に関する認識，すなわち実用的推論スキーマ（Cheng & Holyoak, 1985）が用いられるようになるため，とする見方があります。このスキーマが喚起されれば，条件文から「20歳未満（非q）ならお酒を飲んではいけない（非p）」を導くことは容易だというわけです。しかし，このような説明によらずとも，正答率の高さを予測することができます。つまり，大学生にとってこの条件文の逆（「20歳以上なら酒を飲まなければならない」）が成立しないことが自明だとすれば，「22（q）」のカードが選ばれることはないでしょう。すなわち，この問題

> 「あるフランス人は野生児である」と「どの野生児もオオカミに育てられていない」を聞いたときに構成されうるメンタルモデルの例。それぞれの行はある一人が持つ属性を表現している。このイメージから，「あるフランス人はオオカミに育てられていない」の妥当性を吟味することになる。
>
> | フランス人 | | 育てられていない |
> | フランス人 | 野生児 | 育てられていない |
> | | 野生児 | 育てられていない |
> | | | 育てられていない |

図7-9 メンタルモデルの例

での正答率の高さは，条件文そのものに対する論理的解釈の正しさが影響していると考えることもできます。

最後に，論理規則の適用ともスキーマの喚起とも異なる，推論のやり方についてのモデルを紹介しておきます。例として「フランスの野生児」の話を用いてみます。示される前提を「あるフランス人は野生児である」と「どの野生児もオオカミに育てられていない」として，これらから「あるフランス人はオオカミに育てられていない」と結論してよいか，を判断するとします。このとき，私たちはどのように推論を行うでしょうか。このような形式の推論を**定言的三段論法**（categorical syllogism）といいますが，その際に用いられる論理規則を使って解決しようとする人は稀だと思われますので，何か別の手がかりを用いて推論を行っていると考えられます。まず，「あるフランス人は野生児である」を聞いて，フランス人の野生児をイメージとして思い浮かべます。しかし，フランス人のすべてが野生児とは限りませんから，野生児ではないフランス人もイメージします。次に，「どの野生児もオオカミに育てられていない」を聞いて，すべての野生児がオオカミに育てられていないことをイメージします。そして，野生児ではない人もオオカミに育てられていない場合があることもイメージします。これらのイメージを図にしたものが図7-9です。こうしてできあがったイメージ全体から，結論が妥当か否かを判断することになります。このように，前提を聞いて心の中につくり上げるイメージのことを**メンタルモデル**（mental model）（Johnson-Laird, 1983）と呼んで，これを手がかりに推論

がなされると考える研究者もいます。ただし，自らつくったメンタルモデルがいつも正しいとは限りませんので，正しくない場合には誤った結論を導いてしまうことになります。

　以上のように，演繹的推論の基礎研究は，私たちが論理的な推論規則を用いずに，主観的な期待や保持しているスキーマ，あるいはその時々につくり上げるイメージなどを用いて推論を行っていることをあきらかにしてきました。そればかりか，本節の冒頭に挙げた例のように，教授学習場面においては，結論の導き方に誤りがあったということではなく，それ以前に，前提がそのまま孤立的に保持されてしまい，その先に推論が進まない（推論が行われない）ことすら示唆されています。このような状況を改善して，推論を促進するための方略の開発が求められているといえるでしょう。

〈基礎知識の整理〉

演繹（deduction）
　前提を正しいとしたときに，論理的に必ず正しい帰結を導く推論のこと。確率的に確からしい帰結を導くものではないという点で，帰納とは異なります。

スローガン（記号として sl を使用）
　事例を持たない抽象的命題のこと。一見，ルール（法則）のようでルールではないもの。地に足のつかない言説になぞらえて命名されたと考えられます。ちなみに，ルールを持たない孤立した事実のことを**ファクト**（記号として ft を使用）と呼称します。事例のようで事例ではないものという意味を含んでいます。

法則と事例の断片的な個別学習
　教授過程において，法則と事例を対提示して両者間の関係の学習を促そうとしても，法則はスローガンとして，事例はファクトとして，それぞれ孤立的に学習されてしまう傾向をさします。

判断の不確定性（uncertainty of judgements）
　ルール学習において，同値のルール（p ≡ q）が提示されても，非 q 命題（p で非 q）や非 p 命題（非 p で q）にも一定の妥当性を付与して，判断の依拠する命題を一つに確定しないことをさします。

マトリックスを用いた論理操作法（logical matrix method）
　ルール命題の前件を p と非 p，後件を q と非 q に分けて 2×2 の 4 つのセルからなるマトリックスを作成し，それを提示しながら，ルールの反証命題の妥当性を低め，相対的にルール命題の妥当性を高める情報を示す方法。判断の不確定性を減ずる方略として考案されました。この方法を用いることで，たんにルール命題だけを提示した場合には考慮されにくい非 q 命題や非 p 命題に着目させ，かつ p と q との間の緊密な共変関係を強調して示すことができます。

条件文（conditionals）と**双条件文**（biconditionals）
　条件文を「p ならば q」とすれば，双条件文とは「p ならば q，かつ q ならば p」が成り立っている命題のことをさします。つまり，条件文の逆命題も同時に成立する命題のことです。

4 枚カード問題（Four Card problem）
　条件文推論をチェックする問題として，広く使用されてきた課題です。のちの研究者たちにより，同じ論理構造を持つ派生的な課題が数多く作られました。条件文の場合は，カード「p」「非 p」「q」「非 q」のうち，「p」と「非 q」の選択が正解となりますが，双条件文の場合は 4 枚全部が正解となることに注意しましょう。

肯定式，否定式，前件否定，後件肯定（modus ponens, modus tollens, denying the antecedent, affirming the consequent）
　条件文「p ならば q」からの推論として，
　「p である。したがって q である。」とするのが肯定式，
　「非 q である。したがって非 p である。」とするのが否定式，
　「非 p である。したがって非 q である。」とするのが前件否定，
　「q である。したがって p である。」とするのが後件肯定，といいます。

マッチングバイアス(matching bias)
　条件文推論において，条件文に示された表現にマッチする形を選好する傾向にあること。

認識効用(epistemic utility)
　4枚カード問題の解決の際に行われるカードの選択によって得られる情報への主観的な期待のこと。

定言的三段論法(categorical syllogism)
　2つの前提から，1つの結論を導く推論のこと。3つの文は，「すべてのXはYである」(全称肯定：A)，「どのXもYでない」(全称否定：E)，「いくらかのXはYである」(特称肯定：I)，「いくらかのXはYでない」(特称否定：O) の4つのうちいずれかの形式をとります。

メンタルモデル(mental model)
　人は，与えられた情報の内容をその時々に心の中のイメージとしてまとめ，それを用いて推論を行っているとする見方。主として三段論法の説明に用いられることが多いのですが，それにとどまらず，広く推論一般を説明できる考え方と見なされています。第5章第3節の説明も参照して下さい。

第3節　先行経験を問題解決に利用する——具体から具体へ

現代社会との関連
納得をもたらす類推

　私たちは，ある問題解決を行う際に，すでによく知っていることをその問題にあてはめて，解決の促進に利用することがあります。このときに働く推論のことを**類推**(analogy)といいます。類推では，解決したい問題を「**ターゲット**(target)」，よく知っていることを「**ベース**(base)」と呼んで，ベースをターゲットにあてはめることを「**写像**(mapping)」と表現します。これまで，

第7章 思　考——過去の経験から未来を予測する

帰納とは事例から法則を導くこと（具体から抽象へ），演繹とは法則を事例に適用すること（抽象から具体へ）と説明してきましたが，これに従うとすれば，類推とは，事例を別の事例にあてはめること（具体から具体へ）ということができるでしょう。

　さて類推は，日常の中で数多く使われています。たとえば，頑固で融通がきかない人のことを「石頭」と呼ぶことがあります。その人の考え方（頭）がかたいことを石にたとえた比喩表現の一つですが，この場合も「石」というベースから，言い表したい「その人の考え方（頭）」というターゲットへと，「かたい」という特徴が写像されていると考えることができます。このことから，日常会話で多用される比喩（たとえ）も類推と同じ推論プロセスを有しているといえます。

　また，「古きをたずねて新しきを知る」といわれるように，過去の出来事をベースに，現在生起している現象をターゲットとして，その理解を容易にすることもあります。たとえば，高野（2006）は現在のミャンマー政府のあり方に，江戸時代の徳川幕府の為政形態をあてはめて，一見理解しにくいミャンマーの軍事政権と少数民族との関係を見事にわかりやすく描き出しています。通常，類推における類似性は，ベースとターゲットのそれぞれの構成要素間の対応関係を，事物としての**対象**（object）と，その対象の特徴としての**属性**（attribute），そして対象間の結びつきとしての**関係**（relation）の3つに分けて考えますので，それに従って図7-10に高野の内容を整理してみました。このように対応づけることによって，私たちにはなじみの薄い，軍事政権とはいかなるも

→ 2　図7-10の要点を文章で表現すれば，「現在のミャンマー政府（⇔徳川幕府）は，アウン・サン（⇔家康）やネ・ウィン（⇔秀忠）を創始者として，軍人（⇔武士）たちが政権を握り，国家統一（⇔天下統一）という目標を掲げて軍独裁政治（⇔武家政治）を行っている。しかし，シャン州その他（⇔伊達藩その他）に居住する少数民族（⇔外様大名）は統一に反対しており，政情はかならずしも安定していない。それゆえ政府（⇔幕府）は，軍情報部（⇔目付）による監視を強化するとともに，企業や土地を国有化する（⇔大名を取り潰す）ことで勢力を拡大し，かつ諸外国の干渉を避けるために孤立主義（⇔鎖国）をとって国を閉ざしている」となります。

	徳川幕府	ミャンマー政府
対象	家康 秀忠 松平伊豆守 柳生宗矩 伊達・島津・毛利藩	アウン・サン ネ・ウィン マウン・エイ キン・ニュン シャン・カチン・カレン州
属性	武士 老中 目付 外様大名	軍人 閣僚 軍情報部 少数民族
関係	方法（武士／老中：武家政治） 監視（目付／外様大名：取潰し） 閉ざす（幕府／外国：鎖国） 目標（方法／監視／閉ざす：天下統一）	方法（軍人／閣僚：軍事政権） 監視（軍情報部／少数民族：国有化） 閉ざす（政府／外国：非同盟孤立主義） 目標（方法／監視／閉ざす：国家統一）

図7-10 徳川幕府とミャンマー政府の類似性（高野，2006から筆者作成）

のか，少数民族の位置づけとその独立運動の趣旨はいずれにあるか，ミャンマーはなぜいま非同盟孤立主義を選択しているのか，などについて多くの示唆と納得とを得ることができます。

　さらに類推は，日常生活ばかりでなく，科学者が新たな理論を発想する場合にもよく用いられます。たとえば，進化論者のダーウィンは自らの自然選択説を発想する際に，アダム・スミスをはじめとする古典派経済学のいくつかの理論を参考にしたことはよく知られています。古典派経済学の諸理論は，自由競争の原理，すなわち市場経済の均衡と発展は国家が介入しない自由主義的な自律的メカニズムを必要とすると考える点で共通していましたが，これをベースとして，生物がどのように進化してきたかという問題を解決したことになります。その結果，自然選択説は，進化（⇔経済の発展）の方向性はあらかじめ決められているものではなく（⇔国家が介入せず），個体の微小な差異に基づく生存競争（⇔市場の自由競争）に勝ったものが選択的に生き残ってその形質を子孫に伝えることが繰り返され，現在に至った（⇔市場の均衡），との内容になりました。

このように類推は，帰納や演繹と同様に，物事の理解や問題解決を大いに促進する推論であるということができます。しかし，ベースとターゲットは元々は異なる領域の知識ですから，構成要素のすべてが写像されるわけではありません。「石頭」といっても石の形や色は写像されませんし，アウン・サンの娘アウン・サン・スー・チーは国外から帰国してミャンマーの民主化運動を主導しましたが，家康の孫娘千姫にそのような影響力はありませんでした。また自然選択説にしても，生殖による形質の遺伝の部分は経済理論からの写像が行われた様子はうかがえません。それでは，写像される関係と写像してはいけない関係とは，私たちの中でどのように区別されるのでしょうか。また，そもそもターゲットと関係構造が類似しているベースを，私たちはどのようにして見つけてくるのでしょうか。

研究紹介：応用実践編
類推を用いた問題解決に関する研究

前項の疑問に解説を加える前に，ここではまず類推による問題解決を促進する条件を探った研究を紹介しましょう。というのも，じつはこれまでの研究では，実験事態でベースとターゲットを連続的に提示しても，それだけではターゲットの解決にベースが利用されない傾向が強く見られていたからです。まず，図7-11の問題を考えてください。これはドゥンカー（Duncker, K.）の放射線問題と呼ばれる課題ですが，このままではほとんどの人が解答を導けないと思います。そこで，図7-12の文章を読んでから，もう一度放射線問題を考えてみてください。今度はどうでしょうか。

図7-12の文章は，ジックとホリオーク（Gick & Holyoak, 1980）が用いたもので，要塞物語と呼ばれています。この要塞物語は放射線問題と，ベースとターゲットの関係にあります。すなわち対象レベルの対応は，悪性腫瘍（⇔暴君の要塞），放射線（⇔軍隊），健康な組織（⇔道沿いの村々）となり，属性レベルでは強い放射線（⇔大部隊），弱い放射線（⇔小部隊）となっています。そして，関係レベルの対応は有効（腫瘍／強い放射線⇔要塞／大部隊），無効（腫瘍／弱い放射線⇔要塞／小部隊）となり，要塞物語の結末に分散集中（有効／無効）

> ある患者の胃に悪性腫瘍ができている。しかし、いくつかの問題点からこの腫瘍を外科的手術によって取り除くことはできない。したがって放射線を照射してこの腫瘍を破壊する治療を行うことにしたが、腫瘍を破壊するだけの強さで照射すれば健康な組織も破壊してしまうことになり、健康な組織に影響を与えない弱い照射ではこの腫瘍を破壊することはできない。
> 　放射線を用いて、健康な組織に影響を与えずに、この悪性腫瘍を破壊するためにはどうすればよいか？

図7-11　ドゥンカーの放射線問題（概要）

> 　国の中央に暴君の要塞がある。この要塞からは多くの道路が各方面に伸びている。一人の将軍がこの要塞を攻略して、国を暴君の支配から解放しようと考えた。大部隊の軍隊で一気に要塞を攻めれば陥落させられることはわかっていたが、どの道路にも地雷が仕掛けられており、小部隊で通れば爆発の可能性は少ないが、大部隊が通れば間違いなく爆発し、道沿いの村々まで破壊されてしまうという。
> 　そこで将軍は、軍隊を小部隊に分けてそれぞれの道路に配置し、すべての部隊が同時に要塞に到達してそこで戦力が集結するように進軍させ、首尾よく暴君の要塞を攻略したのだった。

図7-12　要塞物語（Gick & Holyoak, 1980の概要）

が示されているといえます。この最後の分散集中解（周囲を破壊しない程度の弱い力に分散させ、多方向から中央に集中させる）が放射線問題に写像されれば、この問題の解答を導くことが可能になるはずです。

　しかし、ジックとホリオークによれば、要塞物語の直後に放射線問題を与えても、解決に分散集中解を用いた者は30％程度しかいませんでした。つまり、残りの7割は要塞物語をベースだとは認識していなかったことになります。このことは、「要塞問題を参考にして放射線問題を解いてください」との指示を与えただけで正答率が75％に上昇したことにも現れています。ここから、たんに対応する構造がベースとターゲットとの間で類似しているだけでは、自発的な類推がままならないことが示されました。それでは、どのような場合に類推は促進されるのでしょうか。

　今度は図7-13を見てください。これを火事物語とします。この物語もまた、分散集中の関係構造を持っていることはおわかりでしょう。事前に要塞物語に加えて火事物語も読ませると、要塞物語だけを与えた場合よりも、放射線問題

> あるビルで火災が起こった。数台の消防車が駆けつけ，放水を開始しようとしたところ，すべてのホースが劣化していることに気づいた。放水量を最大にすれば，1台程度の消防車ですぐに消火できることはわかっていたが，水圧でホースが破裂してしまう。破裂しない程度の少ない放水量では火災を消し止めることはできない。
> そこで，消防隊長はビルの周囲に消防車を分散させ，それぞれのホースから火元の中心に向けて破裂しない程度の少ない放水を同時に行わせて，無事に火災を消し止めた。

図7-13 火事物語（太田・山崎，1995が作成した版の概要）

に分散集中解を用いる率は増加します（Gick & Holyoak, 1983）。この理由は，物語が一つのときは認識されなかった関係構造が，2つ示されたことによって両者の共通特徴として抽出されたためと考えられます。つまり，分散集中の関係が2つの事例から抽象化されることにより，この関係の放射線問題への写像（あるいは適用）が促進されたと考えられます。したがって，関係構造の自発的な抽象化が，類推の促進要因のはじめに挙げられることになります。

また，類推には問題解決を行う際の目標（ゴール）の類似性が深く関与しているという指摘もあります（山崎, 1992；太田・山崎, 1995）。これを，プラグマティック（実用的）な類似性ということもあります。太田・山崎（1995）は，要塞物語と火事物語の主人公を変更し，攻守を逆転させることによって，放射線問題との目標の類似性を操作しました。具体的には，要塞物語の主人公を要塞を攻める側から守る側に変え，分散集中を阻止する目標へと物語を作り変えたのです。この物語を「集中阻止の物語」とすると，放射線問題の目標との類似性は低くなります。そこで，これらを用いて放射線問題の正答率を比較したところ，「分散集中の物語を二つ」の条件では46％，「分散集中の物語と集中阻止の物語を一つずつ」では24％，「集中阻止の物語を二つ」では16％，「分散集中の物語を一つ」では13％，「集中阻止の物語を一つ」では0％，という結果でした。分散集中解の全体の適用率はかならずしも高くありませんが，目標の類似性が類推の促進に関与していることを裏づけるデータとしては十分と判断することができます。

さらに山崎（2001）は，自発的な類推を促す手だてとして，抽象化された関

係構造（放射線問題ならば分散集中の関係）を「教訓」という位置づけで提示することの効果を検証しています。抽象化された関係構造をベースの物語とともに原理として付与するやり方自体はすでに検討され（Gick & Holyoak, 1983)、さして促進的効果をもたらさないことが示されているのですが，山崎が着目したのは，それを中間的な抽象レベルにある「教訓」として掲げた場合の効果でした。高い抽象レベルにある関係構造をそのまま提示するよりも，そもそも他の現象にあてはめることが前提になっている「教訓」として示したほうが関係の適用が促進されると考えたのです。そこで，「障害の全面突破にこだわらずに，力を分散してさまざまな方面から目標に向かうことが功を奏することもあります。次の話は，そうした教訓を示す一つの寓話です」と教示してから要塞物語を読ませる教訓条件と，「そうした教訓を示す…」の部分を「そうした方法の一例です」と表現した方法条件，「次の話には何らかの教訓が含まれている」とだけ教示した暗示条件，教示なしの統制条件とを比較しました。この結果，分散集中解の適用率は，教訓条件だけが高く (34%)，他の3群はいずれも10%を超えない低さでした。このことは，自発的な類推に必要な知識の特質の一つとして，具体性をある程度残している中間的な抽象性の高さ，が挙げられることを示唆しています。

研究紹介：基礎編

類推のメカニズムに関する基礎理論

　ここでは，これまで紹介した研究を踏まえて，はじめに示した2つの疑問に回答を与えうる理論を紹介していきます。第一の疑問は，写像すべきものとそうでないものとはどのように区別されるのか，というものでした。この点については，ゲントナー（Gentner, 1983）の**構造写像理論**（structure mapping theory）が一つの回答を示しています。ここでは，まずベースとターゲット間の対応関係を区分している対象，属性，関係のうち，関係について**1次**（first-order）**の関係**と**高次**（higher-order）**の関係**に分類します。はじめに述べたように，関係とは対象間の結びつきのことをいいます。先の放射線問題と要塞物語でいえば，有効（腫瘍／強い放射線⇔要塞／大部隊），無効（腫瘍／弱い

放射線⇔要塞／小部隊）にあたります。このように，個々の対象の結びつきだけで表現される関係のことを1次の関係と呼びます。しかし，放射線問題と要塞物語で対応する関係はそればかりではありませんでした。分散集中（有効／無効）という関係があったはずで，まさにこの関係が写像されたか否かが適用率を左右したはずです。この関係は，個々の対象の結びつきを表現したものではなく，1次の関係同士の結びつきから導かれるものです。このように，関係同士の結びつきで表現される関係のことを高次の関係と呼んでいます。さて，ゲントナーは，この高次の関係が優先的に写像されるとしました。また複数の1次の関係の中でも，高次の関係に組み入れられたものが写像されると述べています（これを**システム性原理**（systematicity principle）と呼んでいます）。たとえば先の課題では，有効や無効の他にも，含む（体／健康な組織⇔国／村々）や支配（悪性腫瘍／体⇔暴君／国）といった1次の関係があったはずですが，分散集中という高次の関係には直接現れてこないため，これらは写像されにくいことになります。そして，ベースとターゲットのそれぞれの対象や関係はかならず1対1の対応になっていること（**写像の一貫性**, one to one correspondence），また対象の属性の多く（たとえば要塞の色や形，軍隊の装備など）は写像されないこと（**属性の非写像**, discard attributes of objects）を挙げました。このように，対応構造に存在する類似のシステム（体系）から，何が写像され，何が写像されないかが決まる，としているのが構造写像理論だということができます。

しかし，鈴木（1996）は「（構造写像理論においてベースとターゲットで共有するとされる）構造が一定不変ではない」ことを指摘しています。たしかに，両者の類似性を比較する観点が異なれば，「共有する構造」が複数出てきてもおかしくありません。また，日常の類推では「ターゲットについてはほとんど何も知らないケースが多い」のにどうやって構造を共有するのか，との鈴木の指摘ももっともだと思われます。そこで鈴木は，類推が生起するのは，ある観点に基づいて2つの事象が同一視されるからだと主張します。つまり，類推の生起を規定しているものは2事象間に存在する共有構造ではなくて，類推を行う側の心的プロセスにあるということです。では，複数の事象を同一視するため

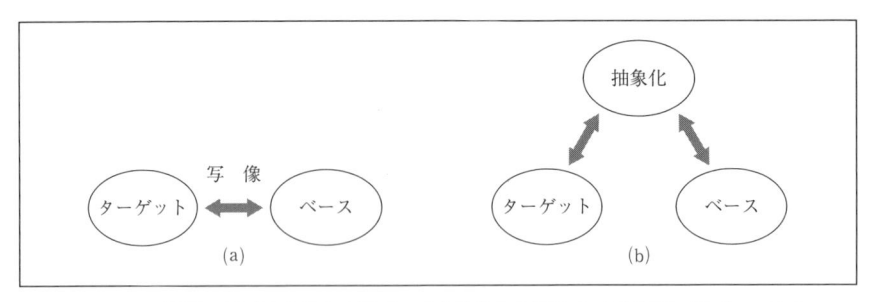

図7-14　類推の図式(a)従来の図式，(b)抽象化を媒介とする類推　(鈴木，1996)

の心的プロセスとはどのようなものなのでしょうか。ここで，はじめに述べた帰納的推論を思い出してください。私たちは**カテゴリーを形成すること**（抽象化）によって，複数の事象を同一視しているのでした。この見方からすると，類推における2つの事象はどちらも，ある抽象化されたカテゴリーの事例になっていると解釈することができます（図7-14）。また，このモデルにおいて類推的問題解決が成立するためには，抽象化された概念をターゲットに適用するプロセスも含まれることになると考えられます。それは，前に述べた演繹的推論のプロセスによく似ています。このように鈴木は，類推を事例から事例への写像として捉えるのではなく，抽象化（帰納）と演繹の融合した推論として捉えることの妥当性を主張しています。この説明は，第二の疑問としたターゲットとベースの関係性についても，一定の回答を与え得るものになっていると考えられます。

　ただし，ここで先のジックとホリオーク（Gick & Holyoak, 1983）と山崎（2001）の研究を思い出してみましょう。両者では，高度に抽象化された知識はターゲットに適用されにくいとの結果が示されていました。同様に鈴木も，高度に抽象化された知識に含まれる情報は具体的なベースに比べて非常に少なくなること，またそのような知識が適用されるためにはターゲットもまた同レベルの抽象度で表象されなければならないことを挙げて，抽象化のレベルを考慮する必要性を指摘しています。そこで着目されたのが，問題解決における目標へのかかわり方でした。鈴木は，問題解決に適用可能な抽象化とは，①一般

化された目標の達成に向けたものになっている（たとえば，"あるものを攻略する"），②対象や関係は目標の達成という観点から意味的・機能的なまとまりを持っている（たとえば，"あるものを攻略するには強い力が必要である"），③そこに関与する対象は目標を達成するための条件を満たしている（たとえば，"放射線は腫瘍を攻略できる"，"軍隊は要塞を攻略できる"），との条件を有すると述べています。そして，そのような抽象化を**準抽象化**（quasi-abstraction）と名づけ，これに基づく類推のメカニズムの説明を類推の準抽象化理論と呼んでいます。この理論は，類推についての従来の説明の枠組みを大きく転換させるとともに，プラグマティックな制約を付与することで，求められる抽象化の特質を規定したという点で意義あるものと思われます。

〈基礎知識の整理〉

類推（analogy）
　よく知っていることを，あまりよく知らないことにあてはめて理解しようとする際に働く推論のこと。修辞的な比喩も同様の推論が求められるといえます。

ターゲット，ベース，写像（target, base, mapping）
　類推のプロセスを説明する際に使われる用語で，よく知らないことをターゲット，よく知っていることをベース，ベースをターゲットにあてはめることを写像と表現します。

対象，属性，関係（object, attribute, relation）
　類推が行われる2つの事象の要素間の対応関係を表すときの分類。含まれる事物を対象，その対象の特徴を属性，複数の対象間の結びつきを関係と表現します。

構造写像理論（structure mapping theory）
　写像する際にどの要素が取捨選択されるかについて，対応構造の側に存在するシステムから説明を行った理論。類推のプロセスに関するはじめての本格的

な理論として，世界に受け入れられました。

1次（first-order）の関係と高次（higher-order）の関係
　構造写像理論における関係の分類。個々の対象の結びつきで表される関係を1次の関係，1次の関係同士の結びつきで表される関係を高次の関係といいます。

システム性原理（systematicity principle）
　構造写像理論の原理の一つ。高次の関係が優先的に写像され，また1次の関係の中でも高次の関係に含まれたものが写像されるという原理です。

写像の一貫性（one to one correspondence）
　構造写像理論の原理の一つ。類推がなされる2つの事象の対象や関係はかならず1対1対応しているという原理です。

属性の非写像（discard attributes of objects）
　構造写像理論の原理の一つ。対象の属性の多くは写像されないという原理です。

準抽象化（quasi-abstraction）
　鈴木宏昭が提唱した類推のメカニズムに関する理論の中心的概念。類推は，2事象間の写像と考えるよりも，抽象化と演繹のプロセスと見るべきとして，その際の抽象化の特質について規定した用語です。その特質に，問題解決における目標の達成というプラグマティックな制約を付したことから，このように名づけられました。

〈図書案内〉

市川伸一（1997）．考えることの科学—推論の認知心理学への招待—　中公新書
　⇨人間の思考や推論にかかわる心理学的研究を，とてもわかりやすく，かつ親しみやすく紹介した一般書です。本章で扱っていない，確率判断（確率的な推論）にも大きくページが割かれています。みなさんにぜひご一読いただきたい良書です。

麻柄啓一・進藤聡彦・工藤与志文・立木徹・植松公威・伏見陽児（2006）．学習者の誤った知識をどう修正するか――ル・バー修正ストラテジーの研究―― 東北大学出版会
⇨私たちが形成しがちな誤ルールを紹介して，その修正方略の効果を検討した専門書です．専門書とはいえ，実験を中心にした理解しやすい内容になっていますので，誤ルールの形成やルールの適用に興味を持った初学者の方にもお薦めできます．

鈴木宏昭（1996）．類似と思考 共立出版
⇨心理学における類推（アナロジー）の研究をコンパクトにまとめた本です．これも専門書といえますが，すでに本章第3節でポイントとなる箇所は紹介していますので，違和感なく読めると思います．類推についてよりいっそう理解を深めたい方にお薦めです．

〈引用文献〉

荒井龍弥・宇野忍・工藤与志文・白井秀明（2001）．小学生の動物概念学習における縮小過剰型誤概念の修正に及ぼす境界的事例群の効果 教育心理学研究, 49, 230-239.

Bruner, J. S., Goodnow, J. J., & Austin, G. A. (1956). *A study of thinking*. NY : John Wiley.

Cheng, P. W., & Holyoak, K. J. (1985). Pragmatic reasoning schemas. *Cognitive Psychology*, 17, 391-416.

Evans, J. St. B. T. (1972). Interpretation and matching bias in a reasoning task. *British Journal of Psychology*, 24, 193-199.

Evans, J. St. B. T. (1989). *Bias in human reasoning : Causes and consequences*. UK : Lawrence Erlbaum Associates.（中島実（訳）（1995）．思考情報処理のバイアス 信山社）

古川竹二（1927）．血液型による気質の研究 心理学研究, 2, 612-634.

Gentner, D. (1983). Structure-mapping : A theoretical framework for analogy. *Cognitive Science*, 7, 155-170.

Gick, M. L., & Holyoak, K. J. (1980). Analogical problem solving. *Cognitive Psychology*, 12, 306-355.

Gick, M. L., & Holyoak, K. J. (1983). Schema induction and analogical transfer. *Cognitive Psychology*, 15, 1-38.

細谷純（1983）．プログラミングのための諸条件　斎賀久敬ほか　学習と環境　小学館，pp. 299-388.

岩男卓実（2006）．帰納　海保博之・楠見孝（監修）　心理学総合辞典　朝倉書店，pp. 226-232.

Johnson-Laird, P. N. (1983). *Mental models : Towards a cognitive science of language, inference and consciousness*. Cambridge, UK : Cambridge University Press.（AIUEO（訳）（1988）．メンタルモデル――言語・推論・意識の認知科学――　産業図書）

工藤与志文（2003）．概念受容学習における知識の一般化可能性に及ぼす教示情報解釈の影響―「事例にもとづく帰納学習」の可能性の検討―　教育心理学研究，51，281-287.

工藤与志文（2005）．概念的知識の適用可能性に及ぼす知識操作水準の影響―平行四辺形求積公式の場合―　教育心理学研究，53，405-413.

工藤与志文・宇野忍・白井秀明・荒井龍弥（2005）．小学生の植物単元学習に関する縦断的研究―単元内容の自発的関連づけに注目して―　教授学習心理学研究，1，37-47.

麻柄啓一（1990）．誤った知識の組み替えに関する一研究　教育心理学研究，38，455-461.

麻柄啓一・進藤聡彦（1997）．経済学領域における大学生の不適切な認識とその発生機序　千葉大学教育学部研究紀要，45（Ⅰ），21-29.

麻柄啓一・進藤聡彦・工藤与志文・立木徹・植松公威・伏見陽児（2006）．学習者の誤った知識をどう修正するか―ル・バー修正ストラテジーの研究―　東北大学出版会

Murphy, G. L., & Medin, D. L. (1985). The role of theories in conceptual coherence. *Psychological Review*, 92, 289-316.

太田耕平・山崎晃男（1995）．類推的問題解決における目標の役割　教育心理学研究，43，1-11.

Osherson, D. N., Smith, E. E., Wilkie, O., Lopez, A., & Shafir, E. (1990). Category-based induction. *Psychological Review*, 97, 185-200.

Over, D. E., & Evans, J. St. B. T. (1994). Discussion. Hits and misses : Kirby on the selection task. *Cognition*, 52, 235-243.

Rosch, E., & Mervis, C. G. (1976). Family resemblance : Studies in the internal structure of categories. *Cognitive Psychology*, 7, 382-439.

佐藤淳 (2001). 学習者が有する経済学的素朴概念の発動とその抑制に関わる条件の検討　北海学園大学経済論集, 48 (3/4), 49-62.

佐藤淳 (2009). 法則の適用を阻む「判断の不確定性」とその低減方略 ―教授学習心理学からのアプローチ―　東北大学出版会

進藤聡彦・麻柄啓一 (1999). ルール適用の促進要因としてのルールの方向性と適用練習―経済学の「競争と価格のルール」の教授法に関する探索的研究―　教育心理学研究, 47, 462-470.

進藤聡彦・麻柄啓一 (2000). ルールの記述様式がルール適用の促進および抑制に及ぼす効果―「山頂の缶ジュースはなぜ高いのか」その説明原理をめぐって（その2）―　山梨大学教育人間科学部紀要, 1 (2), 291-299.

鈴木宏昭 (1996). 類似と思考　共立出版

高野秀行 (2006). ミャンマーの柳生一族　集英社

山崎晃男 (1992). 類推による問題解決に及ぼす目標構造の同一性と写像類似性の効果　教育心理学研究, 40, 237-246.

山崎晃男 (2001).「教訓」の提示または産出による類推的問題解決の促進　教育心理学研究, 49, 21-30.

第8章 発　　達
——「自己」への旅立ち

はじめに

　ヒトの発達について，これまでもっとも多くの論争がなされてきたのが遺伝と環境の問題です。ヒトをヒトたらしめているのは遺伝子なのでしょうか，環境なのでしょうか。ヒトの近縁種であるチンパンジーと比較しても，決定的なヒト遺伝子があるわけではなく，わずかな違いの集積によって大きな違いが生み出されていることがわかってきました。ヒトの高度な知能や，それによって生み出された文明も，遺伝によるよりも，環境との相互作用によって人間自身が生み出した文化による方がはるかに大きいといえます。
　少子高齢化，高学歴社会という現代日本の状況が子どもの発達に影響を及ぼさないとは考えられません。この章では，そうした問題を踏まえて，発達のあり方を「自立」をキーワードとしてみていきます。乳幼児は母親との愛着関係を形成した上で，親から自立し，自分の能力を高め，仲間との関係の世界へ参入していくことが課題です（第1節）。次に青年期においては家族や仲間との親密な関係をベースとして，自立した社会人になることが課題となります（第2節）。最後に，成人期の課題は職業上の社会的関係を構築して，結婚などにより新たな家族関係を形成することだと考えられます（第3節）。

第1節　乳幼児期——「自立」を支える親子関係とはどのようなものか

現代社会との関連
現代の家庭と育児困難

　都市化と核家族化が進んだ日本の家族形態は，祖父母，父母，子どもの三世代から，二世代へ，さらに，二世代の間ですら互いにコミュニケーションが希薄な家庭を生み出し，さまざまな問題を生じさせています。育児経験のない母親は，多くの場合，子育てに十分な自信をもてないまま，不安を抱えながら大きな責任を負わされることになります。

　清水（2000）によれば，育児不安は母親の心理状態ではあるけれども，それは生理的要因，社会的要因が複合した結果であると指摘しています。たとえば，出産後数週間を産褥期と呼びますが，この期間にマタニティ・ブルーといわれる「うつ状態」におちいることがあります。分娩による体力の消耗とホルモンのバランスの変化，母親がもともともっている「うつ病傾向」の度合いなど，生理的要因が大きいといわれています。他方，核家族化にともなって祖母，伯母といった子育てをサポートする人が身近にいなかったり，夫が多忙で子育てに協力的でなかったりすると，心身の疲労によるストレスが単純な生理的要因に劣らず大きな要因になると考えられます（佐々木・佐々木，1979）。

　育児の過程で起こる深刻な問題として，子殺しや虐待が近年，増加傾向にあります。こうした問題も日常の子育てにひそむ生理的，社会的，心理的要因の複合として生じる現象と考えられます。1980年代から次第に大きな問題となってきた子どもへの虐待は，けっして特別な親によるものではなく，ごく普通の親の「しつけ」の一部だった折檻の行き過ぎである事例が多く報告されています。虐待は心理学的には親自身が虐待を受けていたために起こる再生産という側面があることも確かです。しかしそれ以上に，あたりまえの子育ての悩みに発する場合の方が多いと考えられるのです。

　家庭における育児困難がさらに虐待にまで発展するケースが増加するのにと

もなって，育児に対する支援のあり方も論議されるようになってきました。いくつかの地域で「虐待110番」という電話相談や，子育て講座，あるいは母親の育児グループ作り等の活動が活発になってきました。

中でも，身近に相談できる経験者がいない母親にとって，とっさに助言を求めたい場合のサポートとして電話によるサービスは貴重な社会資源と考えられます。手軽に利用できて，しかもリアルタイムに対応の仕方を助言してもらえる点で，講座などの間接的なサポートよりも優れています。清水（2000）によれば，関西の「虐待防止協会」が運営する「子どもの虐待ホットライン」には，約1年間で，実際に開設した234日の間に，1,453件の相談があったとのことです。そのうち虐待に関する相談が48.8％で，その他が44.1％でした。子育ての悩みを抱えた母親がいかに多いかわかります。

|研究紹介：応用実践編|

子育ての悩みに関する事例報告と子育て支援

ある保健所の相談の事例について紹介しましょう（清水，2000）。

2歳11ヶ月の女児の母親からの相談です。仮に子どもをY児，母親をAさんとしておきましょう。Aさんの主訴はY児の夜泣きでした。来談時，Y児は夜中に3〜4回寝返りするたびに泣き，なだめようと身体にさわると暴れる。生後1ヶ月の妹への授乳もあり，Aさんは不眠状態が続き，いらいらすることが多くなった。きびしくしなければと玄関に閉め出したりしたこともあるが，逆効果だったといいます。

【事例（Y児：2歳11ヶ月）】

Y児は10ヶ月で保育所に入所したが，保育所では「よい子」で，おとなしく，ぐずることもなかったし，祖母の家に泊まったときも夜泣きは長続きしないとのことでした。母親のAさんといるときにぐずりが多くなるということで，AさんもY児に対して命令的になることが増えたといいます。

Aさんは長女のY児を母乳で育てることにがんばってきたということです。Y児がアトピーだったこともあり，仲間のアドヴァイスもあって1歳を過ぎてもできるだけ母乳を続けるようにしていました。1歳半健診のとき，断乳を考

えてはと指導され，試みたけれどもＹ児の抵抗が強く気がくじけてしまいました。授乳を続ける仲間もいて，本気で断乳しようとまでは考えませんでした。

　ところがＹ児が２歳になる頃次の妊娠がわかり，出産が近づくにつれ断乳を決心せざるを得なくなりました。Ｙ児は逆に甘えが強くなったが，出産に際して祖母のもとに預けられ，母子分離，断乳ということになりました。１日目は泣いたけれども，２日目からは寂しがることも，めそめそすることもなかった，ということです。１ヶ月後，Ｙ児が自宅にもどり親子４人の生活が始まると，Ｙ児の猛烈な甘えと母乳に対するこだわりが出てきました。Ａさんの相談は，Ｙ児にもう一度母乳をあげるようにしてから，徐々にあきらめさせる（断乳する）ようにした方がよいのか，というものです。

　保健所担当者の助言　保健所の相談員の助言をまとめると次のようになります。

　①Ｙ児がお乳をやめる状況が突然訪れたためにショックがあったかもしれないが，お乳との別れはすんでいる。

　②Ｙ児はすでにお姉ちゃんになろうと決めて努力をはじめているのだから，お母さんが後戻りさせることはできない。

　③「おもらし」などの退行現象は，同じような状況（弟妹の誕生）におかれた子どもに共通するもので，あたたかく見守り，励ますことで克服できる。

　④もうすぐ３歳になるＹ児に対しては，赤ちゃん扱いするのではなく，絵本を読んであげたり，お手伝いをさせたり，Ｙ児とだけいっしょにできることをして，誇りをもたせることが大事である。

　⑤お乳が恋しい気持ちがまだあるとしたら，その代わりとしていっしょにお風呂に入って身体を洗ってあげたり，ときどき理由をつけて抱っこやおんぶをしたりしてスキンシップをはかる。

　担当者は，Ａさんが工夫してがんばっているところはほめ，混乱しているところは丁寧に説明して，上のような事柄を整理して伝えました。その後，Ｙ児の保育所の担任保育者の理解もあり，Ａさんは元気になり，この件はよい方向で解決したということです。

Aさんの事例は，第二子の乳児健診でたまたま長女の育児に関する相談としてなされたものですが，まかり間違えば母親の感情のもつれが高じて「虐待」の域にまで達したかもしれない問題をはらんでいます（大藪，1992）。

研究紹介：基礎編
相互作用論からみた母子関係と子どもの発達

上の事例のような母子関係の問題はこれまでアタッチメント（愛着）研究の対象として発達心理学の主要な研究テーマでした。母子の愛着に関する基本的な理論はボウルビー（Bowlby, 1969）によって作られました。ボウルビーによると，赤ちゃんは生まれつきムシ笑いをしたり，泣いたり，母親の養育行動を引き起こす刺激を信号として出すようにできているというのです。それが，やがて3ヶ月くらいになると，特定の人に対してだけ微笑む**社会的微笑**（social smile）に変化していきます。養育者，とくに母親は，そうした刺激に対して自然と微笑みや言葉かけによる応答をしているのです。これが相互作用と呼ばれる社会的なつながりのメカニズムです。

たしかに，抱きや授乳のようなスキンシップをともなう直接的な働きかけも重要ですが，それ以上に，表情の変化や声のようないわゆる**遠受容器的刺激**（distal stimulus）が，今度は赤ちゃんのさらなる反応を引き出すのに重要であることがわかってきたのです。これはヒトの赤ちゃんに特徴的なもので，後の言語の発達にも影響を及ぼすと考えられます。ハーロー（Harlow. H. F.）のサルの赤ちゃんの実験からもあきらかなように，授乳は必要条件ですが，その種によって母子の愛着関係を決定する条件は異なるのです。サルの場合，お母さんザルの人形を授乳条件（ワイヤーマザー）と毛布条件（クロスマザー）とで提示した結果，いざとなったとき，頼りにするのは毛布条件であるという結果が出ました（Harlow & Mears, 1979；図8-1，図8-2 参照）。これは，サルの赤ちゃんにとって母ザルの身体の毛につかまることが，生存するためにもっとも重要だからだと考えられます。

自立と安全基地説　母子関係は最初，赤ちゃんが母親という特別な対象に対する情愛の絆を形成するところから出発することは先に述べたとおりです。こ

図8-1 針金製母親と布製母親
(Harlow & Mears, 1979 [梶田ら訳, 1985])

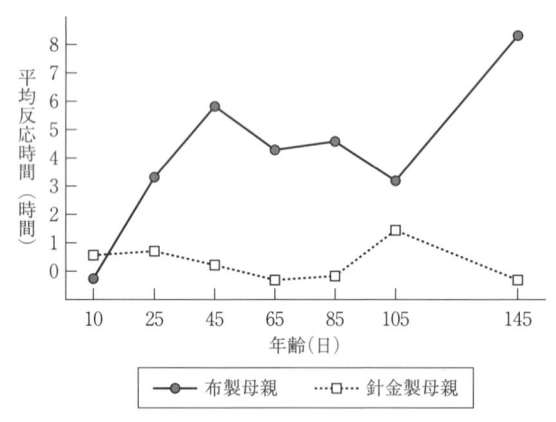

図8-2 恐怖テストにおける反応の違い
(Harlow & Mears, 1979 [梶田ら訳, 1985])

のような愛着関係が成立した後，次に乳幼児にとっての課題は母親との一体感からの脱皮ということになります。1歳から2歳にかけて，歩き始め，片言の言葉も話せるようになると，母親への依存中心の生活から，自立が必要になってきます。エリクソン（Erikson, E. H.）はこの時期を「自律性 vs. 恥・疑惑」

という**心理―社会的危機**（psycho-social crisis）として特徴づけています（次節図8-3参照）。

　赤ちゃんがスムースに母親から離れて，探索行動による学習の幅を広げるためには，親との愛着関係がしっかりしていることが必要だとされます。それはヒマラヤのような高い山に登るとき，装備や食料など安全を確保する基地（ベース）を置いて，そこから危険な頂上へと向かうのに似ているかもしれません。ボウルビーは，母親との強い愛着関係を「安全基地」と呼び，乳幼児が自立する上で大事な要因と考えました（**安全基地説**, safety base theory）。逆に，この関係が貧弱だと，子どもは親との愛情に信頼を置けず（**分離不安**, separation anxiety），自立するのが難しくなるというのです。親のそばから離れようとしない子どもは，一見，親子の関係が密接であるようでも，じつは内的な絆が弱いとも考えられるのです。

　エリクソンの心理―社会的危機に照らしてみると，基本的信頼感（図8-3）の獲得が不十分で親に愛されているかどうかに不安がある場合，下に子どもができて自分が大切にされているという感覚が脅かされる場合に，安全基地の問題が大きくクローズアップされます。子どもの反応は自分の要求が抑えられない場合と，抑え過ぎる場合（過剰適応=「よい子」を演じる）とに二分されます。一般的には「抑え過ぎる」ケースの方が後々大きな問題を生じさせる危険性が高いのです。目立った反抗期もなく小学校時代，ずっと「よい子」で親や教師の期待を先取りしていた子どもが，いざ，本当の自立（アイデンティティ形成）の時期になって仲間から置いてきぼりになり，不登校にいたるということもまれではないのです。Y児の例は幸い「要求が抑えられない」ケースに該当すると考えられます。

　さて，前項のAさんは母乳で育てようと一生懸命でしたが，愛着関係がやや弱かったために，Y児はお乳を求めるという行動を通じて，愛情の再確認を求め続けました。保健所の相談員の5つの助言は発達心理学の知見からみても適切なものだったと考えられます。保育園でも，祖母の家でもすっかり赤ちゃんを脱しているのに母親といるときだけぐずり，「イヤ，イヤ」が多いことから，

助言①にあるように，Y児はすでに乳離れをすませ自立の時期に達していると考えられます。また，最初，表情が硬く質問への返答もなかったY児が，担当者と遊ぶ中で徐々に笑顔を見せ，独り言の中にお姉ちゃんらしさが感じられたことから，助言②が導かれ，後戻りをさせてはいけないという指導につながるのです。

　Aさんは，先輩母親の母乳偏重の助言をそのまま実行しようとして悪戦苦闘したことからもわかるように，育児に対して十分な知識がなく，子育てを楽しむ気持ちの余裕もなかったとみられます。愛着研究からすると，スキンシップや授乳のような直接的なやり取りよりも，目と目を合わせて微笑んだり，声をかけたりする方がはるかに重要であると指摘できます。これらのことは長年の**縦断研究**（longitudinal study）や**ホスピタリズム**（hospitalism）の研究から見出された，発達研究ではもっとも基本的な研究結果なのです（Sameroff & Chandler, 1975）。たとえばブラゼルトンら（Brazelton et al., 1974）は生後2週間から20週の乳児と母親の対面時の行動を分析して，乳児の凝視行動に「見つめる」―「目をそらす」という交互的なリズムがみられ，母親がこのリズムに同調すると母子のやり取りが継続するのに対して，リズムを無視するとこの母子のコミュニケーション関係が断絶することを見出しています。

　すでに3歳になったY児とのやり取りを乳児期に戻ってやり直すことはできませんが，それに代えて3歳に見合った母子関係のきずなを作ることは可能です。それが助言④であり，愛着関係の弱さについては直接言及せず，絵本を読んであげたり，お手伝いをさせたりすることを薦めた点などはポイントを突いた指導だったと言えます。「絵本を読んであげること」は，それが文字の学習のような教育的効果よりも，母子がいっしょに一つのファンタジーの世界を共有して，ともに笑ったり，泣いたりする有意義な場面として評価できるのです。

〈基礎知識の整理〉

社会的微笑（social smile）
　　生後3ヶ月過ぎの乳児が周囲の者に対して社会的交渉をもつために自発的に

示す微笑のことです。

遠受容器的刺激（distal stimulus）
　身体的接触などの近受容器的刺激に対して，「見る」「聞く」など身体から距離をとって働く感覚・知覚器官（目・耳など）に対する刺激のことで，愛着関係の成立には近受容器的刺激よりもこちらの方が重要であることが実証されました。

心理―社会的危機（psycho-social crisis）
　エリクソンの生涯発達論における8つの段階のそれぞれに存在する発達課題を表わす用語で，成功した場合と失敗した場合の対概念として定式化されています（例：「信頼 vs. 不信」）（次節図8-3参照）。

安全基地説（safety base theory）
　母親を愛着の対象とした子どもは，当初，母親との接近を強く求めますが，やがてそばにいなくても安全を感じることができることを発見し，母親を安全の基地として利用しながら探索活動をおこなうようになるとする説で，ボウルビーによって提唱されました。

分離不安（separation anxiety）
　子どもが主たる養育者から離れることに対して見せる不安反応のことです。

縦断研究（longitudinal study）
　同一個体が時間の経過とともにどのように発達的に変化するかを複数の時点にまたがって追跡調査する研究方法のことです。複数年齢段階の個体群をある一時点において比較する横断研究に比べて，実際の変化のプロセスを検出できる優れた方法です。しかし，長期にわたる時間が必要なため，個人の研究として行うのは難しいとされます。

ホスピタリズム（hospitalism）
　親から離され，長期間にわたって乳児院，養護施設，病院などに収容された子どもの心身に生じる障害（発達遅滞，情緒障害，神経症傾向等々）の総称です。

第2節　青 年 期──「自己」を発見する際の問題は何か

現代社会との関連
自立できない青年をめぐる問題

　現代社会は過去に類をみない若者による犯罪が生起する社会でもあります。ごく普通の家庭で育ち，問題を起こした前歴がない人間による犯罪が多発している現状があります（若者による凶悪犯罪の発生頻度そのものは減少しています）。彼らは従来の犯罪者の概念に納まらないどころか，幼少時から小学校時代までは親や教師からいわゆる「よい子」として認められてきた者が多いのです（例：特集：「よい子」のこころの問題『児童心理』，2008年11月号）。

　2008年6月8日の日曜日に，東京秋葉原で25歳の青年が17人もの何の関係もない人々を無差別に殺傷するという事件が発生しました。この青年Kは，歩行者天国に2トントラックで突進して数名をはね，その後，車から降りて持っていたナイフ（ダガーという両刃で殺傷性の高い短剣）で次々と無差別に10人以上の人々を刺したのです。被害者のうち5人が心肺停止状態という史上まれにみる惨事となりました。

　青森市で父母，弟の4人家族の長男として生まれ育ったKは，小中学校時代までは文武両道に秀でた目立つ存在だったようです。周囲公認の女友達もいて，外見上は学校生活を謳歌していたかのように見えました。しかし，それは彼の携帯サイトの書き込みと彼の弟の手記によれば，親によって作り上げられた虚像だったとのことです。親の厳しい「しつけ」は，一歩まちがえば「虐待」にもなりかねないほど常軌を逸していたようです（小林，2008）。幼児期に反抗期という自立のための時期を経験する余裕もなく，Kは親の期待に応えること（「よい子」を演じること＝**過剰適応**（over adaptation））で精一杯になっていたものと思われます。

　このような場合，通常は思春期に第二の反抗期が訪れ，遅まきながら両親との葛藤が生じ，第一反抗期がなかったぶん，激しく，また鋭い対立になること

第8章 発　達——「自己」への旅立ち

が少なくありません。不登校，家庭内暴力というお定まりのコースをたどる中学生が80年代に急増し，その後も大幅に減ることなく現在にまで至っています（保坂，2000）。

　Kも中学生の頃，ようやく遅れて来た反抗期ともいうべき母親に対する暴力を一度だけふるって，その後は両親との距離が急速に大きくなっていきました。高校時代のKは小学校時代の蓄積で中学まで保っていた成績やスポーツの能力もなくなり，教師たちからは印象の薄い存在になっていました。Kは問題を内に抱えたまま，表面上，何事もなかったかのように進学，就職へと進路をすすめていきました。

　秋葉原での事件に至る過程で，携帯サイトに書き込まれたKの自己卑下の3分の1は女性にモテないことに対する悩みを訴える内容だったようです。〈恋愛を楽しめるのは25歳までだと聞いたことがありますけど，もうとっくに過ぎてしまいました　もっとも不細工には恋愛する権利がそんざいしませんけど〉（携帯サイト，5月初旬）。Kの写真を見ると，特別美男子だとは言わないまでも，けっして彼が卑下するような容貌だとは思われません。浅野（2008）は，Kの「不細工」を連発し，顔にこだわる姿勢について次のように分析しています。

　「〈顔さえ良ければ彼女ができていたでしょうし，彼女ができていれば性格も歪んでいなかったでしょう。普通に普通の仕事を続け，部屋と車を維持して普通の生活をしていたでしょうね　顔が全ての元凶です〉（携帯サイト，5月8日）顔から彼女へ，彼女から仕事へ，そして「普通の生活」へと至るこの言葉の横滑りが示唆しているのは，ここでいう「顔」が「普通の生活」という言葉に象徴されるある種の「まっとうさ」を表現するものであるということだ。誰からもうしろ指をさされることのないまっとうな生活，あるいはそのような生活に対する他者からの敬意と尊重，彼が痛切に欲していたのはそういったものであるように思われる。…（中略）…〈彼女がいない，ただこの一点で人生崩壊〉（携帯サイト，6月5日）…これを額面通りに受け取るべきではない。彼の人生を崩壊させたのは，彼女ができないことではなく，尊重・敬意を得られなかったことなのだから。」（浅野，2008）

仕事と恋愛，この2つはともにアイデンティティ形成のもっとも重要な要素だと考えられます。Kは，仕事を転々としながら求めて得られなかった尊重と敬意を，無意識に親密性（恋愛）の問題に読み替えていたものと思われます。

研究紹介：応用実践編
自立を支える臨床実践例

　林（1994）は，わが国のいわゆる受験をめぐる状況について，幼少の頃より受験中心の生活が子どもの成長発達の阻害要因として大きいと指摘します。それがやがて青年期になってからノイローゼ，非行，問題行動を引き起こすケースも少なくないのです。前項でみた秋葉原無差別殺人事件の容疑者Kもこうしたケースの極端な場合と考えられます。本項では，そうした問題をめぐる典型的な事例研究（林，1994）について紹介します。

【事例：（来談時）私立中学2年生男子A；主訴：頭がぼんやりして勉強ができない。このままだと死んでしまった方がましだ】

家庭環境（来談時）：父，43歳，自営業；母，41歳，専業主婦；妹，12歳，小学生。経済的には裕福であり，何不自由なく成長。

生育歴：正常分娩，親の期待が大きく，小学校入学を機に英才教育的な方針によって高度な内容の私的教育が導入される。Aはそれによく応えて，小学校低学年時，表面上は良好な親子関係が成立。

問題の顕在化：小学校4年生頃から，「変わったやつ」「ユニークボーイ」「坊ちゃま」などと呼ばれ，いじめの対象となる。身体が細く，スポーツが不得手だったので，その面でいじめっ子に勝てず，屈折した感情を示し始める。家庭内で，暴言，物品破損，妹虐待，親への反抗などが出現。困惑した親は担任や医師に相談するが経過は芳しくなかった。

問題の一時沈静化：小学校6年生になり，身体的に成長したAに対し，いじめ，からかいが減り，落ち着いてきた。進学校として有名な私立中学を受験し合格，自信と誇りを回復したかのように見えた。

問題再発・改善：中高一貫教育の受験校で，中2時，同級生のストレスのはけ口として再びいじめのターゲットにされる。Aは，独り言を言う，チック症

状を示す，授業中に奇声を発する等の神経症的傾向が現れるようになる。しかし，カウンセラー等の対応により症状は改善され，それ以上悪化せずに済んだが，なお，不安定な状態が続く。

<u>問題の再悪化</u>：高2時，一旦，潜伏していたいじめが再び始まり，Aは口内裂傷を負い，鞄を切り裂かれるという事件が起こった。父親は激昂し，本人は小学校時代に戻ったような被害意識に陥り，勉強に集中できず，家庭内における反抗が再発した。

家族療法(family therapy)**的介入**：本人のみの面接ではなく，家族全員に対する面接を重ねた結果，次のような事項について点検する作業が必要と判断された。

　①父親：社会的地位は高いが，家でも権威をふりかざして妻，子どもを圧迫していないか。妻の領分を認め，任せているか。②母親：恵まれた家庭環境で末子として育ち，辛抱が足りない面はないか。夫に対して表面上従っているが，心底から夫の方針に協力する態度があるか。子どもの立場に立ち続け，ときには夫とも対峙することがあるか。③妹：兄の病んだ心に共感できているか。神経過敏になっている兄に，学校や成績にかかわる話題を口にしないように注意しているか。

　このような家族役割の点検作業は，問題を抱えた青年をめぐって「今，われわれが彼に対してできること，できないことは何か」を問い，家族がそれぞれ自分の力量，限界を知る試みです。このプロセスを通じて，Aは，「テストはあいかわらずムラがあるが，ムラのあるのが俺なんだと思えてきた」「オヤジの期待はわかるが，結果は実力次第だ」「うちはどこかよその家と変わっている。何か欠けたところがある。お互いのいたわりが無いのかなぁ」というような洞察に達しました。その後，Aはサイクリングなどで心身を鍛え，アルバイトをしながら通信制大学の学生として落ち着いた生活を手に入れました。

　この事例のAと，秋葉原事件の容疑者Kとの違いは何でしょうか。どちらも幼少時，両親による強い期待に応えようと頑張った結果，自立の機会を失ったところは共通しています。しかし，反抗期に親に向けてきちんと反抗し，家族が最後までサポートしたAと，反抗のきっかけはあったものの攻撃の矛先

を収めて，両親と向き合わず，家族に見放された（少なくともそう思った）K。むしろ，中学校まで文武両道に秀でたKの小成が，自立という大成を妨げたのではないでしょうか。林（1994）の末尾に，受験ノイローゼにさいなまれる子どものつぶやきとして掲載されている次の言葉は，Kが犯行直前に携帯サイトにしていた書き込みとあまりにもよく似ています。

 Kの書き込み：
  「誰でもいいから殺したい気分です」（携帯：4月14日）
  「このまま死んでしまえば幸せなのに」（携帯：3月2日）
 子どもたちのつぶやき：
  「あちこちの家に火をつけたい。学校関係者を皆殺しにしたい」
  「目の前が暗い。全身の力がなくなり生きている価値がない。死んだ方がよい」

研究紹介：基礎編

生涯発達からみた青年期

 ヒトの発達を生涯にわたる心理—社会的相互作用（出会い）のダイナミックな過程としてとらえた心理学者がエリクソンでした。エリクソンは，乳児期から老年期まで生涯にわたる人生を一つの全体としてみる見方をとりながら，その構成要素が優位に働く時期を8つに分け，要素と全体の有機的なつながりを軸とした**漸成図式**（ぜんせい）（epigenetic scheme）（図8-3）を提唱しました（Erikson, 1963）。8つの発達段階（心理—社会的危機）は，不連続なステージが階段のように大きな段差をもつものとして描かれていますが，それは固定したものではなく，むしろ，全体を貫くロープの結び目のようなものと考えられます。一つの結び目で起こった揺らぎは，つねに，ロープ全体に波及し，すでに通過した段階を再び不安定にする可能性をはらむダイナミックなものなのです。

 エリクソンは，ユダヤ人でありながら母親の交際相手が北ゲルマン系の男性だったために背が高く金髪で青い目という容貌をもち，ユダヤ人学校ではそれゆえに差別されたといいます。元々，ユダヤ人であること自体，当時のヨーロッパでは差別の対象でしたから，エリクソンは二重の意味で自分の出自に対す

第8章 発　　達——「自己」への旅立ち

	1	2	3	4	5	6	7	8
Ⅷ								統合性 対 絶望 英知
Ⅶ							生殖性 対 停滞 世話	
Ⅵ						親密性 対 孤立 愛		
Ⅴ					同一性 対 同一性拡散 忠誠			
Ⅳ				生産性 対 劣等感 有能感				
Ⅲ			主導性 対 罪悪感 目的					
Ⅱ		自律性 対 恥, 疑惑 意志						
Ⅰ	基本的信頼 対 基本的不信 希望							

図8-3　エリクソンの漸成図式（Erikson, 1963［仁科訳, 1977］）

る疑問をもちました。さらに再婚した母親と継父との間に実子（妹）が生まれ，家庭内においても彼の存在は曖昧なものになってしまいました。彼は高校を卒業すると家を出て，絵を描きながら放浪の旅を続けます。それは「自分とは何か」という問いへの答えを探す旅だったといえます。その答えが，彼の発達段階論を貫く**「アイデンティティ（自我同一性, identity）」**という中心概念だったのです。

アイデンティティは，8つの発達段階の中心に位置する5番目の段階のテーマであると同時に，他のすべての段階を貫く隠れた中心テーマでもありました。青年期は，子ども時代のさまざまな自己像を統合して，一つの人格にまとめ上げることが課題とされます。その過程は役割実験と呼ばれるように，さまざま

な可能性を試してみることだと考えられます。しかし，それはアイデンティティの一面に過ぎません。実際の選択は，数少ない可能性の中から，選択せざるを得ない選択肢を，あたかも自らが主体的に選んだかのように引き受けることなのです。むしろ，もっとも重要な属性は選択の余地すらない場合の方が多いのです。エリクソン自身が悩んだ民族，容貌，家族関係などはいずれも彼自身の選択の余地のないものばかりでした。

　職業選択などはたしかにより自由度が高いように思われますが，多くの男子児童が憧れるスポーツ選手に誰でもなれるわけではありません。現代人は，家柄や血筋や社会階層によってではなく，自分自身が主体的に自分の生き方に対して責任をもたなければならないとされます。いいかえれば，アイデンティティの獲得とは，それまで親や他人のせいにしていた自分の属性（民族，家柄，身体，能力等々）を自らの責任において主体的に引き受ける意思決定だと考えられます。

　その過程の中で親との関係が大きく変化します。**心理的離乳**（psychological weaning）と表現されるように，親への依存関係から，対等で個性的な人格同士の相互関係へと変わるのです。いいかえれば，親との個人的な関係がお互いに責任を持つ者同士の社会的関係へと止揚されなければなりません。自立とは，このアイデンティティを獲得すること，すなわち，親をも異質な他者として認め，改めて親密な関係を結び直すことだと考えられます。

　秋葉原で事件を起こしたKは，自立できないまま，親との関係を結び直すこともできず，他者との社会的関係を求めて転職を繰り返し，懸命に携帯サイトに書き込みを続けました。結果，発達段階の階梯を次々と降りていくという逆発達過程をたどり，生産性 vs. 劣等感では劣等感を，自律性 vs. 恥・疑惑では恥・疑惑を，そして，基本的信頼 vs. 不信における最後の砦，「基本的信頼」さえ揺らいだとき，生きていく希望を失ったのではないでしょうか。殺人はもっとも効果的な自死であるという見方もあります。〈誰でもいいから殺す〉というのは，誰でもいいから自分を承認してくれる他者を求めて得られなかった果ての「絶望」の別な表現だったのかもしれません。

第8章 発　　達——「自己」への旅立ち

〈基礎知識の整理〉

過剰適応（over adaptation）
　自分を押し殺して周囲に過度にあわせ過ぎる傾向を指し，表面上，問題ないように見えますが「よい子」を演じ続けることによって自己不適応に至る場合があります。

家族療法（family therapy）
　個人の問題を家族の人間関係の中でとらえようとする心理療法で，家族にもそれぞれ治療上の役割を担ってもらいます。

漸成図式（epigenetic scheme）
　エリクソンによって提唱された，8つの異なる段階から成る人格発達の心理—社会的形成モデルを階段状の図式として表した図表です（図8-3参照）。

アイデンティティ（自我同一性）（identity）
　エリクソンの人格発達論における青年期の心理—社会的危機を示す用語です。

心理的離乳（psychological weaning）
　青年期前期に生じる親からの心理的自立の試み，あるいは，情緒的自律性の獲得を指す概念で，第二次反抗期にみられるように，親との心理的葛藤を通じて達成される場合が多いとされます。

第3節　成　人　期——「自己」はどのように社会へ参入していくのか

現代社会との関連

キャリア発達とアイデンティティ

　職業選択はアイデンティティ形成のもっとも重要な要素になります。これまでわが国では，青年は高校や大学を卒業するとすぐに就職し，よほどの事がない限りそのまま定年まで働き続けるいわゆる「就社」が普通の姿でした。大手

の上場企業への就職しやすさは、入学した大学で決まると考えられてきたこと、大学の推薦を受けることによって就職の自由度がそれほど大きくないことなどから、就職よりも大学進学のための受験に大きなエネルギーを費やし、大学入学後は一時的な退行状態が出現するともいわれます（村瀬, 1981）。

中学、高校時代、受験のために達成できなかった仲間関係や恋愛関係を大学において課外活動などで回復しようとするためです。就職活動は3年次になってようやく本格的に意識されるが、実質1年ほどの短期間にもっとも重要な職業選択をあたふたとおこなうことになってしまいます。

こうしたシステムは、大学のランクのヒエラルキーが固定的で、就職が公務員や大企業を頂点とするヒエラルキーに対応していた時代には、それなりに機能していたと思われます。しかし、20世紀末あたりからそうした就職をめぐる様相が変化してきました。いわゆるバブル経済が破たんした後、大企業といえども倒産したり、多くの社員を解雇したりする事態が出現し始めたのです。また、行政機関の怠慢が指弾される事件が頻発し、公務員の人気にもかげりが見え始めました。

さらに経済のグローバリゼーションの流れが加速し、市場だけでなく資本においても国内だけで完結するしくみが限界に直面しつつあると言われています。つまり、海外からの投資の増加によって、日本的経営と呼ばれてきた株主よりも会社の存続を重んじる経営形態に変化が生じてきたのです。

そうしたことを背景として、最近では、卒業後すぐに長期の安定した就職をする青年ばかりでなく、いわゆるフリーターと呼ばれる青年が増加してきて、アルバイトを次々と替える、派遣社員として臨時の職を転々とするなど、一つの会社に定着することがかならずしも一般的ではなくなってきたのです。就職しても短期間で辞めて別の会社に移る、あるいは大学院に進学するなどの傾向もみられます。中には、進学も就職もせず、親の収入に依存した生活を送るニートと呼ばれる青年まで現れてきました。ニートとは、教育機関にも、職業訓練所にも属さず、また、雇用関係など、特定の社会的関係をもたない青年のことを指す用語で、近年、社会問題にもなってきました。

フリーターには2通りあると考えられています。一つは，日本の企業の雇用形態が変化し，年功序列賃金と終身雇用制の一角が徐々に崩れ始めたことに対応して，自分の生き方に合った職業あるいは職場を探しながらさまざまな短期の仕事やアルバイトを渡り歩くタイプです。それに対して，最近，正社員としての採用を目指しながら，新規採用に慎重になった会社によって中々採用されず，やむなくアルバイトあるいは短期の不定期な仕事でその日その日を凌ぐタイプが増加してきたといわれています。しかし，いずれにしても，フリーターが正規の社員として採用される道は険しく，正社員を目指す側と，雇用する側との間に大きな意識のギャップがあるのが現状です。

ギンツバーグ（Ginzberg, 1951）によると，職業上のアイデンティティは幼児期から青年期までに空想期，暫定期，現実期という3つの段階を経て発達するとされます。空想期は，幼児期から児童期にかけて，テレビやマンガにみられる想像上のキャラクターやヒーローに自分を重ね合わせ，それらがもつ社会的な役割を取り入れる時期です。次の暫定期は，青年が職業として評価する職種と自分自身の能力が合致するかどうかを検討する時期です。そしてとりあえず希望の職種を定めるのです。現実期になると，暫定期に選んだ職種について具体的な探索を行い，最終的にはその職業が自分の人生にどのような意義をもつものかに関する意識を発達させます。

研究紹介：応用実践編
アイデンティティ獲得の失敗例としてのフリーター

フリーターは暫定期から現実期にかけて，自分に合致した職業を探索し，職業に関する意識を高めるための準備段階として機能しているでしょうか。残念ながら多くの調査研究（小林，2000；小杉，2001）は否定的な結果を出しています。すでにこの面で先進国であるアメリカ合衆国の例ですが，青年期中期の多くがファスト・フードや肉体労働の領域でパートタイムの仕事をもっているということです。仕事内容が比較的単純で反復的であるために，特別な技術の習得や上司，仲間との人間関係の構築など，職業上必要とされる知識・技能の獲得まで至らない場合が多いのです。また，このような仕事を通じて得られた所

得は，将来の生活設計や必需品のための予算に振り向けられるより，その時々の享楽的な使途（遊興費，ブランド品の購入など）に費消されるといわれます。つまり，少数の例外を除いて，フリーターというのは職業上のアイデンティティ形成のための時期にはなっていないことが分かります。こうした事実は，雇用する側がフリーターをかならずしも経験年数として見なさず，むしろ，ネガティブに評価することに繋がるものと考えられます。

　白井（1992）は基礎編で紹介するスーパー（Super, D. E.）のモデルを日本の青年にあてはめ表8-1のようにまとめました。それによると，青年期は，自分にふさわしいものを探求する段階から仕事世界へ参入し，訓練を受け，正社員になる段階にあたります。

研究紹介：基礎編

キャリアをめぐる新しい発達段階モデル

　エリクソンの生涯発達段階論をベースにしながらも，現代社会の複雑な様相に合わせた新たな視座による段階論の提案がなされています。前項でも述べたように，アイデンティティを構成する要素としてもっとも重要なものが職業であることから，発達段階を貫くロープをキャリアとして再構成する理論が提案されたのです。初期の理論家としてシャイン（Schein, 1978）のキャリア・サイクル論（図8-4）がよく知られています。しかし，シャインのキャリア・サイクル論はあまりに職業そのものに偏り過ぎているように思われます。その後，スーパーら（Super et al., 1996）は，同じくキャリア発達モデルを考案しましたが，何度もの修正を加えて，ワークキャリアからライフキャリアへとモデルを変化させました。スーパーのモデルは，人の生涯を構成する生活空間と生活段階とを組み合わせた**ライフスペース・アプローチ**（life space approach）と呼ばれています（川﨑，2001）。

　このアプローチを視覚的に表現したのが**ライフキャリア・レインボー**（life career rainbow）（図8-5）です。これは，「子ども」「学生」「余暇人」「市民」「労働者」「家庭人」という6つの人生役割が，「成長」「探索」「確立」「維持」「衰退」という5つの生活段階を通じて変化していく様相を図式的に表したモ

第8章 発　達──「自己」への旅立ち

表8-1　わが国の学生にみる職業的発達段階（白井，1992）

段　階	スーパーの定義	特　徴
成長段階（0〜13歳）		自己概念は，学校と家庭における主要人物の同一視を通して発達する。欲求と空想はこの段階の初期において支配的である。興味と能力は社会参加と現実吟味の増大に伴い，この段階でいっそう重要になる。
空想期 4〜9歳 （〜小3）	欲求中心・空想の中での役割遂行が重要な意義をもつ。	1. テレビの主人公（刑事やゴレンジャーなど），ごっこ遊びの登場人物や身近な人（幼稚園の先生，お母さんなど），自分の欲しいものやしたいことに関係する仕事（ケーキ屋さん，オモチャ屋さん，パイロット，電車の運転手など）が多く選ばれる。 2. 男子では，強いもの，かっこいいもの，女子ではかわいいもの，女の子らしいもの（お嫁さん），実現不可能なもの（男の子，猫など）が選ばれる傾向がある。 3. 将来なりたいものは数多くあげられ，また容易に変化する。
興味・ 能力期 10〜13歳 （小4〜中1）	好みが志望と活動の主たる決定因子になる。能力にいっそう重点がおかれる。職務条件が考慮される。	1. 自分の周囲にいる人への同一視がある。例えば，父親を尊敬しているので父親と同じ職業につきたいとか，担任教師がいい先生なので教師になりたいなど。あるいは，親から言われたことを取り入れている。 2. 自分の趣味や特技（ピアノの先生，画家，プロ野球の選手など），あこがれ（歌手やスチュワーデスなど），読んだマンガの主人公（探偵，科学者，医者，弁護士など）にあこがれる。 3. 同時に複数のものにあこがれる。ただし，1つのものに決めている場合には，のちの職業選択に重要な影響を及ぼす場合が多い。 4. なろうと思えばそれになれるという万能感がある。
探索段階（14〜22歳）		学校，余暇活動，アルバイトにおいて，自己吟味，役割試行，職業上の探究が行われる。
暫定期 14〜17歳 （中2〜高2）	欲求・興味・能力・価値観・雇用機会の全てが考慮される。暫定的な選択がなされ，それが空想や討論・教育課程・仕事などのなかで試みられる。	1. 単なるあこがれではなく，職業を意識するようになる。例えば，教師という仕事の中身や意義をふまえた上で，自分なりの教師像をえがき，教師を志望する動機について自覚している。メジャーでない裏方の存在にも気がつく。外見上のかっこよさだけでなく，生き方や価値観への共鳴を重視する。 2. 自分の能力や雇用の機会などが考慮されるようになり，将来の職業選択について現実吟味がなされる。とくに高校受験への直面や親との会話はそれを促進する。 3. 逆に，高校受験あるいはクラブ活動で忙しく，将来の具体的な職業について考えたことのない者もいる。
移行期 18〜22歳 ごろ	青年が労働市場または専門的訓練に入り，そこで自己概念を充足しようと試みる過程で，現実への配慮が重視されるようになる。	1. 高校卒業あるいは大学受験を機に，より現実に直面し，自分の立場・価値観・適正・興味・専攻分野・目標達成の可能性などの点から目標が吟味される。自分でないとだめだという職業を求める。 2. 職業の意義（経済性，社会的地位の付与，社会生活への貢献）が重視される。 3. 職業に就くための具体的で計画的な努力がなされる。 4. 今まで目標が明確だった者は，それが本当に自分に適しているのかどうか悩むことがある。 5. 現実への直面の仕方によって挫折感をもつことがある。現実をふまえた上で自分なりの夢を描くことが課題となる。 6. 実際に就職するまでは，自分が選択した職業の内容について依然として具体性に欠ける。

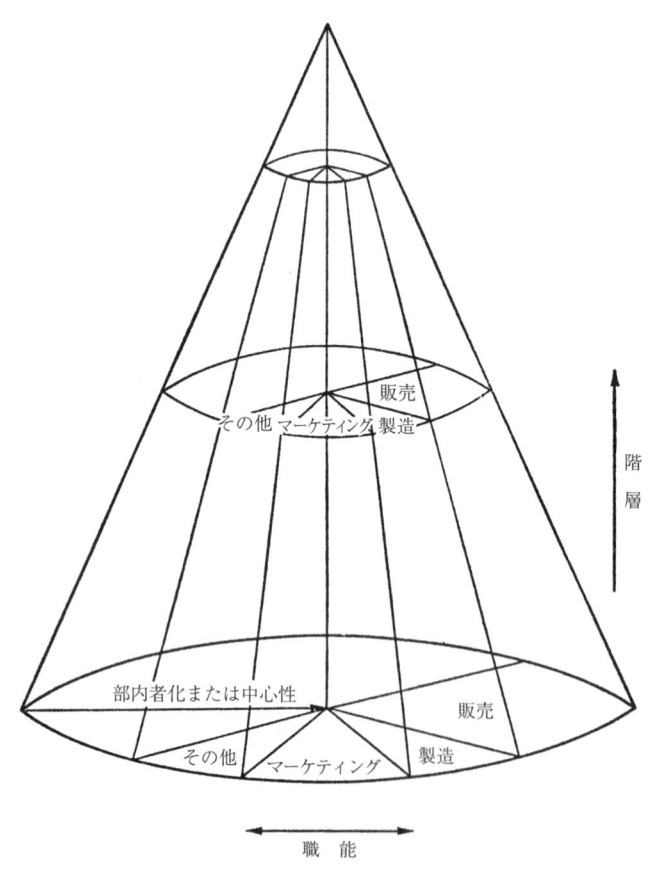

図 8-4 組織の3次元モデル（Schein, 1978 [二村・三善訳, 1991]）

デルです。図中，グレーに塗りつぶされた部分はその時期の重要な要素を表し，帯の幅は重要度を示しています。したがって，ある時期をとってみると，複数の人生役割が同時にみられ，それが全体としてライフスタイルを表しているわけです。

さらにスーパーはキャリアを規定する要因として，歴史的要因（歴史的変化）と社会経済的要因（コミュニティ，経済，学校，家庭，社会，仲間，労働市場，社会政策，雇用慣行）からなる〔状況決定因〕，心理学的要因（欲求，知能，価値，

第8章 発　達——「自己」への旅立ち

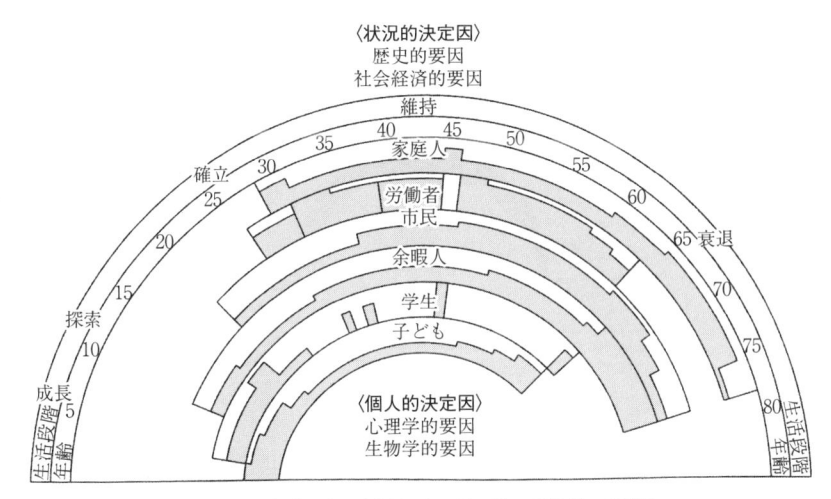

〈状況的決定因〉
歴史的要因
社会経済的要因

図8-5　ライフキャリア・レインボー（川﨑，2001）

適性，興味，パーソナリティ，学力，業績）と生物学的要因（生物学的遺伝）からなる〔個人的決定因〕を挙げ，とくにこれらの要因を視覚的に表した**アーチ・モデル**（arch model）を提案しています（図8-6）。

　歴史的要因と生物学的要因を土台とする2本の柱が社会経済的要因と心理学的要因で，それらに懸かるアーチがキャリアであるとされます。図に示されているように，キャリアを構成する要素には生活段階と人生役割のほかに自己，自己概念が含まれます。つまり，ここでも再びアイデンティティの重要性が再確認されるのです。

　こうしたモデルは，本来，流動的でダイナミックな相互作用の結果であるキャリア発達を固定的にとらえ過ぎている印象を受けますが，生涯にわたる人間発達をキャリア発達という視点から明示するモデルにおいても自己，あるいは自己概念が中心の位置を占めるというのは興味深い事柄です。

　若林ら（1982）は，専門的な職業についた人々の職業的自己イメージと学生が職につく以前に抱く自己イメージとを比較しました。就職直前の学生は希望に胸をふくらませて肯定的なイメージをもつのに対して，実際に就職した後2～3年の人々のイメージはもっとも悪く，徐々に当初の肯定的なイメージに近

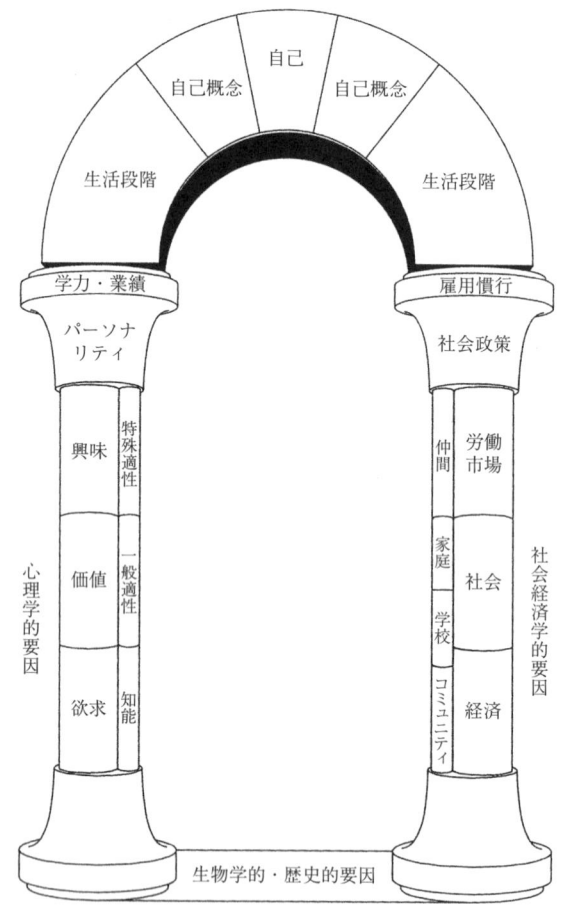

図8-6 アーチ・モデル（川﨑，2001）

づくことが見出されました。アイデンティティの形成は，どのような職業につくかということよりも，その職業に就くことにより，自分がどのように社会へ参入していけるのか，また，どのような人間関係を築いていけるのか，という「自立」の課題に主体的に立ち向かうことによってはじめて成し遂げられると考えられます。

第8章 発　　達——「自己」への旅立ち

〈基礎知識の整理〉

ライフスペース・アプローチ（life space approach）
　キャリアの発達を職業生活に限定せず，人の生涯を構成する生活段階と生活空間を構成する人生役割を組み合わせた一般的な生涯発達モデルの中に位置づくものとして，スーパーにより提案されたアプローチを指します。

ライフキャリア・レインボー（life career rainbow）
　「子ども」「学生」「余暇人」「市民」「労働者」「家庭人」という6つの人生役割の重要性が，「成長」「探索」「確立」「維持」「衰退」という5つの生活段階を通して変化していく様相を視覚的に表した図です（図8-5参照）。

アーチ・モデル（arch model）
　キャリアを規定するものとして心理学的要因と社会経済的要因という2つの柱があり，その上に自己・自己概念が架橋（アーチ）としてそれらの要因を繋ぐ役割を担うとするモデルです（図8-6参照）。

〈図書案内〉

柏木恵子（2008）．子どもが育つ条件——家族心理学から考える——　岩波新書
　⇨これまでの親子関係，家族関係の心理学では扱いきれなかった現代社会にねざす育児に関する問題を扱った書です。子どもの自立の重要性，子育てに親自身の成長が欠かせないことなど，従来の発達心理学の知見を超える観点が含まれています。母親の育児不安をめぐる諸問題についても丁寧に論じられているのが特徴です。

子安増生（1996）．生涯発達心理学のすすめ——人生の四季を考える——　有斐閣選書
　⇨著者は認知発達を専門とする発達心理学者ですが，この本は，生涯発達心理学の理論を踏まえながら，一般の読者を想定して随所に映画や歴史の実例が引用されていて，読み物（エッセー）としても優れたものです。楽しく読みながら，生涯発達心理学のエッセンスが学べる一書です。

澤田瑞也（編）（1995）．人間関係の生涯発達（「人間関係の発達心理学1」）　培風館
　⇨発達心理学を人間関係の観点からとらえる視座を明示した初期の本です。した

がって，これまでのように，一つの領域（認知，感情，言語）に特化せず，あらゆる領域の問題を網羅して等身大の人間の発達を扱うことを試みているのが特徴です。生涯発達に関する理論的考察を含む数少ない書物でもあり，シリーズは乳幼児期から老年期まで全6巻にわたっています。

白井利明・下村英雄・川﨑友嗣・若松養亮・安達智子（2009）．フリーターの心理学
　—大卒者のキャリア自立— 世界思想社教学社
　⇨現代の若者の生きづらさをテーマにした，非正規雇用社員に関するはじめての本格的な心理学書です。23歳〜30歳の若者8,336人の調査をもとに，青年期の自立の問題をフリーターが正社員へ移行するプロセスとそのための条件という観点から論じたユニークな本です。

〈引用文献〉

浅野智彦（2008）．孤独であることの二つの位相　大澤真幸（編）　アキハバラ発〈00年代〉への問い　岩波書店

Bowlby, J. (1969). *Attachment and loss, Vol. 1 : Attachment*. Basic Books.（黒田実郎ほか（訳）(1976)．母子関係の理論Ⅰ—愛着行動— 岩崎学術出版社）

Brazelton, T. B., Koslowski, B., & Main, M. (1974). The origins of reciprocity : The early mother-infant interaction. In M. Lewis & L. A. Rosenblum (Eds.), *The effect of the infant on its caregiver*. Wiley. pp. 49-76.

Erikson, E. H. (1963). *Childhood and society* (2nd ed.). W. W. Norton.（仁科弥生（訳）(1977)．幼児期と社会（第2版）1　みすず書房）

Ginzberg, E. et al. (1951). *Occupational choice : An approach to a general theory*. NY : Columbia University Press.

Harlow, H. F., & Mears, C. (1979). *The human model : Primate perspectives*. Washington D. C. : V. H. Winston & sons.（梶田正巳・酒井亮爾・中野靖彦（訳）(1985)．ヒューマンモデル—サルの学習と愛情— 黎明書房）

林昭仁（1994）．受験ノイローゼ　伊藤隆二・橋口英俊・春日喬（編）　思春期・青年期の臨床心理学　駿河台出版

保坂亨（2000）．学校を欠席する子どもたち—長期欠席・不登校から学校教育を考える— 東京大学出版会

川﨑友嗣（2001）．キャリア　高木修（監修）田尾雅夫（編）　組織行動の社会心理

学——組織の中を生きる人間のこころと行動——　北大路書房
小林拓矢（2008）．加藤智大25年の半生——栄光の幼少期と苦難の青年期——　洋泉社ムック編集部（編）　アキバ通り魔事件をどう読むか!?　洋泉社
小林裕（2000）．パートタイマーの基幹労働力化と職務態度　日本労働研究雑誌，479．
小杉礼子（2001）．増加する若年非正規労働者の実態とその問題点　日本労働研究雑誌，490．
村瀬孝雄（1981）．退行しながらの自己確立　笠原嘉・山田和夫（編）　キャンパス症候群　弘文堂
大藪泰（1992）．新生児心理学　川島書店
Sameroff, A. J., & Chandler, M. J. (1975). Reproductive risk and the continuum of caretaking causality. In F. D. Horowitz, M. Htherington, S. Scarr-Salapatek & G. Siegel (Eds.), *Review of child development research, Vol. 4.* Chicago : University of Chicago Press. pp. 187-244.
佐々木宏子・佐々木保行（1979）．育児疲労に関する生活心理学的研究　日本教育心理学会第21回総会発表論文集
Schein, E. H. (1978). *Career dynamics : Matching indivisual and organizational needs.* MA : Addison-Wesley Pub.（二村敏子・三善勝代（訳）（1991）．キャリア・ダイナミクス——キャリアとは，生涯を通しての人間の生き方・表現である。——白桃書房）
清水民子（2000）．乳幼児の精神衛生と家族への援助　佐藤眞子（編）　乳幼児の人間関係　培風館
白井利明（1992）．職業選択　子安増生（編）　キーワードコレクション・発達心理学　新曜社
Super, D. E., Savickas, M. L., & Super, C. M. (1996). The life-span, life-space approach to careers. In D. Brown & L. Brooks (Eds.), *Career choice and development* (3rd ed.). San Francisco : Jossey-Bass.
若林満・鹿内啓子・後藤宗理（1982）．キャリア発達と職業自己像——女性専門職の場合——　名古屋大学教育学部紀要，29，137-155．

補章　心理学の歴史
——産業・組織とのかかわりを中心に

第1節　現代の産業・組織心理学

　20世紀は，19世紀までに発展した近代社会がさらに大きく変化し，現代の高度な産業社会へと変貌を遂げた時代だったといえます。そうした時代の変化に心理学はどのようにかかわってきたのでしょうか。

　20世紀の初頭，1910年代を産業・組織心理学の草創期とし，1940年代に研究領域としての成熟度を増し，アメリカ心理学会に産業・組織心理学部門という名称が登場した1970年代はその成立期とする見方が一般的です。

　当初，「科学的管理法」，「個人差の心理学」，「動機づけ論」に端を発した産業心理学は，やがて① 経営管理（採用人事，人材管理），② 産業（作業手順，時間・動作研究），③ ビジネス（広告，販売）のような分野をカバーする応用研究分野として発展し，20世紀後半からは組織論が付加され，たんなる応用研究ではなく基礎的な学問としての地位を確立するようになりました。

　したがって，産業・組織心理学の課題は，第一に組織とは何かという問いになります。現代社会は大小さまざまな組織を単位として構成されているといっても過言ではありません。一見，組織と無縁に思えるような立場の人間であっても，実際には組織を前提にした社会と切り離された生活をすることは不可能なのです。多くの組織は何らかの目的をもっていて，その構成員に一定の適合的な行動をするように求めます。組織と個々人はどのような関係性によって結びつけられているのでしょうか。この点が第二の問いになります。

　第一の問いについては，これまで組織を相対的に環境と独立なシステム，言

い換えれば、**閉鎖システム**（closed system）として捉える傾向がありました。そこでの課題は、組織をもっとも合理的に、また、効率的に運営する最適な方略を探すことでした。分業体制、命令系統、監督方略など、組織原則と呼ばれる法則性が見いだされてきました。このシステムを前提とすると、第二の問いに対する答えも自ずと合理的な知性を最大限にすることを求めるモデルが提唱されます。

その後、こうした考え方に対する批判が出てきました。人間はかならずしも合理的な意思決定を行うものではなく、2つの面で限界があることが注目されるようになったのです。第一に、人間には感情があり、ときに、合理性に反するような意思決定を行うことが知られています。それを表面的に抑えつけることはできても、組織の運営において人間関係の重要性が認識されるにしたがって、そうした感情の果たす役割が無視できなくなりました。第二に、組織のあり方に対する考え方においても、それが環境と独立ではなく、つねに環境の変化に影響を受けるものであるとする見方が台頭してきました。つまり、組織を**開放システム**（open system）としてみる捉え方が一般的になってきたのです。それにともなって、組織と人間という対立構造も変更を余儀なくされてきました。組織と個人は対立する関係にあるのではなく、個々の構成員間の相互作用が組織のあり方を決定し、また、環境と構成員との相互作用によって組織のあり方が変化すると考えられるからです。

第2節　応用心理学の誕生と展開——産業・組織心理学

(1) 産業・組織心理学の背景

1830年代に、アメリカでは企業の民主化が進められ、労働者はそれまでと違っていわゆる「民主的なマネージャー」の下で働くようになりました。長い間、企業を設立するのは君主や議会から許された、財力や権力をもつ特権階級にしかできないことでしたが、一般の市民でも、少額の手数料さえ払えばそれが可能になったからです。19世紀末にはそうした企業の数は数千に上ったといわれ

ています。

　産業革命と軌を一にして，重工業の急速な発展の波にのった大規模企業が出現するに至って，多くのアメリカ人にとっては，小さな企業のオーナーになるよりそうした大企業の労働者となる方が，メリットが大きいという事態が生じました。ここに企業の経営者という権力とそれに従う労働者という新たな力関係が生じ，マネジメントという概念が誕生したのです。そこで生じた権力のことを**マネジメント・パワー**（management power）と呼びます。

　大企業の台頭にともなって生産手段を所有する新たな特権階級が形成されると，本来，そうした特権を嫌うアメリカの労働者と雇用者との間に緊張関係が生じるようになりました。経営者は，自らの権限を従業員に委譲することでこうした事態を和らげようとしましたが，それはかならずしも両者の関係を好転させず，むしろ権力の拡散という新たな問題を生じさせました。経営者から権限を委任された職場長（監督者）が，今度はその下で働く多数の労働者に対して権力をふるうようになったからです。彼らは，自分たちの特権を守るために，経営者に代わって低賃金，長時間労働といった厳しい労働条件を押し付ける役割を担ったのです。

　しかし，労働者たちが徐々に力を増して，ストライキを成功させるようになると，経営者たちは賃金を低く抑え，長時間労働を押し付けることに代えて，生産性を高めることに関心を向けるようになりました。作業のスピードを上げ，生産の目標を高めようというのです。また，労働力不足を補うため多くの移民を受け入れた結果，労働者の能力を客観的に測る必要が生じました。このような土壌から**科学的管理法**（scientific management）と呼ばれるマネジメント方式が生み出されました。

(2) 科学的管理法：行動科学的発想の曙

　機械化の時代の到来にともなって，労働力をその機械の一部として組み込み，生産性を高めることが求められるようになりました。こうした時代の要請に学問的に応えたのが**ミュンスターバーグ**（Münsterberg, H.）と**テイラー**（Taylor,

F.) でした。

①テイラーの科学的管理法

　テイラーは機械化の時代の到来を早くから予測し，労働力をその機械の一部として組み込むことに熱心に取り組んだ人物でした。このことを端的に示す例として，彼がフィラデルフィアの製鉄会社に勤めたときのやり方を紹介しましょう。彼は機械工場の職場長になるや助手にストップウォッチをもたせて，労働者たちが1日にどれだけの製品を生産できるか計測しました。その結果，従来，1日5個とされていた生産量が倍の10個でも可能であると結論づけられ，それに合わせて生産数1個あたりの歩合を50セントから35セントに下げたのです。それまで通りのんびり仕事をすると，2ドル50セントから1ドル75セントに日給が下がることになります。しかし，テイラーの計測通り，一生懸命集中して仕事をすれば，逆に3ドル50セントと大幅な給料アップにつながります。当初，こうしたやり方に反発していた労働者たちも次第に生産量を向上させ，3年で生産量を倍増させるに至ったのです。

　結果，製品1個あたりの単価が41％低減しました。効果はそれだけに留まりませんでした。テイラーのやり方が変えたのはもっと根本的な企業のあり方だったのです。高価で大型の機械を操作する熟練工を機械に張り付かせて効率よく仕事をさせるには，それ以外の，たとえば，機械に油を差すような単純な作業は別の非熟練工にさせた方が全体として生産性は高まります。また，仕事の効率を上げるための管理・計画部門に優秀な人材が必要になってきます。つまり，現代の企業経営において常識とされているような分業体制の礎（いしずえ）を築いたのがテイラーだったといえるでしょう。

　テイラーの方式は，また，職場長やマネージャーのような中間管理職のポストを増やすことになり，ホワイトカラーという職種を生み出すことにもなりました。たしかに昇進のチャンスは増え，労働者の意欲を高めることに繋がった反面，熟練工は機械化と分業によって非熟練工化して現場に取り残され，以前よりも強い締め付けの下で重い作業負担を強いられることになったのです。

②行動主義心理学との類縁性

20世紀初頭にアメリカで起こった行動主義心理学の提唱者ワトソン（Watson, J.B.）は，「行動主義者からみた心理学」(1912) という講演の中で「行動主義者からみた心理学とは，純粋に客観的で実験的な自然科学の一部門であり，その理論的な目標は，行動の予測と制御にある」と述べました。さらにワトソンは行動の科学としての心理学は意識に代えて「刺激と反応」，「習慣」といった客観的で観察可能なものを研究対象とするべきだと主張しました。具体的な研究のための方法としては，おもに**パヴロフ**（Pavlov, I.P.）の**条件反射法**（conditioned-reflexology）が用いられました（第6章第1節参照）。

行動主義心理学と科学的管理法との間には，次のような類似点があります。第一に，人間の能力や資質を客観的な指標を用いて測定できるものとした点，第二に，人間の行動をそれを構成する基本的な要素に分解して，個々の単位を加算したもので説明できると考えた点，第三に，ヒトの行動を動機づける要因として賞罰を中心とした点，などです。ワトソンとテイラーは直接の交流はなかったけれども，共通の時代背景の中で，実証を重視する態度を共有したものと考えられます。

(3) 産業心理学：個人差研究の産業への応用
①ミュンスターバーグと応用心理学

ミュンスターバーグの考え方も，テイラー同様，労働を科学的に管理するというものでしたが，方向性が違っていました。

ミュンスターバーグは基本的に**ヴント**（Wundt, W.）の**実験心理学**（experimental psychology）と同じく要素還元論の立場に立ち，あらゆる精神を感覚要素と反射に分解可能だとする見方（精神工学）を取りました。ユダヤ系ドイツ人で，プロテスタントに改宗した上層市民としてのミュンスターバーグは，生粋のドイツ人よりもドイツ人（ゲルマン人）であることにこだわったようです。**ウィリアム・ジェームズ**（James, W.）に請われ，ハーバード大学の教授として新天地アメリカに渡った後も，終生，ドイツ文化を誇りとし，米国流の文化を功利主義，商業主義，俗物主義であるとして一線を画す態度を変えませんでし

た。

　ミュンスターバーグによるテイラー批判の要点は，科学的管理法が労働者の個人差を無視しているということでした。彼が面接調査したある工員は，電球を包装する単調な作業に少しも退屈せず，独自のリズムを生み出して単調感を克服していたといいます。そうした主観的な「楽しさ」を測定することが重要であるとされました。また，彼が，個人差の観点から高架鉄道の運転士の適性検査について研究したことはよく知られています。

　しかし，着眼点は良かったものの，その後，彼が主張した，労働者の個人差に合わせて異なった機械をあてがう（「作業の人間化」）という考え方は，時代の流れに逆行するものでしかありませんでした。ミュンスターバーグは第一次世界大戦時も親独的態度を変えず，ドイツに宛てた彼の手紙がスパイの容疑をかけられるに及んで，激しい非難の中，急逝しました。このような事情から，アメリカ心理学会の会長まで務めたミュンスターバーグの名前は，彼が果たした役割の割には高く評価されていません。

　②**要素還元論：ヴントの実験心理学**

　テイラーと共通する労働の科学的管理という発想にとって，ヴントの実験心理学における要素還元論は大変都合の良い考え方でした。要素還元論にしたがえば，ヒトの心という複雑な現象をより単純な要素に分解していくと，それ以上分解できない基本要素に突き当たるとされます。それが「感覚」だとされたのは，感覚を引き起こすのは外界の刺激しかないので，それ以上分解することができないからです。

　したがって，ヴントの実験心理学では，感覚を引き起こす単純な刺激を被験者に与えて，被験者自身が感じたことを言語報告する方法（内観法）によってデータが収集されました。

　③**個人差心理学のはじまり**

　個々人の特性や相互の違い，また，発達的変化を究明する上で決定的な役割を果たしたのが19世紀半ばに現れた**チャールズ・ダーウィン**（Darwin, Ch. R.）の進化論でした。種の進化をもたらすのは環境による選択であり，そのために

は変異すなわち個体差が必須であるとされます。ダーウィンの従兄弟にあたる**フランシス・ゴールトン**（Galton, F.）はこうした考えを大胆に人間に適用しました。1862年に出版された『天才と遺伝』では，人間の能力の個人差について述べられ，それが遺伝によって制御されていること，したがって優秀な遺伝子を残すためには何代にもわたる婚姻による統制が必要であること（後の優生学）などが主張されています。

　個人差の問題を教育の側から探求した心理学者として**ビネー**（Binet, A.）が挙げられます。ビネーははじめて知能の個人差を測定する道具，**知能テスト**（intelligence test）を開発したことで知られています。彼は，ゴールトンと反対に，教育行政と現場の要請によって知能の問題に取り組みました。公教育を平等に受ける権利を保障するために，知的障害をもつ子どもの特別教育を早期に始める必要がありました。そのためには，就学時にその子どもの知的水準を客観的に測定する道具が不可欠だったのです。

　ビネーとゴールトンは，発想からみると正反対の側から個人差を見ていたことになります。しかし，そうした違いにもかかわらず，両者には共通して人の能力を客観的に測定することへの強い志向が見て取れます。

　ゴールトンは2つの特性間の関係の程度を数量的に表す統計的方法（相関関係法）を創案し，ビネーは知能テストという測定用具を開発しました。相関関係法はゴールトンの弟子の**ピアソン**（Pearson, K.）によって**相関係数**（correlation coefficient）という現代の記述統計法に結実し，さらにもう一人の後継者**スピアマン**（Spearman, C. E.）によって**因子分析法**（factor analysis）の基礎づけがなされました。他方，ビネーの創案による知能テストにおいて測定された精神年齢（MA）という概念は，アメリカでターマン（Terman, L. M.）に引き継がれ，より一般性の高い指標である**知能指数**（intelligent quotient：IQ）へと発展しました。

（4）人間関係論：産業カウンセリングのはじまり

　19世紀にテイラーシステムによって確立したマネジメント・パワーは，20世

紀になり，アメリカの民主主義的な社会に適合するための変化を蒙り始めました。経営者がもつ権力をいかに民主的な社会の構築に貢献させられるか，という方向に知的エネルギーが向けられたのです。マネジメントは権力の行使や利益追求よりも，企業を一つの有機体としてみることにより，労働者の心理を理解し，相談相手になり，道徳面でも模範になるような経営者像を理想とするようになりました。

　こうした変化は，労働力の不足を補うために大量の移民を受け入れたことが，ヨーロッパの急進的な政治思想の流入や，新たな低所得階層の出現に結びついたことに対する嫌悪感を社会的背景としています。1930年代の大恐慌時代にあっては，労働者階級による不満の芽をあらかじめ摘み取るには，彼らの怒りや欲求不満を受け止める心理療法的なマネジメントが重要だと考えられました。また，20世紀初頭にオーストリアからヨーロッパ全土に広まり，アメリカにまで影響力が及んだ精神分析の普及が心理療法の発展の学問的背景になっています。

①背景としての精神分析

　精神分析を理解する上で，フロイトの生い立ち，活躍した時代背景を知ることはとりわけ重要だといわれます。**ジクムント・フロイト**（Freud, S.）は1856年に現在のチェコのプリボルにあたるモラビアというところで，ユダヤ人の実業家の家に生まれました。母と父は年の差があり，父親にはすでに成人した先妻の息子がいて，フロイトにとって父ヤコブは祖父の年齢に近く，一家の中心的存在であり畏敬の対象でした。フロイトは幼時から優れた資質をもった子どもとして，母親から特別な扱いを受けていました。これらのことが，後にエディプス・コンプレックス（父親と男児との葛藤）や近親相姦的願望（男児の母親への思慕）といった精神分析の基本的発想に影響したといわれています。

　フロイトと精神分析を語る上で欠かすことができないのが**シャルコー**（Charcot, J.M.）です。シャルコーは，当時ヨーロッパでヒステリーの治療で名をはせたフランスの医師で，フロイトは彼のもとに留学し，その催眠療法に強く印象づけられました。シャルコーが催眠術を用いて可能にした無意識への

接近を，フロイトはただひたすら「聴く」ことで患者に語らせるという方法（自由連想法）を編み出しました。それによって普段，抑圧され忘れられている無意識を意識化するのです。もう一つ，抑圧され無意識に閉じ込められた想念を知る手がかりとして，夢の内容を用いる方法があります。夢は，無意識の願望がそのまま現れるというよりは，それが圧縮や置き換え，象徴化などによって偽装された形で現れるのだとされ，それを手がかりに自由連想することによって，かくされた意味を見つけ出すことができると考えられました。

その後フロイトは，意識と無意識の理論に基づくパーソナリティの三層モデル（エス，自我，超自我）を提案し，動物的な欲求（エス），現実的な欲望（自我），さらに道徳的・理想的な願望（超自我）の力関係によって人格が形成されるとしました。こうしたモデルは，後の心理療法や動機づけ理論に大きな影響を及ぼしました。

②**心理療法的マネジメント**

アメリカに心理療法的なマネジメントを導入した人物が**エルトン・メイヨー**（Mayo, G. E.）でした。彼は祖国オーストラリアで精神分析を医学の現場で応用した人物でもあります。理論的にはフランスの心理学者（精神分析家）**ジャネ**（Janet, P.）の影響の下に，神経症的疾患の原因を孤独による自己コントロールの欠如と位置づけ，それを個人内の症状としてだけでなく，社会病理現象にも適用できると考えました。そしてさらに，労働者の理不尽な憤りを癒してストライキを回避するために産業心理学が役立つと言明したのです。

メイヨーはロックフェラー財団の資金援助を得て，フィラデルフィアの繊維工場で研究を行った結果，とくに退職率の高い紡績部門の従業員の多くが悲観的な観念にとらわれていることに気づき，休憩時間を取ることによって部門全体の精神状態を改善するよう提案しました。結果，紡績部門の退職率は他部門と同程度に下がり，生産量も20％ほど上昇しました。この労働者の生産性と精神面の健康との間に相関関係があるという知見によってメイヨーは学者としての評価を確固たるものとしました。1926年，メイヨーがハーバード・ビジネス・スクールの教授になるやロックフェラー財団からの莫大な研究助成金をも

とに，産業心理学講座が開設され，「**ハーバード人間関係学派**（Harvard human relations school）」が成立するにいたりました。

メイヨーは1928年，ウエスタン・エレクトリック社（AT&Tの製造子会社）の要請で，ホーソン工場（継電器組立て実験室）を訪れました。ここは，かつてゼネラル・エレクトリック社が行った「照明実験」によって，観察されていることを知った従業員たちが，照明が自然光か人工光かといった物理的条件にかかわらず，懸命に作業に取り組み生産性を高めた，いわゆる「**ホーソン効果**」で世に知られた実験施設です。ホーソン効果に飽き足りなかったウエスタン・エレクトリック社の人事担当者が，特別に観察されて奮起した労働者の一時的な生産性の増加を越えた，もっと日常的な条件を探ることをメイヨーに依頼したのです。

観察されることによる奮起を小さくするために，監督者も従業員の仲間の一人として居るだけで，従業員たちが自由に作業をすすめられるようにしました。ところが，ここでも再び「ホーソン効果」のような現象が起きました。「休憩」「軽食」「時短」などの客観的条件によって伸びた生産量が，それを一時的にやめても落ちず伸び続けたのです。メイヨーは，これを監視者のいない状況下におけるグループ意識に原因を求めました。つまり，監視を和らげたことで従業員の間に自主的で好ましいグループ・ダイナミックスが生じたのだというのです。これはテイラーの科学的管理法の対極に位置する考え方だともいえます。

第3節　心理学の歴史と動機づけ理論

(1) 行動主義から認知主義へ
①行動主義：20世紀前半アメリカの心理学理論

行動主義心理学は1910年代にアメリカで旗揚げされた後，提唱者のワトソンが学界を去るなどして，1930年代以降，新行動主義心理学と呼ばれるようになりました。パヴロフの条件反射学を背景理論として，S（刺激）とR（反応）の結びつき（連合）という単純な原則によってあらゆる行動の成り立ち（学習）

補　章　心理学の歴史——産業・組織とのかかわりを中心に

を説明することを基本としながら，より厳密な理論に発展したのです。

　元々のS-R学習理論を拡張した学説が**スキナー**（Skinner, B.F.）によって提唱され，新行動主義の中でもっとも広く受け入れられ，応用されるようになりました。スキナーはS-R理論の背景理論だったパヴロフの条件反射が行動の要素として反射のみを材料にすることに疑問を呈しました。唾液分泌のような反射は数が限られているので，それを基にしてあらゆる行動が条件づけられるとするのは無理があります。そこで，スキナーは反射に限らず自発的反応すべてを条件づけで説明する学説を考案しました。それが，**オペラント条件づけ**（operant conditioning）で，ヒトや動物が刺激に対して受動的に反応する反射ではなく，自発的な能動的反応（オペラント）が起きたときに強化刺激を随伴させることによって，その反応の生起率を高くすることを指します（第6章第2節参照）。

　スキナーは1939年頃から，小さな丸窓をハトがつつくとエサが出るようにした装置（スキナーボックス）を用いて，多くの実験結果を得ました。ハトが丸窓をつつく行動を学習させるために，たまたま丸窓をつついたときに出されるエサを強化子と呼び，それが繰り返されることによって反応の生起率が高まることを学習と定義しました。丸窓をつつく行動に対して，どのような割合で強化子（エサ）を出すかを**強化スケジュール**（schedules of reinforcement）と呼び，それによって学習成立までの速度や，学習の持続性（**消去**しにくさ）が変化することを見出しました。

②ゲシュタルト学派から認知心理学へ：20世紀後半の心理学

　ドイツで新しい全体論の物理学をモデルとして立ち上げられたゲシュタルト学派は，その後，第二次世界大戦時，ナチスの科学者に対する弾圧を嫌って，英米圏へ亡命する者が後を絶ちませんでした。大戦後，多くのゲシュタルト心理学者たちはアメリカに残って，彼らの理論の普及に努めました。しかし，ゲシュタルト学派があまり注意を払わなかった内的過程を研究対象とする際の客観性の保証の問題がネックになって，当初はあまり積極的に受け入れられませんでした。すでにアメリカで一大勢力となっていた行動主義（新行動主義）が

行く手を阻んでいたのも事実です。

しかし，第二次世界大戦中，アメリカの軍事用に開発がすすめられたコンピューターの出現によって事態は一変します。コンピューターは当初，ミサイルの弾道を計算するための道具という位置づけでしたが，この開発に携わったフォン・ノイマン（von Neumann, J.）はこの機械が単なる数値計算のための道具以上のものであることを見抜いていました。つまり，それは記号処理という人間の知的活動に類する潜在能力をもった機械だというのです。人間の脳の活動を支える神経は基本的に発火している（1）か，発火していない（0）かの2値による状態の変化のみで複雑な精神活動を行うことができます。同様に，コンピューターの素子も電流が流れている（1）か，流れていない（0）かの2値によってあらゆる記号処理が可能であり，その点では人間の知的活動とまったく同じ原理をもっていると考えられるのです。

人間の精神活動を情報処理として見ることによって，コンピューター上に心内活動をシミュレーションする可能性が開かれました。心内活動そのものを観察したり，操作したりすることはできませんが，その働きをプログラムの形でコンピューターに実行させる（シミュレートする）ことで，心内活動を客観化することができると考えられました。ゲシュタルト学派の全体論的な発想と情報処理論が結びついて，認知（Cognition）という概念，つまり，外界の情報を処理して，それを知識（スキーマ）として記憶（メモリー）に貯蔵し，適宜検索して使用する，という一連の心的プロセスを対象とする認知心理学が成立したのです。

(2) 外発的動機づけから内発的動機づけへ

第二次世界大戦を境に1950年代後半，アメリカの心理学界は行動主義から認知心理学へと大きな転換が起きました。同時にそれは動機づけに対する考え方の転換でもありました。

行動主義はスキナーのオペラント条件づけに代表されるように強化という外発的な手続きによってヒトの行動を外部から制御できるとする見方を基礎にし

ています。極端に言えば、ヒトは何か得になるもの（強化子）がなければ行動を起こさない怠け者であるという人間観にもつながります。

　それに対して、認知心理学は内的な心的構造をより重視します。内的な認知の構造そのものに行動を起こす力、すなわち内発的動機づけが備わっていると考えるのです。この立場からすると、ヒトは怠け者どころか、報酬が何もなくても無限の探究心と高度な動機づけを持つ者となります。

　心理学理論が行動主義から認知心理学へと転換した20世紀は、同時に産業・組織心理学における人間関係論においても大きな転換期でした。そして、それは心理学理論の変化の方向と軌を一にするものと考えられます。次に、そうした人間関係論における動機づけ理論を紹介しましょう（第6章第3節も参照）。

①マズローの欲求5段階説

　アブラハム・マズロー（Maslow, A.H.）は、人間の欲求を、生理的欲求→安全・安定の欲求→社会的欲求→自我の欲求→自己実現の欲求の5段階のピラミッドのようなものとして図式化しました。このモデルでは、底辺から始まって、1段階目の欲求が満たされると、次の段階の欲求を志すというもので、下が満たされると上を満たしたくなり、欲求は自己実現からさらに自己超越に向かって無限につづくとされます。

　生理的欲求から高度な認知的欲求までを総合的にとらえた点は優れていますが、到達度に個人差があり、人によって低い（行動主義的）段階に留まる場合、高い（認知的）段階まで達する場合があるというような見方は、心理学の普遍モデルや発達心理学の成長モデルと相容れない面があります。

②マクレガーのX理論・Y理論

　X理論・Y理論とは、1950年代後半にマクレガー（McGregor, D.）によって提唱された動機づけに関する理論で、①で述べたマズローの欲求段階説をもとにしながら、「人間は生来怠け者で、強制され、命令されなければ仕事をしない」というX理論と、「生まれながらに怠け者であるということはなく、自ら進んで仕事を引き受け、責任を取ろうとする」というY理論とがあると考えます。X理論は、マズローの欲求段階説における低次欲求（生理的欲求や安全の

欲求）を多く持つ人間の行動モデルで，いわば行動主義の外発的動機づけ論に基づく人間観に対応するといえます。経営学的には，命令や強制で管理し，目標が達成できなければ処罰といった「アメとムチ」によるマネジメント手法が該当するモデルということになります。他方，Y理論は，マズローの欲求段階説における高次欲求（社会的欲求や自我・自己実現欲求）を多く持つ人間の行動モデルで，いわば認知心理学における内発的動機づけに基づく人間観に対応するといえます。経営学的には，魅力ある目標と責任を与え続けることによって，従業員を動かしていく，「機会を与える」マネジメント手法が該当するモデルということになります。

　このモデルによれば，企業が効率的に目標を達成するためには，企業目標と従業員個々人の欲求や目標を調節して，企業の発展と個人の成長欲求が合致するようにする必要があるとされます。

③ハーズバーグの動機づけ・衛生理論

　動機づけ・衛生理論とは，**ハーズバーグ**（Herzberg, F.）によって提唱された，人間には「自己実現欲求」と「不快回避欲求」の2つの異なる欲求があるとする理論です。ある特定の要因が満たされると満足度が上がり，不足すると満足度が下がるというのではなくて，「満足」にかかわる要因と「不満足」にかかわる要因は別のものだとされます。満足にかかわるのは，「達成すること」「承認されること」「仕事そのもの」「責任」「昇進」などで，これらを「動機づけ要因」と呼び，マズローの欲求段階説でいうと「自己実現欲求」「自我の欲求」さらに「社会的欲求」の一部に該当する欲求を満たすものとなっています。これらが満たされると満足感を覚えますが，欠けていても職務不満足を引き起こすわけではありません。他方，不満足にかかわるのは「会社の政策と管理方式」「監督」「給与」「対人関係」「作業条件」などで，これらを「衛生要因」と呼び，マズローの欲求段階説でいうと「生理的欲求」「安全・安定欲求」と「社会的欲求」の一部の欲求を満たすものとなっています。これらが不足すると職務不満足が引き起こされますが，満たしたからといっても満足感につながるわけではありません。

経営者は，動機づけ要因に注目し，従業員の精神的成長ないし自己実現欲求充足の場を与えなければならないとされます。

(3) マネジメント心理学の未来：企業社会から組織社会へ

これまで紹介してきた動機づけ理論は，個人の成長の欲求と企業の繁栄をマッチさせることに重心を置いていました。しかし，現代社会を企業社会と位置づける**ドラッカー**（Drucker, P. F.）は，それでは不十分だと考えます。個々の企業がその利益を最大にすることだけを目標に，その手段として社員の動機づけをコントロールする心理学を追求するならば，その行き着く先は，やはり組織による個人の抑圧であり搾取になってしまいます。企業組織が大きな権限をもつ現代社会において，それに見合う社会的責任が生じる，というのがドラッカーの基本的な考え方です。企業組織の価値は社会の繁栄という価値に支えられているのです。

しかし，企業社会の目的が第一に収益を上げることであることに変わりはありません。企業が現代経済の生み出す社会や精神の荒廃に無条件でストップをかけられるというのは楽観的に過ぎるかもしれません。ドラッカーは，企業社会から組織社会への変容という見方で，現代社会を特徴づけることによって非営利組織（NPO），たとえば病院，大学，財団，慈善団体などがマネジメント・パワーに正当性をもたせることに大きな役割を果たしていると主張します。ボランティア活動は，援助される側に利益をもたらすばかりでなく，ボランティア自身の精神的自立をうながし，競争社会における疎外感からの癒しという恩恵を得るというのです。

また，現代の企業は高度に専門化した知識労働者によって担われています。知識労働者をマネジメントするのは容易でないから，経営者は，より寛大なマネジメントを非営利組織から学ぶ必要に迫られると考えられます。来たるべき組織社会においてマネジメント心理学の重要性はますます高まるものと考えられます。

索　引

あ行

アーチ・モデル（arch model）　243, 245
アイデンティティ（自我同一性）（identity）　235, 237
（アクション）スリップ（action slip）　143, 150
安全基地説（safety base theory）　228
暗黙裡の性格観（implicit personality theory）　43, 47
維持リハーサル（maintenance rehearsal）　130, 136
1次（first-order）の関係　212, 215
色の恒常性（color constancy）　104, 107
因子分析法（factor analysis）　255
ヴント（Wundt, W.）の実験心理学（experimental psychology）　253
LPC傾向　15
演繹（deduction）　195, 204
遠受容器的刺激（distal stimulus）　225, 229
オペラント条件づけ（operant conditioning）　167, 171, 259
オペラント反応（operant response）　171

か行

概念（concept）　191, 194
開放システム（open system）　250
カウンセリング（counseling）　58, 63
科学的管理法（scientific management）　251
学習の転移（transfer of learning）　185, 193
確証バイアス（confirmation bias）　186
拡張―形成理論（broaden-and-build theory）　89, 91
カクテルパーティ効果（cocktail party effect）　120, 123
過剰適応（over adaptation）　230, 237
家族療法（family therapy）　233, 237
課題内容の構造化の程度（task structure）　15
カテゴリー（category）　191, 194, 214
　――に基づく帰納的推論（category-based induction）　193, 195
カラー・ユニバーサルデザイン（color universal design）　98
眼球運動（eye movement）　116
関係（relation）　207, 215
感情（emotion(s)）　67, 75
　――調整（emotion regulation）　73, 75
　――と社会的行動（emotion and social behavior）　86, 91
　――と身体の変化（emotion and bodily changes）　89, 91
　（――における）認知的評価（cognitive appraisal of emotions）　70, 75
　――の「機能」（adaptive functions of emotions）　67, 75
　（――の）二要因論（two-factor theory of emotions）　72, 75
桿体（rod）　101, 106
帰納（induction）　186, 194
規範的影響（nomative influence）　25, 26
強化（reinforcement）　167, 172
　――刺激（reinforcement stimulus）　168, 172
　――スケジュール（schedules of reinforcement）　259
共感的理解　61
クライエント中心療法（client-centered therapy）　61, 63
後件肯定（affirming the consequent）　201, 205
高次（higher-order）の関係　212, 213, 215
構造化面接（structured interview）　42, 46
構造写像理論（structure mapping theory）　212, 215

索　引

肯定式（modus ponens）　201, 205
コーシャスシフト（cautious shift）　23, 26
コーピング（coping）　83, 85
ゴールトン,フランシス（Galton, F.）　254
固定和幻想（fixed-pie perception）　28, 33
古典的条件づけ（classical conditioning）
　156, 162
誤ルール　188, 194
コントロールの可能性（controllability）
　82, 85

さ行

サーヴェイマップ（survey map）　140, 142
再生（recall）　132, 136
再認（recognition）　132, 136
作業検査法（performance test）　50, 56
錯視（visual illusion）　107, 114
三項強化随伴性（three-term contingency of reinforcement）　171
三色説（trichromatic theory）　103, 106
ジェームズ,ウィリアム（James, W.）　253
色覚障害（color vision defects）　99
システム性原理（systematicity principle）
　213, 216
質問紙法（questionnaire method）　51, 56
自発的回復（spontaneous recovery）
　160, 163
社会的微笑（social smile）　225, 229
写像（mapping）　206, 215
　——の一貫性（one to one correspondence）　213, 216
ジャネ（Janet, P.）　257
シャルコー（Charcot, J.M.）　256
集団極化現象（group polarization phenomena）　22, 25
縦断研究（longitudinal study）　228, 229
純粋性（自己一致）　61
準抽象化（quasi-abstraction）　215, 216
消去（extinction）　160, 163, 168, 259
状況依存記憶（state dependent memory）
　132, 136

状況即応モデル（contingency model）
　15, 17
状況論（situationism）　54, 57
条件刺激（conditioned stimulus : CS）
　159, 163
条件反射法（conditioned-reflexology）　253
条件反応（conditioned response : CR）
　159, 163
条件文（conditionals）　200, 205
情報の影響（informational influence）　25, 26
心理—社会的危機（psycho-social crisis）
　227, 229
心理的離乳（psychological weaning）
　236, 237
心理療法（psychotherapy）　58, 63
錐体（cone）　101, 106
水平垂直錯視（horizontal-vertical illusion）
　112, 114
推論（reasoning）　185, 194
スキーマ理論（schema theory）　151
スキナー（Skinner, B.F.）　259
ステレオタイプ（stereotype）　44, 47
ストレス（stress）　76, 84
　——・コーピング（stress coping）　83, 85
　——反応（stress responses）　77, 84
　——マネジメント（stress management）
　77, 85
ストレッサ（stressor）　76, 84
スピアマン（Spearman, C.E.）　255
スローガン　198, 204
精緻化リハーサル（elaborative rehearsal）
　130, 136
整列効果（alignment effect）　141, 143
前件否定（denying the antecedent）
　201, 205
先行オーガナイザー（advance organizer）
　129, 136
漸成図式（epigenetic scheme）　234, 237
前頭連合野（perfrontal cortex）　63, 64
相関係数（correlation coefficient）　255
相互作用論（interactionism）　55

265

双条件文（biconditionals） 201, 205
属性（attribute） 207, 215
　――の非写像（discard attributes of objects） 213, 216

た行
ダーウィン，チャールズ（Darwin, Ch. R.） 254
ターゲット（target） 206, 215
対象（object） 207, 215
段階説（stage theory） 104, 106
知覚の恒常性（perceptual constancy） 112, 115
知能指数（intelligent quotient） 255
知能テスト（intelligence test） 255
注意（attention） 115
　――配分の理論（attention-allocation theory） 122
対提示（pairing） 159, 163
定義的特徴モデル（definite-attribute model） 191, 194
定言的三段論法（categorical syllogism） 203, 206
テイラー（Taylor, F.） 251
動因（drive） 175, 180
投影法（projective technique） 50, 56
動機づけ（motivation） 173, 180
　――の過程理論（process theory of motivation） 179, 180
　――の内容理論（content theory of motivation） 179, 180
統合的交渉（integrative negotiation） 28, 33
特性論（trait theory） 53, 57
ドラッカー（Drucker, P.F.） 263

な行
認識効用（epistemic utility） 202, 206

は行
ハーズバーグ（Herzberg, F.） 262
ハーバード人間関係学派（Harvard human relations school） 258
パヴロフ（Pavlov, I.P.） 253
般化（generalization） 160, 163
反対色説（opponent-color theory） 104, 106
判断の不確定性（uncertainty of judgements） 200, 204
ピアソン（Pearson, K.） 255
PM理論（PM theory of leadership） 14, 17
ピーク・エンド法則（peak-end rule） 135, 137
非構造化面接（unstructured interview） 42, 46
ビッグファイブ（Big Five） 52
否定式（modus tollens） 201, 205
「人か状況か」論争（person-situation controversy） 55, 57
ビネー（Binet, A.） 255
被覆度 193
ヒューマン・エラー（human error） 143
ファクト 204
符号化特殊性（encoding specificity） 133, 137
フロイト，ジグムント（Freud, S.） 256
分化強化（differential reinforcement） 170, 172
分化の釣り合い（differentiation matching） 17
分配的交渉（distributive negotiation） 28, 32
分離不安（separation anxiety） 227, 229
閉鎖システム（closed system） 250
ベース（base） 206, 215
弁別刺激（discriminative stimulus） 171
法則と事例の断片的な個別学習 199, 204
ホーソン効果 258
ポジティブな感情の打ち消し効果（undoing effect of positive emotions） 91
ホスピタリズム（hospitalism） 228, 229
ポッゲンドルフ錯視（Poggendorff illusion） 111, 114

ま行

マクレガー (McGreger, D.) 261
マズロー, アブラハム (Maslow, A.H.) 261
マッチングバイアス (matching bias) 201, 205
マネジメント・パワー (management power) 251
ミステイク (mistake) 143, 150
ミュンスターバーグ (Münsterberg, H.) 251
無条件刺激 (unconditioned stimulus : US) 159, 163
無条件の肯定的配慮 (unconditional positive regard) 61
無条件反応 (unconditioned response : UR) 159, 163
メイヨー, エルトン (Mayo, G.E.) 257
メタ認知 (metacognition) 150, 151
メンタルモデル (mental model) 149, 151, 203, 206
網膜 (retina) 101
目標管理制度 (management by objectives) 173, 180
目標設定理論 (goal-setting theory) 176, 180

や行

誘因 (incentive) 175, 180
ユニバーサルデザイン (universal design) 98, 106
4枚カード問題 (Four Card problem) 200, 205

ら行

ライフキャリア・レインボー (life career rainbow) 240, 245
ライフスペース・アプローチ (life space approach) 240, 245
リーダーの地位力 (leader position power) 15
リスキーシフト (risky shift) 23, 25
両耳分離聴 (dichotic listening) 120, 123
「理論」に基づくモデル (theory-based model) 192, 195
類型論 (type theory) 53, 56
類似性に基づくモデル 192, 194
類似度 193
類似・被覆モデル (similarity-coverage model) 193, 195
類推 (analogy) 206, 215
　──の準抽象化理論 215
　──のターゲット (target) 206, 215
　──のベース (base) 206, 215
ルートマップ (route map) 140, 142
ロボトミー手術法 (lobotomy) 63
論理操作法 (logical matrix method) 200, 205

《執筆者紹介》（執筆順）

増地あゆみ（ますち　あゆみ）編者，序章，第3章
　　北海学園大学経営学部　教授

福野光輝（ふくの　みつてる）第1章
　　東北学院大学教養学部　教授

山中　亮（やまなか　あきら）第2章
　　名古屋市立大学大学院人間文化研究科　教授

森本　琢（もりもと　たく）第4章
　　北海道大学大学院文学研究院　助教

田村卓哉（たむら　たくや）第4章
　　北海学園大学経営学部　名誉教授

浅村亮彦（あさむら　あきひこ）第5章
　　北海学園大学経営学部　教授

鈴木修司（すずき　しゅうじ）第6章
　　北海学園大学経営学部　教授

佐藤　淳（さとう　じゅん）第7章
　　北海学園大学経営学部　教授

小島康次（こじま　やすじ）第8章，補章
　　北海学園大学経営学部　名誉教授

編著者	皆藤 章	
発行者	杉田 啓三	
印刷者	中村 勝弘	

2011 年 6 月 10 日　初版第 1 刷発行
2025 年 2 月 25 日　初版第 7 刷発行　〈検印省略〉

定価はカバーに
表示しています

発行所　株式会社　ミネルヴァ書房

607-8494 京都市山科区日ノ岡堤谷町 1
電話 (075)581-5191／振替 01020-0-8076

© 皆藤章ほか, 2011　　中村印刷・藤沢製本

ISBN978-4-623-06008-5

Printed in Japan

―――― ミネルヴァ書房 ――――

https://www.minervashobo.co.jp/

よくわかる卒論の書き方 [第2版]

白井利明／高橋一郎 著　B5判　224頁　本体2500円

卒論を書きあげて、上位の鑑定を期待・継承に関する知識や方法を、具体的に解説。

やわらかアカデミズム・〈わかる〉シリーズ

よくわかる学びの技法 [第2版]

田中共子 編　B5判　180頁　本体2200円

図〈発表・論文指導ポイントを書く〉〈発表を楽しむ〉〈大学での学びを考える〉テキスト。

やわらかアカデミズム・〈わかる〉シリーズ

よくわかる心理学

無藤隆／森敏昭／池上知子／福丸由佳 編　B5判　370頁　本体3000円

心理学の考え方、方法、その最新の成果まで一冊にぎっしり詰めこまれたテキスト。

やわらかアカデミズム・〈わかる〉シリーズ

新しい学級づくりの心理学　教師入門

―― 子どもをさらに有意義にすごすために

藤田哲也 編著　A5判　226頁　本体2800円

教科・言語・認知・感情・キャリア・進路・スメーツの分野ごとに解説。

絶対役立つ教養の心理学

―― 人生を有意義にすごすために

藤田哲也 編著　A5判　226頁　本体2400円

心理学の知の蓄積が、実現場の中でそれぞれのように役立つのかが具体的に分かる。

実践につなげる 新しい教養の心理学

大浦賢治 編著　B5判　264頁　本体2800円

心理学の基礎から実践で役立つ応用まで網羅した一般教養科目「心理学」の教科書。

心理学ステッブアップ ―― 学問する楽しさを知る

サトウタツヤ・北岡明佳・土田宣明 編著　A5判　290頁　本体2800円

心理学を本格的に学ぶ者への手ほどき。標準的な知見を一望できる。

エッセンシャル心理学 ―― 30章で学ぶこころの世界

藤永保／仲本進子 著　A5判　252頁　本体2600円

心理学には何ができるのか。心理学をよりよく理解する首尾一貫した入門書。